经济学
底层逻辑

王东京 著

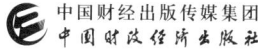
中国财政经济出版社

图书在版编目（CIP）数据

经济学底层逻辑/王东京著.--北京：中国财政经济出版社，2023.7

ISBN 978-7-5223-2279-7

Ⅰ.①经… Ⅱ.①王… Ⅲ.①经济学-研究 Ⅳ.①F0

中国国家版本馆CIP数据核字（2023）第101741号

责任编辑：蔡丽兰 郁东敏	责任校对：胡永立
封面设计：今亮后声	责任印制：刘春年

经济学底层逻辑

JINGJIXUE DICENG LUOJI

中国财政经济出版社 出版

URL：http://www.cfeph.cn

E-mail：cfeph@cfemg.cn

（版权所有　翻印必究）

社址：北京市海淀区阜成路甲28号　邮政编码：100142

营销中心电话：010-88191522

天猫网店：中国财政经济出版社旗舰店

网址：https://zgczjjcbs.tmall.com

北京中科印刷有限公司印刷　各地新华书店经销

成品尺寸：145mm×210mm　32开　17.5印张　320 000字

2023年7月第1版　2023年7月北京第1次印刷

定价：88.00元

ISBN 978-7-5223-2279-7

（图书出现印装问题，本社负责调换，电话：010-88190548）

本社图书质量投诉电话：010-88190744

打击盗版举报热线：010-88191661　QQ：2242791300

以史为鉴（第19章至第23章），则是用历史事实验证理论。

不瞒读者，在本书写作过程中，我一直忐忑不安。最大的顾虑，是担心写得不够清楚，读者看不懂。所以每写完一章，都会请同事、朋友阅提意见。他们反馈说："写得很明白，也很好懂。"可我还是不放心，毕竟我的同事、朋友多数是学经济的。经济学零基础的读者是否也能读懂，我还不确定。本书旨在"带你读懂经济学"，是我自己的期望，可不敢说"如假包换"之类的大话。

最后给读者一点建议：阅读此书时，可以先通读一遍，不必纠结某个章节中的具体观点。等读到后面，也许前面的困惑就解开了。更重要的是，通读一遍之后，你对经济学有了整体了解，也就具备了经济学基础，当你回头重读时，会发现学懂经济学原来并不难。读者不妨照这个方法试试，希望能得偿所愿！

王东京
2023年5月7日
于北京

目　录

| 经典领读

　　经济学经典是历代经济学家探索经济规律的智慧结晶，也是人类共同的文明成果。要学会用经济学思维解决现实问题，必须读经典。磨刀不误砍柴工。若有经典垫底，学习经济学可以事半功倍。

第1章　经济学奠基之作 / 001

　　亚当·斯密论国家致富 / 003

　　李嘉图集古典经济学大成 / 008

　　《资本论》：工人阶级的"圣经" / 012

第2章　经济学裂变 / 023

　　马歇尔开新古典先河 / 025

　　福利经济学萌生国家干预 / 030

《通论》发起"凯恩斯革命" / 035

汉森的"锦囊妙计" / 039

第3章　回归亚当·斯密 / 045

哈耶克率先发难 / 047

艾哈德为竞争呐喊 / 052

布坎南阐释"政府失灵" / 056

弗里德曼的洞见 / 061

产权问题与科斯定理 / 065

第4章　制度学派崛起 / 071

凡勃伦抨击有闲阶级 / 073

康芒斯继往开来 / 077

加尔布雷斯推陈出新 / 081

从制度层面解释增长 / 085

解开"诺斯悖论" / 089

第5章　经济学分析角度 / 095

要重视看不见的"结果" / 097

静态与动态分析 / 101

理性预期假说 / 105

科斯的发现：交易费用 / 110

冯·诺伊曼论博弈行为 / 114

原理解析

经济学原理有两类：根据假设条件，用演绎逻辑推出的命题为定理；根据历史经验事实，用归纳逻辑提炼的结论为定理、定律（模型、假说等）。两者的区别在于：前者不受时空约束，后者要受时空约束，属于特定发展阶段的规律。

第6章　经济增长理论　/　119

稳定经济增长的条件　/　121

新古典看好未来　/　126

新剑桥：鱼和熊掌不可兼得　/　130

丹尼森残差　/　134

GNP之父库兹涅茨　/　138

第7章　经济发展理论　/　143

贫困恶性循环论　/　145

两难选择：在平衡与不平衡之间　/　150

发展极与回波效应　/　152

二元经济结构模型　/　157

经济成长阶段论　/　160

第8章　产业组织理论 / 167

配第—克拉克定理 / 169

霍夫曼定理 / 174

筱原的基准 / 178

马歇尔冲突 / 182

马克西—西尔伯斯通曲线 / 186

熊彼特创新假说 / 190

第9章　公平与效率 / 195

萨伊"三位一体"公式 / 197

帕累托最优状态 / 201

收入均等化定理 / 204

奥肯的漏桶原理 / 208

卡尔多—希克斯标准 / 212

负所得税方案 / 216

第10章　财政税收原理 / 221

李嘉图—巴罗等价定理 / 223

拉弗曲线与税率禁区 / 228

税负转嫁：谁最后买单 / 232

乘数原理：需求放大效应 / 237

经济内在稳定器 / 242

第11章 货币理论与政策 / 249

　　货币中性与非中性 / 251
　　失业与通胀：菲利普斯曲线 / 256
　　持久收入假说 / 260
　　"单一规则"货币政策 / 264
　　通货膨胀谁之过 / 268

第12章 国际分工原理 / 275

　　国际贸易的基础 / 277
　　赫克歇尔—俄林定理 / 281
　　里昂惕夫之谜 / 285
　　贸易利益的共享机制 / 288
　　幼稚工业保护论 / 292

第13章 国际金融理论 / 297

　　货币何以走出国门 / 299
　　谁为货币定价 / 304
　　变幻难测的汇率魔方 / 308
　　特里芬难题 / 311
　　读懂国际收支平衡表 / 316

质疑反思

卢卡斯1995年获得诺贝尔经济学奖，诺奖委员会主席魏林说："卢卡斯已使20世纪70年代前的大部分经济理论站不住脚。"经济学家艾克纳也承认："经济学的某些重要命题还不能用事实证实。"这就提醒我们，对西方经济理论不必盲从，更不能照搬。

第14章　市场失灵之争　/ 321

公有制可以产生交换　/ 323

难以避免两极分化　/ 328

逆选择的真实原因　/ 332

消费者剩余来自何处　/ 336

"搭便车"是个假问题　/ 339

第15章　总量均衡与结构均衡　/ 345

萨伊定律的困惑　/ 347

凯恩斯理论不再灵验　/ 351

"储蓄等于投资"并非铁律　/ 356

菲利普斯曲线不可信　/ 359

"配第一克拉克定理"不是定理　/ 363

第16章　政策调控工具　/　367

"李嘉图等价定理"的前提　/　369

追问"拉弗曲线"　/　373

利率不是政策工具　/　377

维克塞尔的误导　/　381

勿误读"货币推动力"　/　384

第17章　初次分配与再分配　/　389

从交换角度看分配　/　391

基尼系数的经济含义　/　395

收入与消费悖论　/　399

政府补贴的两个规则　/　403

第18章　国际经济循环　/　407

国际收支平衡的认识误区　/　409

比较优势并非陷阱　/　413

参与国际分工没有输家　/　417

高关税的错觉　/　420

以史为鉴

经济理论来源于实践,又可指导实践。而理论是否正确,需要接受实践的检验。实践在不断变化,而历史却是已经固化的实践。以史为鉴,不仅可以验证理论,也可从历史事件中吸取经验教训。

第 19 章　政府角色定位　/　425

　　美国特点的政府角色　/　427
　　罗斯福"新政旋风"　/　431
　　法国政府"以西补东"　/　436
　　日本的产业政策　/　441
　　意大利的国家参与制　/　446

第 20 章　繁荣来自竞争　/　451

　　艾哈德的"第三条道路"　/　453
　　德国银行独立一波三折　/　458
　　撒切尔的货币主义试验　/　463
　　里根推出经济复兴计划　/　467
　　"休克疗法"败走莫斯科　/　472

导干部要加强经济学知识学习。读者想想，我国要在本世纪中叶全面建成社会主义现代化强国，而领导干部是关键群体，无论参与制定政策，还是贯彻落实政策，不掌握基本的经济学知识怎么行？虽不能要求领导干部都成为经济专家，但至少要有能力识别各种政策建议，并做出正确选择。

然而困难在于，经济学是一门"沉闷"的科学，虽非高深莫测，但也不能一蹴而就。时下经济学著述浩如烟海，而书中的图表公式，往往让人望而生畏。这对非经济学专业的读者来说，自修经济学肯定不容易。这样看，经济学确实需要通俗化、大众化。再说，经济学的使命原本就是经世济民，若不能被多数人所理解，其"价值"无疑要大打折扣。

读者面前的这本《经济学底层逻辑》，是用通俗方式讲解经济学的一次尝试。我以研究经济学为职业，长期在中央党校主讲经济学，知道怎样与非专业读者对话。从这个角度讲，将经济学通俗化，自认为有得天独厚的优势。2000年前后，我曾写过"与官员谈经济"系列丛书，读者反响强烈，好评如潮，这也是我下决心写这本书的底气。

本书共23章，分四篇：第一篇，经典领读（第1章至第5章），此篇以经典著作为主线，对经济学发展流变作梳理；第二篇，原理解析（第6章至第13章），重点对经济学基本原理（定理、模型、假说）作讲解；第三篇，质疑反思（第14章至第18章），主要对经济学有疑点的问题作反思补正；第四篇，

前　言

埃德蒙·伯克曾经预言："骑士时代已经过去，随之而来的是智者、经济学家和计算机专家的时代。"事实的确如此。放眼看世界，今天东西方国家越来越多的经济学家受聘为政府顾问。政府官员和企业家日程表上，诸如"投资""预算""税收""利率""汇率"等经济术语越来越多。甚至平民百姓中，也有越来越多的人开始谈论经济。事实上，经济学已成为一门显学。

2010年，是中国经济发展的一个重要节点。是年，中国成为全球第二大经济体。自此以美国为首的西方国家开始联手围堵中国经济：先是启动TPP、TTIP谈判；后来又发动贸易战；再后来又限制高科技产品出口中国，导致我国国内产业链、供应链出现堵点。面对挑战，以习近平同志为核心的党中央提出："立足新发展阶段，贯彻新发展理念，构建新发展格局，推动高质量发展。"对中央这一重大战略部署，若无一定的经济学功底，怕是难以深刻领会的。

正因如此，2021年底召开的中央经济工作会议强调，领

第 21 章　科教强国 / 477

　　英国产业革命的背景　/　479

　　德国最大的本钱在教育　/　484

　　日本收获型战略转型　/　488

　　美国"新经济"独领风骚　/　493

第 22 章　农为民之本 / 499

　　俄罗斯：土地与自由的变奏　/　501

　　法国：农业优先发展战略　/　506

　　德国：独具特色的农业改革　/　511

　　日本：农协托起经济一片天　/　515

第 23 章　开放经济乐章 / 521

　　英国走出"重商主义"樊篱　/　523

　　自由贸易为法兰西奠基　/　528

　　"欧洲病夫"脱胎换骨　/　533

　　加拿大门户开放历程　/　537

经典领读

第1章
经济学奠基之作

亚当·斯密论国家致富

李嘉图集古典经济学大成

《资本论》：工人阶级的"圣经"

第1章
经济学奠基之作

经济学有三部经典必读：亚当·斯密的《国富论》、李嘉图的《政治经济学及赋税原理》、马克思的《资本论》。这三部著作，是经济学奠基之作。老祖宗不能丢，学习经济学不能不读老祖宗。同时，我也建议大家读一读斯大林的《苏联社会主义经济问题》，此书是论述社会主义经济的第一本著作。

亚当·斯密论国家致富

亚当·斯密于1776年出版《国富论》，200多年来，经济学家对他无不肃然起敬。据说连英国历史上曾权倾一时的首相皮特，对他也是礼让三分。在一次政治家的聚会上，斯密最后一个到场，皮特和大家一起站起来，对他表示欢迎。

斯密示意请他们坐下。皮特却谦恭地说:"不,您先坐下,我们再坐,我们都是您的学生。"

《国富论》究竟是一本什么样的书,能为斯密赢得如此殊荣?

《国富论》全称《国民财富的性质和原因的研究》。全书共分五篇,囊括政治经济学原理、经济史、经济学说史和财政学,可以说既是一部经济学的百科全书,也是一部经济学的奠基之作。虽然它体系庞大,内容广泛,但首尾一贯,结构严密。全书始终围绕着一个主题,就是如何促进国民财富增长。

财富的源泉是什么?斯密在序言中开门见山地讲:"一国国民每年的劳动,本来就是供给他们每年消费的一切生活必需品和便利品的源泉。"既然"劳动是财富之父",那么,要增加财富,就得提高劳动效率,或者是增加劳动数量。斯密敏锐地注意到,分工是提高劳动效率的重要法门。他举制针的例子。制作一枚小小的针,需要18道工序。如果让一个人从头做到尾,一天恐怕连一枚针也完成不了。但是,如果分工协作,每人负责一两道工序,一天可以完成4800枚。

分工何来如此神功?斯密解释说,分工可以使劳动专业化,提高劳动熟练程度。不仅如此,分工还有一个妙处,就是它能为发明和改进机械提供契机。最初的蒸汽机比较笨,活塞的升降需要一个儿童来专门开启和关闭汽锅。有一次，有一个按活塞的小孩，因为干得久了，就"懒"中生智，把开闭汽锅的舌门把手，用一条绳索系在机器的另一端，让舌门随机器的运动而自动开闭。这个故事，成为蒸汽机改良史上的一大趣谈。

斯密认为，交换是人与生俱来的倾向，将欲取之，必先予之，由于交换而产生了分工。那么，商品的交换价值如何确定呢？斯密明确地指出："劳动是衡量一切商品交换价值的真实尺度。"这就等于说，商品的价值取决于劳动，但是斯密同时声称，这个理论只适应人类社会的野蛮时代，一旦资本积累起来，投入企业，或是土地变为私有，情况就要另当别论了。因为此时的劳动产品，不再全部归劳动者所有，其中一部分作为利润和地租，被雇主和地主收入囊中。

斯密由此得出了一个结论：在资本积累和土地私有发生之后，决定商品价值的就不只是劳动，利润和地租也得算上一份。这样一来，工资、利润、地租就不仅是一切收入的来源，而且还是"一切交换价值的三个根本源泉"。如此，斯密就不知不觉地由劳动价值论转到三种收入决定价值的理论上去了。

马克思将三种收入决定价值理论，称作"斯密教条"。今天西方经济学的不少理论，如生产费用论、节欲论等，都可以从那里找到思想源头。斯密揭开了商品价值的神秘面纱，功不可没。但另一方面，在价值问题上他又含糊其词，举棋不定，给后人留下了许多模棱两可的答案。

后来的经济学家各取所需，斯密的哪一种解释符合他们的胃口，便采纳哪一种。甚至连那些势不两立的学派，也能同时从斯密的《国富论》里找到本派发端的痕迹。

除了上面浓墨重彩的价值理论外，斯密还谈到了货币、分配、生产劳动和非生产劳动、社会再生产以及自由贸易等学说。特别是关于按照"绝对成本优势"开展国际分工的理论，受到了经济学家广泛关注。当然，对世人影响最深远的，还是他的"经济自由主义"思想。

18世纪，西欧的孟德维尔写过一则寓言，讲的是一群蜜蜂由盛及衰的故事。起初，蜜蜂自私自利，爱慕虚荣，追逐荣华富贵，结果整个社会欣欣向荣，人人安居乐业。可后来蜜蜂变得善良节俭，放弃了奢侈挥霍的生活，经济却反而一片萧条，民生凋敝。最后有敌来犯时，无力抵挡，只好逃之夭夭。这则寓言，在当时被视作妖言惑众的异端邪说。但一位意大利哲学家却说得好："谁要想发现真理，最好是成为异端。"

在斯密的《国富论》中，孟德维尔的"异端邪说"贯穿始终，成为构造其理论大厦的一根支柱。斯密娓娓道来：人的本性中最重要的是"利己"，人的人部分行为都是受"利己心"支配，社会利益往往被抛在脑后。但是，不期而然的是，这种行为的结果，不但利己，而且比一个人殚精竭虑，刻意追求公众利益时更有利于社会。斯密把这种机制，称作"看不见的手"。

因此，斯密主张完全的自由竞争，认为与其让政府干预经济，还不如听任市场调节来得有效。他认为政府的职能，只能是保家卫国，抵御外侮；建立严明的司法机构；适当兴办公共工程和公众事业，其他，则尽可无为而治之。斯密一生性情平淡，可对任何来自制度上的垄断，都深恶痛绝。他极力主张清除关税壁垒，实行贸易自由，撤销所有的行会制度和专卖公司。

"在将近一百年后，斯密依然是经济思想史上的巨人。"《大英百科全书》如是说。的确，《国富论》出版迄今虽已200多年，但是，岁月并未能将它尘封，其光亮依然一如从前，熠熠生辉。比如，20世纪60年代末以来，西方国家陷入"滞胀"，凯恩斯主义者对此一筹莫展。不少经济学家就转而求助于斯密的经济学，梦想回到自由竞争的"黄金时代"，希望在"看不见的手"的指引下，重整旗鼓，再创辉煌。

今天的经济学理论大厦，经过200多年的精心构建，已经巍峨耸立，金碧辉煌，但若没有斯密的《国富论》奠基，恐怕就是一座美丽的空中楼阁。斯密作为"经济学之父"，对政治经济学的影响之大，怎么评价都不为过。甚至有人作过这样的评论："两百年来经济学家所做的工作，都不过是在为斯密的理论打打补丁、抹抹油而已。"

李嘉图集古典经济学大成

也许好运气从来就偏爱天才。谁也未曾料到，一个腰缠万贯的证券经纪人，竟然会阴错阳差，一举成为留名后世的经济学家。英国的大卫·李嘉图，就是这样一位天才。

1799年的某一天，在陪爱妻外出散步时，这位年轻的富豪，漫不经心地走进了一家图书馆，并随手翻阅了亚当·斯密的《国富论》。岂料，就像童话中的王子亲吻了睡美人，李嘉图对经济学的兴趣，就在这一刻陡然被唤醒。从此，他与经济学结下了不解之缘。

李嘉图大器晚成，著述自然不多，但他1817年出版的《政治经济学及赋税原理》，足以让他名垂史册。这部著作，囊括了古典经济学的所有理论，也包含着李嘉图的全部思想精粹。其中，价值论和分配论，被马克思批判性地继承，成为《资本论》的重要思想源泉；关于按"比较成本优势"分工的理论，早已脍炙人口，成为国际贸易理论的基石；而他的货币理论，则是现代货币理论的基础，难怪我们在熟知他的货币理论之后，无论现代货币理论如何复杂多变，都会有似曾相识之感。

李嘉图对《国富论》推崇备至，但绝不盲从。对其中的疑点，他总要畅叙己见。斯密明确区分了商品的使用价值和交换价值，并认为交换价值的大小，与使用价值无关，李嘉图对此极为赞同。但斯密接着又说，百无一用的东西，也可能有交换价值。李嘉图对此却不以为然，他说，使用价值虽然不是交换价值的尺度，但如果某种商品毫无用处，那么，无论它多么稀缺，哪怕举世无双，也无论它包含多少劳动，都不会有交换价值。

李嘉图认为，交换价值有两个来源：一是稀缺性；二是生产商品耗费的劳动量。乍一看，似乎李嘉图在劳动价值论上，与斯密一样摇摆不定，但细看他下面的分析，就会发现有所不同。他说，有些商品，如罕见的雕像、年代久远的古币，无论人们如何费尽心机，都不可能使其数量增加，所以它们的价值，取决于稀少性。不过，这样的商品毕竟是凤毛麟角，绝大部分商品，价值还是由生产它们所需要的劳动量来决定。这就是著名的劳动价值论，也是李嘉图价值学说的精髓所在。

按照斯密的收入价值论，工资上涨，价格也随之上涨，利润不会受到影响。但李嘉图认为，商品价值只由耗费的劳动量来决定，劳动量不变，价值量也不会变。既然商品价值分解为工资和利润，而它又是一常数，工资和利润就会此消彼长，工资提高，利润自然下降。地租和利润也是反向变化。地租提高，工资水平就会上升，进而使利润下降。

经李嘉图这么一分析，工人、资本家和地主的对立，便一目了然。但作为资产阶级的代言人，李嘉图将锋芒直指地主阶级。他认为，工人和资本家的冲突，尚不足为虑，倒是地主和资本家之间的矛盾，不可忽视。因为地租增加，利润势必减少，挫伤资本家积累的积极性，进而阻碍了生产力发展。因此，地主阶级不仅与资本家势不两立，而且与社会发展格格不入，实乃社会的累赘。

自由贸易的畅想曲，在西方已经回响了许多年，而经斯密的严密论证后，这种信念更加牢不可破。人们发现，在日常生活中，裁缝不自己做鞋子，而是向鞋匠购买，因为这样成本更低。斯密认为，同样的道理，也适用于国际贸易。各国只要扬长避短，生产自己成本较低的商品，然后相互交换，就能互惠互利，皆大欢喜。

不过斯密的分工理论也存在一个问题：如果甲、乙两个国家生产力水平相差悬殊，甲国无论生产何种商品，都有绝对成本优势，那么甲国与乙国是否就没必要进行自由贸易呢？李嘉图认为，并非如此。为说明自己的观点，他举了一个后来广为流传的例子：

假设10尺毛呢可以换得1桶葡萄酒，英国生产10尺毛呢需要100小时，酿造1桶葡萄酒需要120小时；葡萄牙生产同量的毛呢和葡萄酒，分别只需90小时和80小时。葡萄牙在两方面都占绝对优势，由此看来，似乎两国并无分工的可能。但李嘉图认为，只要葡萄牙"两优相权取其重"，英国"两劣相权取其轻"，按照各自比较优势进行分工，也可"双赢"。

比如，葡萄牙专门生产葡萄酒，那它就能用80小时生产出来的葡萄酒，换来自己要花90小时才能生产出来的毛呢，节省劳动10小时。而对英国来说，100小时制造出来的10尺毛呢，可以换得自己要花120小时才能生产出来的葡萄酒，节省劳动20小时。可见，按比较优势进行国际分工，彼此皆能受益。

从劳动价值论出发，李嘉图认为，货币如同商品，也有价值。它的价值大小，就是生产时耗费的劳动多少。沿着这条思路，他得出的结论是，若商品价格总额一定，流通中需要多少货币，就由货币价值决定。货币价值提升，流通所需货币就要减少。而在货币价值恒定时，流通中需要多少货币，就要看商品价格总额的变化，价格总额增多，需要的货币数量自然增多；反之，所需货币数量减少。

不过再往下分析，李嘉图却滑入另一条轨道，提出了"货币数量论"。他认为，货币价值和物价水平，皆随货币数量变化而变化。货币数量增加，物价会成正比例上升，货币价值则成反比例下降；反之则正好相反。这样一来，货币价值，就取决于货币数量的多少。显然，这与他自己的劳动价值论是相悖的。可这两种水火不相容的理论，在李嘉图的著作里却同时并存。不幸的是，李嘉图后来的信徒们，却只对货币数量论情有独钟，并由约翰·穆勒博采众长，发挥到了极致。

对李嘉图经济学说的评价，学界从来都是毁誉参半。有人认为政治经济学的大部分内容，都有李嘉图的功劳，现代广为推行的经济政策，也或多或少受李嘉图的启发。而另有人认为李嘉图是一个才华横溢但思想偏执的人，经济学的列车，被他开到错误的轨道上去了，那些荒唐无稽的经济激进主义，正是从李嘉图学说派生出来的。

这些截然相反的观点，孰是孰非，尚难作盖棺论定。但李嘉图学说的影响之大，却是显而易见的。马克思的政治经济学，就是建立在英国古典政治经济学，尤其是李嘉图学说的基础之上的，但马克思并不是简单地继承，而是加以扬弃，最终筑起了崭新的政治经济学大厦。

《资本论》：工人阶级的"圣经"

19世纪上半叶，正当欧美列强志得意满，准备让"工业文明"一统天下之际，资本主义世界却爆发了经济危机。接着，工人运动风起云涌，此伏彼起，如火如荼。资本主义将往何处去？工人阶级的命运会怎样？ 1867年9月14日，一部划时代巨著——《资本论》，在德国汉堡出版，对资本主义生产方式的运动规律，无产阶级和全人类解放的途径，在该书中给出了答案。从此，工人阶级有了自己的"圣经"，历史揭开了新的篇章，波澜壮阔的共产主义运动席卷全球，势不可当。

马克思从资本主义的经济细胞——商品，开始了自己的研究征程。在他笔下，琳琅满目、五光十色的商品，有两个共同的特点：一是有用性，即有使用价值；二是能同其他商品交换，即有交换价值。马克思指出：商品的这两重属性，是由生产商品的"劳动二重性"决定的。

什么是"劳动二重性"？举个例子：木匠做一套椅子，使原本长在深山里的大树，能够供人们休息、学习、聚会，他们的劳动，创造了商品的使用价值，被称为具体劳动。三百六十行，分工各不相同，但不管何种劳动，都要花费脑力和体力，而这种一般的人类劳动，就是劳动的另一重属性——抽象劳动，它创造了商品的价值。

不同的商品千差万别，在交换时总得有个依据；否则，如果一个茶杯换一架飞机，那就只有傻瓜才会去造飞机了。马克思认为，商品相互交换，依据的是它们的价值。衡量价值量要看劳动量，也可简化为看劳动时间的长短。这里所说的劳动时间，不是某个企业、某个人的个别劳动时间，而是生产这种商品所需的社会平均劳动时间。

在商品社会，一个司空见惯的现象，是一手交钱，一手交货。一切商品的价值，都用货币表现，这便是人们常说的价格。商品的价格受供求关系的影响，也就是说，商品卖得多，买得少，价格便下跌；反之则上升。总的来看，价涨价跌却不会离谱，一分钱一分货，商品价格的波动总是围绕着价值进行。这些今天我们耳熟能详的原理，一个多世纪前可是经济学的伟大创举，马克思也正是靠上述劳动价值理论，为《资本论》这座科学大厦奠定了基石。

在资本主义社会，雇用工人是劳动者，他们给资本家干活，领取工资，看来天经地义，公平合理。可按劳动价值论一分析，问题就出来了。如果说工人的劳动创造了商品价值，他们由此取得了足额报酬，那么，资本家怎么会富得流油，莫非他们手中的票子会下蛋不成？

马克思分析指出，资本家花钱购买的不是工人的劳动，而是工人的劳动力，即劳动能力。劳动能力是存在于人体中的特殊商品，同样有使用价值和价值。它的价值，是工人及其家庭所需要的生活资料的价值；它的使用价值，是能创造价值，而且能创造比自身价值更大的价值。比如在劳动力市场，资本家用10英镑雇用一个工人，这个工人在劳动中生产的商品价值却不止10英镑，而是15英镑，扣除2英镑的机器损耗和原材料投入，资本家净得3英镑，这3英镑就是剩余价值。

在《资本论》中，资本家投资办厂，购买原料的投资，被称作不变资本，因为它们不会增值，只能等量转移到商品中去；雇用劳动力的花销，被称作可变资本，因为它们能够为资本家带来剩余价值。剩余价值和可变资本的比率，被称为剩余价值率。就像蚊子生存靠吸血一样，资本家要得到更多的财富，只能在工人身上打主意。为了提高剩余价值率，他们往往不择手段，尽可能地延长劳动时间，或者不断加大劳动强度，这是他们发家的秘诀。

人心不足蛇吞象，这一点在资本家身上体现得淋漓尽致。他们在取得剩余价值之后，不会将其全部挥霍光，而是保留一部分，当作资本，进行扩大再生产，这一过程就是资本积累。随着竞争加剧和科技进步，资本家用于厂房、设备的投资比例会不断增加，而机器越先进，需要的劳动力会越少，这就带来了两个问题：剩余价值率降低，资本家投资收益率下降；机器排挤工人，在资本主义社会出现大量的过剩人口。

问题还不止于此，马克思提出，商品社会的总生产，分为生产资料和消费资料两大生产部类，两大部类互为依托，相互补偿，本应按比例协调发展。但在资本主义制度下，资本家为了一己之利，当然不会顾及全局，无序竞争再加上资本积累的副作用，导致生产过剩、工人失业、资本家破产，经济危机定然会周期性地爆发。

以上所说的资本家，被称为产业资本家。剩余价值是否全部落入他们手中呢？不是的。另有一部分资本家，专门从事商业经营，他们虽然没有创造剩余价值，但要离开了他们，企业生产的商品卖不出去，产业资本家也会一筹莫展。所以，在瓜分剩余价值时，少不了商业资本家的一杯羹。

产业资本家若孤军作战，只依靠自身积累来扩大生产，恐怕是杯水车薪，难成气候。因此，精明的资本家，会向更富有的同行借钱，于是一部分财力雄厚的资本家，不再操心费力开矿办厂，专门干起了借贷的营生。产业资本家借鸡生蛋，当然要投桃报李，从剩余价值这块蛋糕中，再切出一块，作为利息付给借贷资本家。同样，农业资本家的土地经营权，是从大土地所有者手中买来的，他们把农业工人的剩余价值，一部分留给了自己，剩下的，便要向土地所有者缴纳地租。

通过对资本主义生产方式的精辟分析，马克思向世人揭示了资本主义社会两大阶级——资产阶级和无产阶级的对立关系。"原来的货币所有者成了资本家，昂首前行；劳动力所有者成了他的工人，尾随于后。一个笑容满面，雄心勃勃；一个战战兢兢，畏缩不前，像在市场上出卖了自己的皮一样，只有一个前途——让人家来鞣。"并且指出："资本来到世间，从头到脚，每个毛孔都滴着血和肮脏的东西。"

那么，资本主义这棵吸吮工人阶级血汗长大的树，能够万古长青吗?《资本论》给出的答案是否定的。资本主义的发展,一方面,使生产规模不断扩大,无产者之间的分工协作更加密切,生产日益社会化;另一方面,在资本积累过程中,生产资料逐渐集中到少数大资本家手中。生产社会化和资本主义私有制,终将产生尖锐的矛盾,最终达到同私有制的外壳不能相容的地步。

马克思预言,一旦到了这个时候,这个外壳就要炸毁,剥夺者就要被剥夺。取而代之的是生产资料公有,统一调节社会生产,共同占有劳动成果的社会。担负这一历史重任的是和资产阶级一同成长起来,由资本主义生产本身所训练、联合和组织起来的无产阶级,他们是资本主义社会的被压迫者,也是资产阶级的掘墓人。

延伸阅读

斯大林论社会主义经济

人类数十年,在漫漫历史长河里不过弹指一挥间。但对苏联来说,从 1917 年十月革命到 1952 年,却是很不平凡的 35 年。在这期间,苏联社会主义建设成就斐然,但同时也经历了不少坎坷曲折。为从理论上总结经验教训,在斯大林的倡议下,苏联科学院经济研究所编写了《政治经济学教科书》。

为澄清当时理论界存在的错误认识,斯大林就此书"未定稿"提出了书面意见,针对社会主义制度下的经济规律、商品生产、价值规律和消灭城乡、脑体差别等问题,作出了深入论述。这个书面意见,后来以《苏联社会主义经济问题》为题公开出版。

长期以来,唯心主义在苏联经济学界比较流行。20世纪20年代,作为苏共领导人之一的布哈林,就否认社会主义存在经济规律。这种观点,在当时一呼百应,直到1929年发表列宁生前对布哈林批评的文章后,才渐渐销声匿迹。然而,另一种片面观点又跟着冒了出来,有人认为,社会主义经济发展是由国家决定,归根到底,是由领导人的意志决定的,领导人无所不能,他们能够随心所欲地消灭经济规律,再根据需要创造新规律。

面对这种吹捧,斯大林并没有飘飘然,而是严肃地予以批评。他指出,经济规律客观存在,不管人们承认也好,不承认也罢,喜欢也好,厌恶也罢,它都时刻在起作用。如果否认经济规律的客观性,任意去改造经济规律,必然遭到经济规律的惩罚,而且会在事实面前碰得头破血流。

斯大林充分肯定经济规律的客观性,那么是否意味着人们只能做经济规律的奴隶,像木偶一样任其摆布呢?斯大林指出,在客观规律面前,人类并非完全无能为力,一旦人们认识到经济规律，就可以因势利导，用它来为人类服务。他举例说，在古代，江河泛滥，洪水肆虐，所到之处房屋倒塌，庄稼被毁，哀鸿遍野，这曾被认为是神在施威，人类无可抗拒，可后来人类不仅学会了修建水坝，抵御洪水，而且还能利用水力发电，造福人类。

该书讨论的另一个重要问题：社会主义是否需要商品生产？十月革命胜利后，列宁曾认为，商品交换可以用产品直接分配来取代，在1918年至1920年，苏联用"余粮征集制"代替工农业产品交换，就是这种设想的初步尝试。但由于多种经济成分的存在，产品直接分配行不通，所以列宁很快就改弦更张，于1921年春开始实行新经济政策，重新恢复商品交换。

可当时仍有人依然死抱马克思当初的设想不放，认为社会主义社会应该彻底消灭商品生产。斯大林批驳了这种观点，并分析说：在社会主义制度下，存在两种所有制形式——全民所有和集体所有。全民所有制的产品可由国家支配，但在集体农庄，虽然生产资料来自国家，但种子是农庄的，产品也是农民生产出来的，农民当然不愿意国家凭一纸调拨令，就把自己辛勤劳动的成果拿走，他们希望把自己的产品当作商品卖出去，换到所需要的商品。

价值规律和商品生产是一对连体婴儿，有商品生产，必有价值规律。但当时也有人否认价值规律的存在，甚至有经济计划者建议，谷物和面包的价格应该一样。众所周知，加上磨粉和烘烤费用，面包的价格怎么也要高于谷物，可这种明显违背价值规律的建议，竟然被上报到了中央。斯大林提醒人们，价值规律不仅调节着流通，还影响生产，因此，一定要重视价值规律的作用。

斯大林也十分重视价值规律对经济核算的促进作用。他指出，价值规律能够促使人们不断改进生产方法，努力降低成本，并使企业赢利。在马克思经典作家中，斯大林是提出价值规律在社会主义制度下仍然有效的第一人。

不过斯大林同时又说，在社会主义条件下，价值规律不像在资本主义社会里那样无孔不入，能够调节各个部门的生产，相反，它的作用范围受到了严格限制，只在消费资料流通领域发生作用，由于生产资料不是商品，价值规律对它的流通无能为力。

城（工）乡（农）、脑体差别是人们老生常谈的话题。在资本主义社会，由于城市对农村的剥削，形成了两者之间的利益对立。城里人"七只手八只手，都向农民来伸手"，农民一肚子苦水，自然对城里人心存不满。在建立社会主义制度后，城乡之间的利益冲突逐步缓解，工农的命运紧紧联系在了一起，过去那种剑拔弩张的局面不复存在。

然而尽管如此，城乡差别依然存在，这不仅是由于劳动条件不同，更本质的区别在于所有制的差异。工业是全民所有,农业是集体所有,这使工农属于两个不同阶级。要消灭这种本质区别,归根结底,是要大力发展生产力,使两种所有制合而为一,让全民所有制一统天下。对于脑体的本质区别,斯大林认为是"文化技术水平的悬殊",所以他认为,提高工人文化技术水平,乃是消除脑体差别的唯一途径。

列宁逝世之前,苏联社会主义尚在襁褓之中,由于条件所限,他不可能对社会主义政治经济学进行深入探讨,这一艰巨任务,就历史性地落到了斯大林的肩上。在《苏联社会主义经济问题》中,斯大林对社会主义一系列重大经济理论问题作了阐述,为建立社会主义政治经济学作出初步的探索。

这里需要指出的是,斯大林的这部著作,其实也存在一些明显的缺陷:比如主张搞单一的生产资料公有制;片面强调重工业而忽视农业和轻工业;否认在社会主义条件下生产资料是商品;等等。所以,该书只是为社会主义政治经济学奠基,而并非它的完成或终结。

经典领读

第2章
经济学裂变

马歇尔开新古典先河

福利经济学萌生国家干预

《通论》发起"凯恩斯革命"

汉森的"锦囊妙计"

第2章
经济学裂变

自李嘉图之后，经济学出现裂变，很多学者转向研究"效用价值"。到19世纪末，经济学再次转型，进入新古典时代。至20世纪30年代，效用价值论已成正统；国家干预主义大行其道。前者的代表人物主要有马歇尔、庇古；后者则是凯恩斯、汉森等。

马歇尔开新古典先河

19世纪后半叶，是人类历史长河中汹涌澎湃、风雷激荡的时期：资本主义完成了从自由竞争向垄断的过渡。随着美国、德国的崛起和英国等老牌资本主义国家的衰落，世界格局重新开始洗牌。徘徊于欧洲的"共产主义幽灵"，已成为资本主义制度最直接、最有力的威胁。历史一再证明，伟大的时代产生伟大的思想，激荡的岁月往往伴生学术的繁荣。

1867年，马克思《资本论》第一卷出版。恰逢此时，穆勒把萨伊的"三位一体公式"发挥到了极致；杰文斯、门格尔、瓦尔拉斯先后独立提出边际学说；兴起于德国的历史学派独树一帜，在经济史比较研究方面成就斐然。经济学界流派纷呈、各成体系，在互相冲击碰撞中，酝酿着新的整合。

1890年，英国经济学家、剑桥大学教授马歇尔的《经济学原理》（简称《原理》）问世了。该书把供求理论、边际效用论、边际生产力论、生产费用论熔于一炉，同时秉承古典经济学传统，兼收并蓄、综合协调，形成一个博大精深的体系。此书一出版，就被认为是西方经济学史上的一个里程碑，马歇尔也由此赢得了"新古典经济学创始人"的盛名。

翻开《原理》一书，最先引起读者兴趣的是生产和消费理论。什么是生产（劳动）？马歇尔的观点与众不同。在他眼里，劳动不过是改变了物质的形态或排列，使其能较好地适合于满足人的欲望。木匠做家具是生产劳动，家具商在店铺里移动和整理家具也是生产劳动。因为两者尽管一个劳动对象是木材，一个是家具，但都使物质对象较以前更为有用，从本质上讲都产生了效用。

什么是消费呢？马歇尔解释说，消费是人的"欲望得到满足"。与生产相反，消费只不过是打乱物质的排列，减少或破坏其效用，因此也可以称作"负生产"。人的欲望种类繁多，无休无止，但具体到一种单独的欲望，却存在一个边际效用递减规律。道理很简单：一个饥肠辘辘的饿汉得到面包，肯定狼吞虎咽，但随着肚皮渐渐填满，面包的味道却不似起初那般香甜，当他吃得坐不住的时候，再逼他多吃一个，或许他会对面包由爱生恨。

"消费者剩余"概念，最早也是由马歇尔提出的。何谓"消费者剩余"？举个例子：一穷学生（假设碰巧是学经济的）自书店入旧书摊，恰逢一书店标价20元好书，虽稍有磨损但不影响阅读，穷学生囊中尚有余银10块，本打算倾其所有一睹为快，不承想摊主只要5元，再经讨价还价4元成交。学生为此大喜过望，因为省下的6元，则是他的消费者剩余。

均衡观念、供求均衡原理、局部均衡分析方法以及由此演导出来的均衡价格理论体系，是马歇尔经济理论的实体。"均衡"概念，是从牛顿力学理论借用过来的。《原理》一书中，有许多关于均衡的形象比喻：比如放置于盘子中的圆珠，由相互碰撞到静止；又如一个捡拾桑籽吃的孩童，由最初的垂涎欲滴，到最后小腹鼓胀再也不愿弯腰捡拾；再如一个企业由初建到成长到停滞，从经济学角度看，这些都属于"均衡状态"。

"均衡"作为经济生活的正常状态，是指市场通过价格调节，使供求趋于一致。供求均衡原理是：当经济出现供求失调时，会通过市场机制的自由调节，自动恢复均衡。局部均衡法是《原理》一书主要遵循的方法。运用局部均衡法处理复杂经济现象时，先把一个问题分成若干部分，用"假定其他事项不变"的办法。集中分析某一部分，然后再用同样方法将各部分逐一分析，最后综合得出结论。这样，就能减少所要分析的变数，简化推理过程。

均衡价格理论，是《原理》一书的核心。在该书中，马歇尔分别分析了需求和供给，并将供求形象地比喻为一把剪刀的两叶刀片，通过两者的共同作用，形成市场的均衡价格。与以往的经济学家不同，马歇尔的均衡价格理论加进了时间因素，详细区分了极短时间、短时间、长时间情况下所引致的暂时均衡、短期均衡和正常均衡状态，从而使微观经济学的供求理论臻于完美境界。

在经济政策方面，马歇尔秉承斯密传统，主张自由放任，反对政府干预。但在重视"看不见的手"作用的同时，马歇尔也力主政府应在增进社会福利、缩小贫富差距、减少不公正等方面发挥作用。马歇尔认为，贫困是人类败坏的原因，因此，研究如何解救贫困，增进社会福利，是经济学家义不容辞的责任。

马歇尔本人对工人阶级贫困化，表现出极度的关切，经常深入贫民窟了解情况，并提出了向高收入者征税、对贫民施行救济、用政府公共开支推广教育、改善居住和医疗保健条件等具体措施。这些思想，既适应了当时英国社会阶级对立的形势，也成为后来新旧福利经济学共同的理论基础。

关于价值的生产和分配，早在19世纪初，法国经济学家萨伊就提出了著名的"三要素说"和"三位一体公式"。《原理》对其进行了发挥和推进，提出了"四要素说"和"四位一体公式"：劳动—工资、土地—地租、资本—利息、组织（企业）—利润。把利润从利息中分离出来，微观经济学的研究风格为之一变，这也是马歇尔对经济理论的一大贡献。

不仅于此，《原理》几乎将西方经济理论体系中的各种细微范畴都作了精炼和改进，比如：将"政治经济学"改称"经济学"；把研究财富生产和研究经济心理结合起来，综合研究财富与人、人与自然的关系；把"自然不飞跃"的生物进化观点纳入经济领域，强调经济社会和经济学发展的连续性。

同时，马歇尔还将经济学的文字描述，简化为用数学语言表达的几何图形，勾画了近代计量经济学体系的图景；借鉴、发展历史学派的归纳、演绎法，以探求经济现象的内在规律；在经济分析中引入时间变量，提出预期概念，成为现今最流行的理性预期学派的渊源。

《经济学原理》作为新古典学派的发轫之作，在西方经济学中长期占据支配地位，并为此后西方经济学各流派提供了一个共同的理论框架。可以说，当代经济学中不论哪一个流派，都能直接或间接、明显或暗含地从马歇尔经济学说中找到渊源。

美籍奥地利经济学家熊彼特在为纪念《经济学原理》出版50周年撰写的文章中写道：从某种意义上说，马歇尔的经济学已经过时了，然而，从另一种意义上说，马歇尔的启迪永远不会过时，它的影响会持续相当长的时间。

福利经济学萌生国家干预

曾几何时，英国凭借坚船利炮，威风凛凛地游弋于世界各大港口。不知有多少国家，曾拜倒在它的米字旗下，俯首称臣！岂料，风水轮流转，到了19世纪末20世纪初，随着美国、德国经济异军突起，英国的霸主地位岌岌可危。为了与美国、德国抗衡，英国不得不革故鼎新，掀起一场技术革命。

然而，技术革命在造就英国经济繁荣的同时，也使工人阶级饱尝失业的痛楚。工人运动此起彼伏，社会矛盾一触即发。剑桥大学的经济学教授庇古，为此心急如焚。他希望能像普罗米修斯那样，给内外交困的英国带来火种，驱走可怕的黑暗。而他的"火种"，就是1920年出版的《福利经济学》。

"福利"一词,其含义可谓包罗万象,但说到底,就是指人们在物质和精神上得到的满足,如获得友谊、金榜题名、遇到故知、拥有财富、事业成功等。这样的福利,来无影去无踪,捉摸不定,无法计量,经济学鞭长莫及。于是,庇古把"福利"的范围,严格限定在可以用货币来衡量的那一部分,也就是"经济福利",诸如购车买房、旅游观光等给人们带来的满足。

经济福利如何度量呢?庇古认为,福利是由效用构成的。就像水的温度可用温度计测出一样,商品给人带来的效用,也可以计量出来。比如,社会经济福利,就等于一个国家的国民收入。这样,庇古就把对主观福利的研究,转到对客观的国民收入的研究上去了,这是他对经济学的一个重要贡献。以此为基础,他提出了两个命题:收入分配越平均,社会经济福利越高;国民收入越多,社会经济福利越高。

据说罗斯福在连任三届美国总统后,曾有记者问他有何感想,他一言不发,只是拿出一块三明治让记者吃。这位记者不明白总统用意,又不便问,只好吃了一块。他又拿出了第二块,记者还是勉强吃下。没料到,紧接着又来了第三块,记者为不撑破肚皮,赶紧婉言谢绝。这时罗斯福微微一笑:"现在你知道我连任三届总统的滋味了吧。"

这个故事,揭示了经济学的一个重要原理:边际效用递减。在经济学中,边际是增量的意思。边际效用就是每增加一单位消费所能增加的满足。庇古认为，货币收入就如同三明治，边际效用也是递减的。收入越高，边际效用越小。

其中的道理，其实并不难理解。比如，同样的100美元，若送给一个富豪，或许人家还不屑一顾，可要是送给一个囊空如洗的穷人，就是雪中送炭。所以，把富人的一部分收入转移给穷人，富人依然是富人，不会伤筋动骨，但社会经济福利却由于穷人收入的提高而得到改善。

那么，如何让收入均等化呢？在现代文明社会，昔日梁山好汉"劫富济贫"的办法已经行不通。对此，庇古的观点是：政府向富人征收累进所得税、遗产税，并将其用于改善社会福利，如失业养老、医疗补助等。同时他又指出，过犹不及，福利措施不应当损害有钱人投资的积极性，否则，社会投资就会减少。到头来，城门失火，殃及池鱼，穷人的日子也不会好过到哪里去。

生产决定分配。若一块蛋糕只有一两，无论怎样切，也切不出一斤来。所以庇古指出，要改进社会福利，必须先做大蛋糕，增加国民收入。而增加国民收入的关键，就是要人尽其才，物尽其用，使资源得到最优配置。问题是：在什么情况下，资源配置才算是最优配置？

为了说明此问题，庇古先提出了"边际社会纯产值"的概念，这个概念也可以理解为新增加的社会总收益。比如，张先生增加10英镑的投资，使自己多得3英镑的收入，同时也使别人得到了1英镑,那么新增的社会总收益,则为4英镑;反之,如果张先生在得到3英镑的同时,却使别人损失了1英镑,那么新增的社会总收益,则是2英镑。在庇古看来,站在全社会的角度,只有当新增的社会收益在每个行业趋于相等时,资源才实现了最优配置。

然而,市场活动的主体是企业,它关注的只是一己私利,至于社会利益,通常被认为与己无关。故哪个行业盈利高,企业便趋之若鹜,将资源投向哪里。假如投资化工厂和投资果园的回报率分别为50%和20%。也就是说,每投入10英镑,可各自增加5英镑和2英镑的收入,那么,看着化工厂盈利远远高于自己,果园主就会眼热心跳,把资本逐渐转移到化工行业。

如此一来,随着化工行业资本慢慢饱和,投资回报率会越来越低,而果园却由于资本减少,收益率会不断上升。最终,两个行业的投资收益率会大致相等。但投资收益相等,并不意味着两个行业新增的社会收益也达到了平衡。因为化工厂会污染环境,果园却可以让蜜蜂采蜜,使附近的养蜂场获利。

假若每投入10英镑,化工厂使社会因污染损失1英镑,而果园可使养蜂场多获利1英镑,那么,当两个行业的投资收益率在20%达到相等时,它们每10英镑投资所增加的社会收益,就分别为1英镑和3英镑。

庇古指出，在这种情况下，国家不能袖手旁观，而要采取干预措施，以扯平私人收益和社会收益。比如，对产生烟尘的工厂征税，迫使其想方设法减少污染；而对社会收益高、私人不愿投资的部门，国家要给予补贴，以引导资源合理配置，实现社会福利最大化。

有人认为，庇古的旧福利经济学存在一些缺陷。首先，"基数效用论"存在明显的纰缪，这也是后来的新福利经济学将其取而代之的主要原因。在新福利经济学看来，效用是一种主观心理作用，根本不能用数学中的基数，如1、2、3来表示，更不可以加总。

再有，庇古主张采取征税或补贴的办法，来缩小边际私人纯产值和边际社会纯产值的偏差。然而问题在于，政府未必比市场高明，它往往搞不清某个企业到底是该罚还是该奖，最后反而会弄巧成拙。

不过瑕不掩瑜，从整体看，庇古作为"福利经济学之父"，绝不是徒有虚名。事实上，他的许多理论，如外部经济和不经济、私人收益和社会收益、市场优势与不足，以及政府应该适当插手收入分配等，都具有一定的科学性。特别是他的"社会成本理论"，半个世纪后，成了经济学界关注的热门课题。

《通论》发起"凯恩斯革命"

20世纪30年代的经济大萧条,对西方国家来说,是一场空前规模的灾难。政治家按照古典经济学的指引,使出浑身解数,却找不到让经济摆脱困境的出路。"帝国主义是垂死的资本主义",列宁的这一预言犹如丧钟悬顶,让西方统治者惊恐万状。资本主义到底何去何从,一时成为思想界瞩目的焦点。

当时在西方占统治地位的经济思想,是亚当·斯密的"看不见的手"与"萨伊定律"。斯密认为:市场调节经济,就像冥冥之中有一只"看不见的手",自会使资源配置趋向合理。而萨伊认为:供给能自动创造需求,纵有失衡,那也只是暂时、局部的现象。可现实无情,大危机时期出现的过剩与失业,既非局部,也非偶然,这使他们的理论受到了严峻的挑战。

英国经济学家凯恩斯对此尤为敏感,为挽救资本主义于水火,于1936年出版了《就业、利息和货币通论》(简称《通论》),他从完全务实的立场出发,力主国家干预,反对"自由放任",对传统经济学进行了系统批判,史称"凯恩斯革命"。

《通论》一书,主旨是要为失业"把脉"、寻求治病的"药方"。虽然传统经济学也不是断然否认失业,但认为失业只有两种——"摩擦失业"（因生产暂时的、局部的失调而引起的失业）和"自愿失业"（工人觉得工资低或工种不好而不愿就业）。而凯恩斯认为，除以上两种失业外，资本主义还存在一种"非自愿失业"，即人们既不追求高工资，也不刻意挑选工种，但结果还是失业了。

为何会出现这种被迫失业呢？凯恩斯说，是由于社会有效需求不足引起的。因为需求不足，企业产品卖不出去，资金不能回笼，再生产难以为继，于是企业主不得不解雇工人。那么，有效需求为什么会不足呢？为回答这个问题，凯恩斯把有效需求分为投资需求和消费需求，然后用三个心理规律，揭示了消费需求与投资需求不足的原因。

关于消费需求不足，凯恩斯把它归结为消费倾向递减。所谓消费倾向递减，就是指消费在收入中的比重不断下降。据凯恩斯说，当人们收入增加时，消费也会随之增加，但消费的增长始终赶不上收入的增长，使消费在收入中的比重越来越低。这样，就导致了社会的消费需求不足。

投资需求不足，则是由"资本效率递减"与"流动偏好"所致。所谓资本效率递减，实际上就是指资本家预期的投资利润递减。之所以出现这种情况，据称是与资本家对经济前景的预期有关。若资本家看淡经济前景，预期投资利润率肯定走低。假若资本家对未来看好，乐观的预期虽会带动投资一时高涨，但利润率最终还会降低。因为随着投资增加，供给也会增加，一旦供大于求，产品价格会下降，投资利润也会下降。

另外，投资增加，对投资品的需求扩大，投资品供不应求，价格上升，从而使生产成本增大。两者结合在一起，销售收入下降，生产成本上升，投资利润率必定下降。

对资本家而言，是否投资取决于两个因素：一是投资利润率；二是银行利率。如果投资利润率高于银行利率，就会考虑投资；如果投资利润率低于银行利率，办企业无利可图，资本家就会收手，转而去吃银行利息。因此，投资利润率持续下降，是投资普遍不足的根本原因。

既然资本效率递减导致投资不足，为何不通过调低银行利率来刺激投资呢？凯恩斯分析说，是因为"流动偏好"的存在，使得政府难以首尾兼顾。所谓流动偏好，是指人们有保留现金的心理倾向。人们之所以要保留现金，有三个动机：一是为了应付日常开支，此乃交易动机；二是为了防止意外与突发事件，称为谨慎动机；三是为了寻求更大的获利机会，故为投机动机。

凯恩斯进一步分析说，由于人们普遍存在流动偏好，使得大量的货币收入滞留在自己手中，不能及时转化为储蓄与投资，故而压低了社会投资需求。如若要人们放弃流动偏好，就不仅不能降低利率，反而还得提高利率，不然，老百姓绝不会把手头的现金存进银行（储蓄）。可见，正由于资本效率递减与流动偏好交织并存，投资陷入了这种万劫不复的"两难"困境。

根据以上分析，产生失业的"根源"是消费与投资不足，而消费与投资不足，又是市场机制自发作用的结果。既如此，解决失业问题，市场本身无能为力。于是，凯恩斯大声疾呼：政府应该站出来，为扩大国内需求助一臂之力。

政府应该怎样扩大需求呢？凯恩斯认为，在扩大消费方面，首选之策是增加工资，因为人们收入增加，购买力才能增加，有高收入，才能高消费。同时他还指出，由于"消费倾向"递减，富人收入的增加对消费的拉动作用很小，所以他建议采用累进所得税与转移支付的办法"劫富济贫"，增加穷人收入。

在扩大投资方面，凯恩斯提出，当经济萧条时，政府应实行赤字预算与适度通胀政策，通过政府采购与政府投资，拉动全社会的投资。并且他还认为，刺激投资与刺激消费相比，前者更重要。他分析说，投资不同于消费，对扩大需求具有"乘数效应"。比如，政府投资电网改造，生产电网设备的厂家销售收入就会增加，这样又可反过来扩大生产、增雇员工；随着就业人数的增加，消费也将增加，于是又相应地带动了服务业、金融业的发展，结果带动总需求不断扩大。

至于为何要推行"适度通胀"，凯恩斯的理由是，因为大众普遍的消费心理是买涨不买跌。政府若增发货币，推动物价上涨，既可以刺激人们消费，压低流动偏好，又可以降低利率，增加投资引诱。一箭双雕，对扩大需求实在是好处多多。

凯恩斯《通论》出版之后，很快风靡西方经济学界，并成了居主流地位的经济学流派。有学者甚至将《通论》与18世纪亚当·斯密的《国富论》、19世纪马克思的《资本论》相提并论，一同奉为经济学的经典。凯恩斯的《通论》，的确一度成为战后西方国家反萧条的"国策"。然而时过境迁，当20世纪70年代西方经济陷入"滞胀"时，《通论》也遭到千夫所指。至此，凯恩斯主义也就从"国策"宝座上，渐渐跌落下来。

汉森的"锦囊妙计"

二战的硝烟尚未散尽，通胀的乌云又随即升起。就在人们急于采取收缩措施，以图遏制通胀时，有"美国凯恩斯"之称的经济学家——阿尔文·汉森却指出，战后美国的头等大敌，不是通胀，而是失业。若不未雨绸缪，失业的幽灵将不期而至。

汉森的忧虑，并非空穴来风。二战结束后，成千上万的军人解甲归田，这无疑会对就业造成冲击；而按医治通胀的传统药方，货币和财政双紧，经济势必走向萧条，失业将不可避免。因此汉森告诫政府，要把充分就业当作经济政策的主要目标，千万不要才出通胀狼窝，又入失业虎口。他坚决反对急刹车的做法，认为关死货币闸门以对付通胀，无异于把一个人勒死以防止过分发胖。

为了阐述自己的主张，1947 年，汉森出版了《经济政策和充分就业》。在书中，汉森强调说，为公民提供充分的经济机会，是民主政治国家的神圣职责。如果说从前的经济机会，是经营自己的小农庄或小企业，那么今天的经济机会，则是就业。因此，政府应想方设法，确保充分就业。即在现有工资水平下，让所有愿意工作的人，都能找到自己的就业岗位。

当然，充分就业并非让人人都能找到满意的工作，人人就业不过是一种幻想，是强政府所难。事实上，一个社会即使实现了充分就业，也必定存在失业。比如说，有的人嫌工种不好、工资太低而不愿屈就，有的人在生产淡季被解雇，有的人因技术不佳被炒鱿鱼等。所以在美国，若只有 4% 或 5% 的劳动力失业，就意味着实现了充分就业。

怎样才能实现充分就业呢？汉森认为，在市场经济下，就业由需求创造。需求上去了，产品有了销路，企业主自然会增雇工人。要是需求不足，经济萎缩和失业就不可避免。因此足够的总需求，对充分就业至关重要。而扩大总需求，一靠私人，二靠政府。因为私人唯利是图，又爱追风。当经济过热时，他们火上浇油；通货紧缩时，他们又釜底抽薪。因此，保证充分就业，政府责无旁贷。

关于政府如何保证充分就业，汉森提出了三条锦囊妙计，即广泛而灵活的公共支出计划、全面的社会安全制度、所得税基准税率的随时变动。汉森深信，这些计策一经政府采纳，经济循环就不会再大起大落，政府就可以掌控经济运行的主动权。

汉森提出的实现充分就业的基本政策，主要就是租税政策，具体包括举债、补偿税收、调整所得税等。汉森认为，在公共支出日益增加的今天，租税政策对于稳定经济，保证充分就业已是举足轻重。过去人们一直以为，举债就是把钱从公众的腰包转移到政府口袋，政府这边鼓胀起来了，公众那边却变得囊中羞涩。但事实并非如此。只要政府运作得当，公众手头反而会更加宽裕。

有节制的举债，较之课税筹集资金，效果不可同日而语。重税既让百姓心生怨气，又令投资消费锐减。如果政府用举债取而代之，并形成习惯，公众会增加安全感，花钱也就少了许多顾忌，需求自然会增加。

汉森还十分看重税收的作用，认为减免税收和调整税率，不仅是医治萧条的良药，也是维持充分就业的法宝。将来"反商业循环"，利率变动将退居其次，税率变动将扮演主角。何以如此？汉森解释说，若在繁荣时期提高利率，非但不能控制投机活动的蔓延，反倒会使健康肌体受损。利息负担对投机者来说轻如鸿毛，对循规蹈矩的厂商却重如泰山。况且，繁荣时利率提高，萧条时也难下降，高利率会使经济复苏遥遥无期。

再一个原因，利率忽高忽低，人们对财产价值的衡量，缺少了准星，以至于决策起来茫然无措，从而影响投资和消费。既然在反商业循环中，调整利率已变得"位卑言轻"，所以汉森主张，政府与其用利率这只烧不热的熨斗去熨平经济周期，还不如长期实行低利率政策，以刺激投资和消费，保证充分就业。

在谈到工资政策时，汉森指出，如果让工人把蛋糕切去过多，投资者所剩无几，这样，投资者扩大生产就会没有动力，充分就业无法实现。解决的办法，一是重新切块，二是把蛋糕做大。工资是有刚性的，如果降低工资，必定遭到工人的强烈反对。退一步讲，即使工资压下来了，也不见得就能增加就业。工人收入低了，没有钱消费，产品就会积压，照样扩大不了生产。而更糟的是，通货紧缩还可能会乘势跟进。

基于此，汉森主张要不断改进工艺，降低成本，增加收益。只有蛋糕做大了，劳资双方才能双赢。若政府再在提高总需求上有所作为，充分就业便指日可待。当然，反对降低工资，并不意味着对工资不加控制。工资的提高，要以生产率的提高为限；否则，一味地涨工资，带来的将是通货膨胀和就业减少。

人们一生忙忙碌碌地工作，说到底，是为了消费。但人们并不会将钱悉数用出。对有钱人来讲，房子有了，车子有了，大把的钞票没有好的去处，只得往银行里存。即使收入微薄的人，也不会吃完喝光，而是要积攒一些钱财以备他用。这样，消费函数偏低，导致商品积压，再生产无法继续，失业问题也就出现了。

关于提高消费函数，汉森建议：政府可用分配手段"劫富济贫"。不过，他认为更有效的办法还是举债。举债能将死钱盘活，增加消费，为投资杀开一条"血路"。同时汉森还特地强调，政府应加大教育、卫生、保健和住宅方面的投资，以此拉动消费，虽然这些措施不是什么灵丹妙药，但对美国当时扩大就业，的确发挥了一定作用。

经典领读

第3章
回归亚当·斯密

哈耶克率先发难

艾哈德为竞争呐喊

布坎南阐释"政府失灵"

弗里德曼的洞见

产权问题与科斯定理

第3章
回归亚当·斯密

《就业、利息和货币通论》1936年出版后,凯恩斯大红大紫,声名远播。可20世纪40年代以来,却不断有经济学家站出来公开与凯恩斯叫板,反对国家干预,力主自由经济。哈耶克、艾哈德、布坎南、弗里德曼等,皆为这个阵营不同时期的领军人物。

哈耶克率先发难

1974年,当诺贝尔经济学奖名单公之于世时,经济学界一片哗然。人们面面相觑,怀疑瑞典皇家科学院是在与世人开玩笑。是哈耶克吗?这个经济学界的"叛逆者"竟然会获得崇高的诺贝尔经济学奖?

人们的疑惑和不满,并非没有理由。的确,长期以来,哈耶克的学说一直被人们视为"异端"。本来他早年已名扬天下，但在20世纪30年代，他孤身一人公开向凯恩斯叫板，然终因一时疏忽，败下阵来。

1944年，哈耶克出版了《通向奴役之路》，结果又犯了众怒，无论国家干预主义的拥护者，还是市场经济的改良者，甚至祈求政府救助的贫民，无不对他予以抨击。哈耶克的声誉江河日下，以致人们得知他荣获诺贝尔经济学奖时，已然对他有几分陌生，只有那些上了年纪的人，还依稀记得一些他当年单枪匹马在思想界苦苦拼斗的往事。

二战爆发后，德国和苏联两个中央集权国家皆显示出非凡的实力。战争伊始，德国气势凶猛，所到之处，无不一触即溃。而随着反法西斯战争的节节胜利，社会主义国家苏联的实力又日益凸显，在战场上大显神威，与美国平分秋色。战争结束后，世界格局如何演变？计划和市场究竟孰优孰劣？哈耶克用他那饱含对人类的忧思之笔，写下了《通向奴役之路》这本书。

在该书引论中，哈耶克就直言不讳地发出警告：西方世界的民主国家，有重蹈德国覆辙的危险。因为一股崇尚国家干预之风，正在这些国家弥漫，而作为文明基础的个人主义和自由主义，却渐渐被人淡忘。

哈耶克这里所说的"个人主义"，并不是指唯我独尊、自行其是，而是充分尊重个人的兴趣和选择，每个人都能各显其能，发挥自己的最大潜能。他所说的"自由"，也不意味为所欲为、无所顾忌，而是指人们干每一件事情，都是出于自愿，不是被强按着牛头喝水，身不由己。

哈耶克指出，计划经济是对人类自由的最大威胁，而且天生就具有独裁主义倾向。当法国作家们在描绘社会主义蓝图时，认为只有通过政府才能实现他们的理想。可哈耶克却明确强调，政府绝不可独裁，独裁会从根本上危及个人自由，因此，以自由为灵魂的市场经济，势必与计划经济水火不容。

哈耶克还指出，计划经济与市场经济除了"平等"以外，别无共同之处，但即便是平等，两者之间也有云泥之别。市场经济是从自由中寻求平等，而计划经济的平等，只能是从奴役和抑制中实现，因此计划经济的民主，只是徒有虚名。正是从市场经济和计划经济的对立中，哈耶克以冷峻的目光，透视出战后冷战的必然。

哈耶克还指出，保护私有产权是自由的重要保障。他将实行私有制的社会，称作"富人得势的世界"；而将实行公有制的社会，称作"只有得了势的人才能致富的世界"。在私有制社会，穷人的机会虽然比富人少一些，但只要通过个人努力，同样可以致富，虽然每个人的收入不可能均等，但走向致富之路的机会却是均等的。只有机会均等，才是真正的社会平等。

他进一步分析说：在公有制社会里，尽管穷人名义上是公有财产的主人，但实际上，哪一部分财产也没他的份。不仅如此，由于事无巨细都被当局牢牢控制，老百姓只得低声下气，任人摆布，靠当权者的"恩施"过日子。于是哈耶克发问：究竟是一个"富人得势的世界"好，还是"只有得了势的人才能致富的世界"好呢？

在哈耶克看来，一切类型的计划经济，归根到底都是集体主义。他明确指出，迄今为止，对配置资源来说，市场竞争最为有效，计划配置与市场配置是相互对立的，只有被用来弥补市场缺陷时，计划才能与竞争结合。若完全限制竞争，用计划取代市场，结果必将一塌糊涂。在此书中，哈耶克历数了计划经济的种种弊端。

首先，计划经济会导致生产效率低下。市场信息浩如烟海、复杂多变。一个人纵有三头六臂，也无法面面俱到，考虑到所有相关因素，因此，由市场分散决策势在必行。若由当局用单一的计划来控制经济，只会弄巧成拙。

其次，在计划体制下，企业家的收入和升迁，并不仅仅取决于业绩，通常是由上级部门说了算。这样，企业家与其"眼睛朝内"，在企业埋头苦干，还不如"眼睛朝上"，多与上级联络感情。加之在计划体制下责权不清，企业无论盈亏，都与企业家没多大关系。所以在做决策时，他们不会考虑企业利益，而是投上级所好，看上级眼色行事。

最后，计划经济往往会导致政治集权。比如要制订一项登山计划，每个人偏好不一致，对选择目的地，难免意见有分歧。有人想看泰山的日出，有人想欣赏华山的险峻，也有人想一睹黄山的风姿，结果大家七嘴八舌，吵成一团。要顺利制订计划，此时就得推出一个权威，由他一锤定音。这样，"独裁"便不可避免。因此哈耶克说，独裁和计划是一对孪生兄弟，相伴相生，如影随形。

政治上的专制，又会产生"当代蒙昧主义"。在中央集权的计划经济体制下，当局为了达到自己的目的，总是开动一切宣传机器，日复一日地向人们灌输某种观念，让人们形成了固定思维模式。"当代蒙昧主义"之所以站得住脚，主要是当局炮制了一些"高尚的谎言"，使人们相信当局要建立的道德标准，是唯一正确的；当局要努力实现的目标，也正是他们所希求的。

哈耶克举了一个例子：20世纪30年代德国政府为了消灭犹太人，找出了许多冠冕堂皇的"理由"，大造舆论，让人们相信：犹太人是世界上最可恶的，必先诛之而后快。双手沾满鲜血的德国青年，并没有认识到自己的罪孽，反而扬扬自得，充满崇高的使命感。他们空有健康的躯壳，却已经丧失了自己的独立思想。

不难看出，哈耶克这本书，确实多有谬论。比如他将公有制和计划经济视为"通向奴役之路"，无疑是一叶障目，失之偏颇。事实上，"尺有所短，寸有所长"，私有制并非万验灵药，公有制也有强大的生命力。不过，在我们耳闻目睹苏联解体、东欧剧变之后，就不能不承认，计划经济的种种弊端都不幸被哈耶克一一言中。在近80年后的今天，当读者静下心来重读这本《通向奴役之路》时，必会觉得意味深长，感慨良多。

艾哈德为竞争呐喊

二战结束后，德国一分为二，山河破碎，田园凋敝，到处是残垣断壁、碎瓦乱石，国民经济处于崩溃的边缘。当时甚至有人估计，每个德国人每50年才有一套衣服，每五个孩子中，只有一个能用得上自己的尿布。作为战争的罪魁祸首，德国受到了应有的惩罚，从"第三帝国"的宝座上重重跌落下来。

德国往日的威风荡然无存。人们的精神如风中残烛，看不到半点希冀之光。然而，这一切并不意味着德国人从此就一蹶不振。相反，在短短几年时间，德国人重建了自己的家园，再次成为欧洲的"机器车间"和全球最有生机的"经济超级大国"，重现昔日辉煌。人们难免好奇：是什么神奇的力量让德国从破败不堪的深渊中走了出来？

面对满目疮痍的西德，当时的经济部长、后任首相的艾哈德临危不惧。他相信"没有过不去的火焰山"，只要实行

"自由市场经济"，让人们爱生产什么就生产什么，爱消费什么就消费什么，相互展开充分的竞争，国家走向复兴就指日可待。他根据这个思想，制定了一系列政策，最终创造了举世羡慕的"西德经济奇迹"。

在总结西德成功经验时，艾哈德明确说：推动德国经济发展的神奇力量并非别的，恰是"德国人民在经济自由原则下，充分发挥其创业精神和智慧才能，辛勤劳动的结果"。1957年，艾哈德出版了《来自竞争的繁荣》一书，详细地介绍了西德的经济改革情况，同时向人们阐述了他信奉的"社会市场经济"的思想和政策主张。

艾哈德指出，"社会市场经济"，其核心思想是"克服漫无限制的自由放任和严酷无情的政府管制的矛盾，在绝对自由和极权主义之间寻找一条中间路线"。其基本目标，是实现"全民繁荣"。而要达到这一目标，最好的手段是自由竞争。对此他作了这样的解释：有人曾对牧羊人说，要想使羊儿长得快、不生病，最好的办法，是在羊群中放进一只狼。同理，"生于忧患，死于安乐"，每个人只有置身于充满竞争的环境中，智慧、胆识、创造力、进取精神等，才能得到最大程度的释放。

艾哈德对自由竞争大加赞扬，但并不盲目反对国家对经济的干预，他反对的只是包罗万象、飞扬跋扈的国家干预。他形象地把社会市场经济比作"人工培养的植物"，把自由放任经济比作"野生植物"。他认为,自由放任的竞争不仅不能实现完全竞争,而且会产生垄断,使市场价格机制失灵。基于此,他主张有限的国家干预。

艾哈德所说的"有限的国家干预",是指国家只需担当"裁判"。就像在足球比赛时,裁判的任务是维护比赛规则,而不是下场踢球,也不是对运动员面授机宜,这些都是教练和运动员的事。国家作为裁判,只负责维护市场经济秩序,为竞争创造一个稳定适宜的外部环境。比如反垄断、兴办铁路以及发展邮电、教育等公共事业。

此外,在该书中艾哈德还强调,国家最重要的职能是保持币值稳定。没有相应的通货稳定,社会市场经济是不可想象的。艾哈德指出,如果国家不负众望地完成了她该做的事,"社会市场经济"就具备了"社会"的性质。从艾哈德以上论述可以看出,所谓"社会市场经济",其主要特征就是以自由竞争为主,国家干预为辅。

有什么样的理论,就有什么样的政策。可以说,西德的复兴之路,正是艾哈德在社会市场经济理论的指导下制定出一系列政策,并克服种种障碍,一以贯之的过程。

反垄断是艾哈德一贯的主张。他指出,市场经济的秘诀是使供求双方趋于平衡。要实现这一点,就要展开自由竞争,并让市场自由决定价格,离开这两条,市场经济则无从谈起。垄断既排斥自由竞争,又妨碍自由定价,与市场经济格格不入，要坚决予以反对。

面对工人增加工资的要求，艾哈德认为，工资随着国民收入提高，理所当然应该"水涨船高"。但另一方面，他总是不厌其烦地宣扬他不受欢迎的"真理"：一旦工资增加超过生产率的增长，必然引发通胀，危害经济的健康，对雇主和工人都有百害而无一利。所以他强调要把蛋糕做大：与其大家喋喋不休地讨论分配问题，倒不如齐心协力提高国民收入。如果蛋糕太小，即便上帝，恐怕也是爱莫能助。

对福利国家政策，艾哈德明确持反对态度。他分析说：如果国家对一个人包揽得太多太广，个人就会缺乏竞争的压力，久而久之，就会丧失进取心。最后，整个社会将滑向危险的边缘，随之而来的，不是什么没有阶级的社会，而是没有灵魂的机械社会。于是艾哈德最后的结论是：达到"全民繁荣"的最好途径，只能是竞争。

艾哈德鼓励竞争的理论，适应了战后西德的需要，取得了显著成效。正如人们把美国同期的经济繁荣归功于凯恩斯一样，德国人也把他们在20世纪50年代、60年代的经济成就，归功于艾哈德。可惜好景不长，进入60年代中期后，西德面临"滞胀"威胁，经济停滞不前。1966年，艾哈德内阁倒台，社会民主党执政后吸纳了凯恩斯理论，强调国家干预。

进入20世纪80年代后，科尔政府上台，又主张恢复艾哈德的"多市场、少国家"的社会市场经济理论。由此看来,自由竞争和国家干预之间,其实并无不可逾越的鸿沟。"市场"和"计划"皆是配置资源的手段,经济政策应根据经济形势适时调整,不可刻舟求剑,也不能僵化。

世界各国经验证明,在经济平稳时期,自由竞争政策较为有效;而经济剧烈波动时期,国家干预却更为灵验。实际上,从20世纪50年代起,德国就开始推行福利政策,建立了一套比较完整的社会保障体系,这对艾哈德的反福利国家理论,可以说是一个无情的否定。但尽管如此,艾哈德的理论还是给了人们一个提醒,搞社会福利要量力而行。否则,经济这部机器将会失去动力。

布坎南阐释"政府失灵"

布坎南作为公共选择学派的奠基人,如今已声名远播。他最主要的贡献,就是把"经济人"假定引入政治学领域,并使公共选择理论成为经济学中的一个重要分支。布坎南也是国家干预理论的反对者,他认为政府不是圣贤,并不比市场高明,与其政府手忙脚乱,还不如听任市场竞争有效。他1960年出版的《公共财政》一书,系统表达了这一思想。

在布坎南看来,政府不过是一个特殊的"生产者",提供的是"特殊产品"。他为读者讲述了这样一个故事。在一个孤岛上，住着一群渔民。由于礁石丛生，早出晚归的渔民一直希望有一座照亮海面的灯塔，保证他们安全航行。然而问题在于，谁来为建造灯塔支付成本呢？

灯塔毕竟不是灯笼，你若花钱买盏灯笼，可以只供自己使用，可灯塔不同，一人建造，则众人受益。那些过往船只，即使分文不掏，也能借光行船，坐享其成。既然如此，谁也不愿当冤大头，去劳神费钱地建灯塔。没有灯塔自然不便于出海，于是渔民希望政府强制征税，代建灯塔，消除"搭便车"现象。可见，为人们提供灯塔等一类的"公共品"，是产生政府的重要原因。

有了政府，就要有人主事。民主社会不同于专制社会，挑选政府的掌权人，不能由少数人说了算，必须得到公众集体同意。用经济学行话说，要服从公共选择的结果。然而困难在于，公共选择不同于经济市场的私人选择。当你兜里装着钱，在市场上购买商品时，只要自己看上眼，就可以拍板购买，不需与旁人商量。

然而公共选择不然，人多嘴杂，偏好各异，即便是大家一起去郊游，有人可能喜欢登长城，有人喜爱爬香山，意见很难统一。布坎南说，公共选择如同体育比赛，要决胜负，必须先建立规则，没有规则，公众选择就会争论不休，甚至大动干戈。正因如此，布坎南特别重视"规则"，并把它作为公共选择理论的一块基石。

所谓公共选择，说得直白些，其实就是投票选择。投票规则虽然五花八门，但最主要有两种：一致同意规则与多数同意规则。一致同意规则，也即"一票否决"。最典型的例子，是联合国安理会的决议。只要五个常任理事国中有一个反对，决议就胎死腹中。这种规则的优点，是投票人皆大欢喜，但不足是协调成本太高。

俗话说，众口难调。那些大饭店的名厨，做出的饭菜要让所有客人满意尚且不易，更别说要做"一致同意"的集体决策。耗时费力不说，等大家一致通过之后，也许黄花菜都凉了。于是，人们只得退而求其次，采用多数同意规则，即所有投票人中，只要半数以上通过则可。

多数同意规则，虽然能满足多数人的意愿，但却要牺牲少数人的利益。这样少数人会觉得自己势单力薄，寡不敌众。既然定不了大局，动不了乾坤，有人投起票来就无所谓，随大流。如此一来，必然给某些利益集团以可乘之机，他们利用小恩小惠，拉拢选民，为自己所用。由此可见，两种投票规则都有利有弊，并非尽善尽美。

既然投票规则存在先天不足，通过这种规则选出的"政府官员"，自然很难靠得住。可传统经济学对此不以为然。过去经济学家看"人"，历来用的是"善恶二元论"。在经济领域，他们认为人都是自私的，一副丑恶嘴脸；可一旦到了政府领域，摇身一变，人人都成了以天下为己任的君子。整天为"正义"而忙碌奔波。

布坎南指出,这种二元论,离现实相去甚远。实际上,官员并没有超凡脱俗,他们也是"经济人",同样追求自身利益最大化。而且,官员也非下凡的神仙,没有先知先觉,更不能无往不胜。与普通人一样,他们也会常常犯错误,也会好心办坏事。在西方工业化国家,政府失灵的事例已是司空见惯。

同时,布坎南也承认政府官员与普通人有所不同,官员头脑中通常没有"利润"概念,不像企业家那样,为赚钱而挖空心思。原因有二:一方面,公共品的利润很难测定,它所体现的更多的是社会效益;另一方面,即使政府赚了钱,官员也不能占为己有,而且政府是否赚钱,与官员升迁无关,故官员无须为政府赚钱。

如此一来,政府官员给人的印象,好像真是大公无私。可布坎南指出,政府官员也有自私心,只不过他们所追求的不是为政府赢利,而是个人威信与权力。为了追求威信与权力,许多政府官员往往不计成本,不择手段,比起普通人追求金钱来,往往有过之而无不及。

布坎南认为,现代社会存在的许多弊病,皆与政府官员的这种"经济人"特性有关。比如,为了追求威信和权力,往往处心积虑,去争取尽可能多的预算,钱拿到手后,又不能老捏在手上,必须找个地儿投资,结果使得公共品过多过滥，这样不仅浪费了资源，而且也牺牲了效率。

在经济市场上，任何一种产品，都有多家企业生产，货比三家，必然有竞争；但政府部门提供公共品，通常只此一家，没有竞争对手，官员自是高枕无忧，效率也就无从说起。同时，官员为了竞选获胜，常常会向选民夸下海口，可当选后要兑现承诺，就得大把花钱，钱从何来？政府最简便的办法，当然是搞赤字预算。

年复一年地搞赤字预算，财政窟窿越来越大，最终，政府还得想办法弥补。弥补财政亏空，本可以多征税，可多征税容易犯众怒，政府敢想不敢为；于是为掩人耳目，就会打银行的主意，逼着银行发钞票。货币发行过多，又引发了通货膨胀，结果，事情越搞越糟。

用什么办法矫正政府失灵呢？布坎南给出的建议是，强化公共部门竞争。比如，将自来水、城市公交等"公共部门"切割开，分成若干小公司，让它们展开竞争，干得好的，予以嘉奖；干得不好的，则降职换人，或扫地出门。这样，公共部门的效率必定大为改观。

布坎南还建议，政府应尽量超脱些，不可事必躬亲。某些公共品，若能由私人提供，政府就应顺水推舟，用不着自找苦吃。比如，将军工产品、高速公路等，转由私人经营，既可为财政减负，又能带动民间投资，一箭双雕，何乐而不为？为防止官员滥上项目，笼络选民，布坎南呼吁将"平衡预算原则"写入宪法，以彻底摒弃凯恩斯主义，对财政预算实行刚性约束。

弗里德曼的洞见

17世纪以来，成千上万的人怀着美好的憧憬，历经千辛万苦，横渡大西洋和太平洋，来到美国这个心目中的天堂。尽管迎接他们的并不是灿烂的鲜花、遍地的黄金，但他们获得了宝贵的自由。在这里，大多数人也的确实现了梦想，并吸引着亲朋好友如潮水般地涌进这块土地。

到底是什么创造了美国的黄金时代，让她具有如此大的魅力？美国货币学派掌门人弗里德曼，在1979年与夫人合作出版的《自由选择》一书中指出，秘诀不是"计划经济"，而是自由的"市场经济"体制，并用东德与西德的明显反差作例证。

东德与西德原本是一个整体，二战后一分为二，文化水平、经济基础相差无几，但几十年后却有天壤之别。在"柏林墙"的一边（西德），街道灯火辉煌，饭店流光溢彩，商品琳琅满目。而在"柏林墙"的另一边（东德），街道毫无生机、城市灰暗苍白、商品寥寥无几。弗里德曼认为，西德的繁荣富强，主要得益于经济自由政策，而东德的中央计划经济，却扼杀了经济发展的活力。

在《自由选择》一书中，弗里德曼对亚当·斯密的自由市场经济思想充满溢美之词。不过他也认为，自由经济并不意味着天马行空、放任自流。政府可在有限范围内发挥作用。在弗里德曼看来，政府主要有四项职能：保证国家安全；维护社会公正；提供公共品（公共服务）；保护那些"不能对自己负责"的社会成员。

同时，弗里德曼又提醒说，政府权力不能过度集中，否则会削弱人们的自由，"把经济和政治权力集中在同一个人手里，肯定会给人民带来暴政"。弗里德曼批评道：近几十年来，美、英等国政府的作用越来越大，不仅造成了经济停滞，而且让人们不知不觉地丧失了自由。因此，他大声疾呼，美国政府必须改弦更张，重新回到自由经济的轨道。不然，若继续往政府干预经济的泥潭里走，必定会越陷越深，而最终不能自拔。

1929—1933年，西方国家曾发生过一次规模空前的经济大萧条。关于这次大萧条，不少经济学家把它归咎于市场失灵，而弗里德曼却认为市场是无辜的，问题恰恰出在政府不当干预。1930年，位于美国金融中心纽约的一家商业银行倒闭。就像电影院里有人忽然喊起火，人们拼命往外挤一样，存款人担心自己在银行的钱肉包子打狗——有去无回，纷纷到银行挤提，引发了一场全国性的挤兑风潮。

弗里德曼进而批评道：联邦储备系统此时不仅没能制止

储户的挤兑，反而在银行现金严重短缺时，往伤口上撒盐，采取了错误的通货紧缩政策，令陷入资金困境的银行如雪崩般地倒闭，最终造成金融系统崩溃。故在弗里德曼眼里，"政府是今天经济不稳定的主要根源"。

对于欧美国家推行社会福利政策，弗里德曼分析说，尽管目标是崇高的，结果却令人失望。例如，国民保健事业一度被人们奉为福利国家桂冠上的明珠，现在却陷入了欲罢不能的困境：医生罢工，费用猛涨、服务低劣，致使越来越多的人转向私人医院。而且，公共支出的巨额增长，迫使政府增加税收，这无异于火上浇油，更加激发了人们的不满情绪。

至于怎样治愈福利国家病，弗里德曼认为要深入病根，对现行体制动一次大手术。他建议用一个单一的补贴计划，去替代那些日益烦琐的扶贫政策，即政府划定一条收入标准线，收入高于此线的缴纳所得税，收入低于此线的不仅不要交税，相反政府还要根据其收入与标准线的差距，给予补贴。这就是他名动一时的负所得税方案。

作为现代货币主义的创始人，弗里德曼对通胀的分析，更是入木三分。在他看来，通货膨胀始终是而且处处是一种货币现象，当货币供应的增长速度，超过商品和服务的增长时，通胀就会发生。弗里德曼还断定，"贪得无厌"的企业家与"挥霍浪费"的消费者，只会引起部分商品价格上涨，绝不会引起物价水平普遍上涨。把通胀的责任归咎于这些人，是政府在放烟幕弹，其真正的用意，是试图掩盖或推卸自己的责任。

对通胀的危害，人们都有切肤之痛，可政府为何要明知故犯呢？对此弗里德曼作了如下分析。从美国历史上看，货币过度投放，大致有三个原因：一是为了应对政府急剧增加的开支，而增发货币不太为人们所关注。二是为了实现不切实际的就业目标。比如政府要实现充分就业，就不得不扩大开支，减少税收。产生赤字后，不得不靠增发货币来弥补。三是联邦储备系统没有把心思放在控制货币量上，而是舍本逐末去控制利率，结果使得货币量和利率两者都出现大幅波动。

事实上，早在1962年，弗里德曼就出版了《资本主义与自由》一书，《自由选择》与该书的基本思想大同小异，但两本书所受的"礼遇"却有天地之别。究其原因，还是时势造英雄。20世纪70年代以前，凯恩斯主义雄踞官方经济学宝座，傲视群雄。然而从70年代开始，西方经济出现了"滞胀"，凯恩斯学派对此一筹莫展，于是货币学派成了与凯恩斯学派分庭抗礼的中流砥柱。

今天看来，《自由选择》中的某些观点仍值得重视。如合理定位政府职能，减少对经济的不当干预，利用货币手段稳定宏观经济等。但是，弗里德曼把经济中的种种弊端，归咎为国家干预,并呼吁予以取消,似乎是不太现实。当今世界,有哪个国家能真正对经济袖手旁观?

美国经济界人士有一种共识,认为当年格林斯潘所领导的美联储,为美国立下了汗马功劳,其稳健的货币政策,为经济发展造就了一个适宜环境,以至于2000年美国大选时有人说,选谁当总统不重要,只要老格当美联储主席就成。当初被弗里德曼所诟病的美联储,竟一跃而成为人们心目中的英雄,这恐怕是弗里德曼所始料不及的吧。

产权问题与科斯定理

大约60年前,在美国芝加哥大学曾有过一场别开生面的辩论。该校《法律与经济学报》主编戴维德教授为了欢迎科斯教授的造访,邀请几个同事到他家共进晚餐。这几个同事,均是卓有成就的经济学家,其中弗里德曼和施蒂格勒更是世界顶尖高手。饭后,科斯向他们提了一个问题:一个工厂产生了环境污染,使附近居民深受其害,政府该不该出面干预,向工厂征税或强制它搬出居民区?

众人一致回答:"当然应该。"可科斯说:"你们错了。"接着,双方各持己见,展开了激烈的争辩。当大家争论方酣之际,思维敏捷的弗里德曼似乎突然大彻大悟,掉转枪口,将几位同事驳得哑口无言。科斯由此大获全胜。后来,他就此写成论文《社会成本问题》,发表在 1960 年的《法律与经济学报》上。

工厂污染环境,这是经济活动的外部性问题,对此,科斯以前的经济学家,几乎无一例外地主张政府干预。他们的理论依据,主要来自庇古。这位"福利经济学之父"指出,要想使资源得到最优配置,就必须使私人收益和社会收益相等,一旦两者出现偏离,就要设法纠正。工厂污染环境而不加治理,是将自己应支付的成本转嫁给了社会,它的收益也就高于社会收益。所以政府应对工厂征税,来补偿居民的损失,使他们各自的私人收益,都尽可能接近社会收益。

可是在科斯看来,庇古的方案并不高明,是"只见树木,不见森林",仅仅看到工厂损害了居民健康,却没有想到,如果制止这种损害,同样会使工厂利益受损。所以科斯认为,不能顾此失彼,而要从社会总体利益来考虑问题。

看看下面的案例,便足可见科斯的大智大慧。

一个制糖商,已经从事糖果生产几十年,8 年前,一个医生搬到他隔壁居住。开始两人相安无事,但自从医生在这里建了一个诊所后,邻里之间就再也不得安宁,最后竟然撕破脸皮,打起了官司。医生向法院起诉,说隔壁生产糖果的机器,发出了噪声,搅得他心神不定,而且没法使用听诊器给病人做检查。因此,他要求制糖商停止生产。法院很爽快地满足了他的要求。

科斯认为，这种裁决并非上上之策。假如制糖商停止生产，损失300美元，而搬迁到别的地方，只需100美元，医生迁移诊所，只要200美元。显然，后两种方案就更可取。而其中最经济的方案，是制糖商搬走。怎样才能实现这个目标呢？科斯的看法是，政府不必指手画脚，也不必做硬性规定，只需划分好当事人双方的权利即可。

为了说明自己的观点，科斯做了正反两种假设。第一种假设是制糖商有权在原地继续生产。在这种情况下，如果医生对噪声忍无可忍，要么就自己走人，要么请制糖商搬走。医生发现，请制糖商搬迁只需100美元，比自己搬迁合算，所以只要制糖商要价不超过200美元，他就乐意掏腰包。而制糖商只要得到的钱不少于100美元，也乐于搬迁。这样，两人你情我愿，必然达成协议。

第二种假设是医生有权在此行医。此时如果制糖商想让医生搬走，就必须付200美元，这比他自己搬走，多了100美元，很不划算，所以，他会自己主动搬走。可见，虽然两种假设截然相反，但结果却完全一致，都是制糖商搬迁。科斯由此证明：无论初始产权如何界定，只要搜寻、谈判和监督合同实施等交易费用为零，当事人双方就会通过市场交易，使资源配置达到最优。

由此推论：当交易费用为零时，产权制度的安排，对资源配置效率没有影响，这就是由著名经济学家施蒂格勒定义、由科斯本人认可的"科斯定理"。科斯定理的言外之意是：即使经济存在负外部性导致了市场失灵，也不需要政府出面干预。

可问题在于，假设交易费用为零，就跟物理学里假设自然界不存在摩擦力一样，永远都是一种不切实际的假想。在实际经济活动中，交易费用无处不有。就拿奶酪生产商来说，如果他要购买牛奶做原料，首先，他要多方打听什么地方有牛奶卖，质量如何。然后，为了眼见为实，又必须跑去当面看个究竟。若货真价实，就开始讨价还价。好不容易谈拢价格后，还得就数量、交货时间、交货地点达成一致，签订合同。

事情到此还没完，他必须随时睁大眼睛，防止对方出尔反尔，违背合同。可见，人们在交易时，做的都不是"无本生意"，而是要花费相当大的代价，这种代价就是"交易费用"。科斯最早意识到交易费用的存在，所以，他没有停留在交易费用为零的假想中，而是马上进入了交易费用为正的世界。

他指出，当交易费用大于零时，自愿交易就可能化作泡影。比如，在制糖商和医生这个案例中，只要交易费用大于 100 美元，交易双方就会望而却步。因为如果制糖商有权在此生产，那么医生要想让他搬迁，就得付 100 多美元，再加上 100 美元的交易费用，就超过了 200 美元，这样就不如自己走人。

反过来，而如果医生有权在此行医，制糖商就会自己花100美元搬走。由此可见，当交易费用大于零时，不同的产权安排，会有不同的资源配置效率。这就是所谓的"科斯第二定理"。

《社会成本问题》一文，既没有晦涩难懂的理论，也没有密密麻麻的公式，作者只是信手拈来几个案例，但却使人如醍醐灌顶，大有"听君一席话，胜读十年书"之感。所以它一经发表，立即同时震惊经济学界和法学界，成为20世纪被引用得最多的经济学论文之一。诺贝尔奖评委魏林对科斯评价极高，认为科斯"对经济史的研究增加了新推动力，一门新的科学——法律经济学，在经济学和法学的交叉地带应运而生，传统的法学开始动摇了"。

当然，科斯定理并非完美无缺。比如，产权的初始界定，尽管对效率没有影响，但却会影响收入分配。而收入分配的改变，往往又是社会矛盾的导火线。对如此重要而敏感的问题，科斯在这篇论文中只是一带而过，不能不说是一大遗憾。

经典领读

第4章
制度学派崛起

凡勃伦抨击有闲阶级

康芒斯继往开来

加尔布雷斯推陈出新

从制度层面解释增长

解开"诺斯悖论"

第4章
制度学派崛起

制度学派起源于19世纪末，凡勃伦、米契尔、康芒斯一起被称为旧制度经济学的三大巨擘。20世纪50年代以来，加尔布雷斯、诺斯等一批经济学家承前启后，创立了新制度经济学。作为经济学的一个门派，新制度经济学在经济学界的影响仍如日中天。

凡勃伦抨击有闲阶级

19世纪流行一时的社会达尔文主义，受到了美国资产阶级的欢迎，并将其奉为金科玉律，大肆宣扬。曾有一位亿万富翁以诗一般的语言大发感慨："玫瑰花只有将它周围环绕的小芽苞牺牲掉以后，才能给观赏者带来芬芳。"扬扬自得之情，溢于言表。有了这种富者至上的论调，富人当然可以奢侈浪费、挥金如土，而无惧社会舆论的谴责。

美国经济学家凡勃伦，像一位星外来客，以超然的眼光，冷静地剖析了人们司空见惯的现象。1899年，他出版了《有闲阶级论》，对富人的粗俗不堪，给予了辛辣的讽刺和抨击，并由此及彼，从有闲阶级谈到制度，从心理学和历史角度，阐述了制度演化，创立了制度学派。

此书一开篇，凡勃伦就将目光延伸到历史的源头，并顺流而下，探寻有闲阶级的产生过程。他认为，在人类社会的野蛮时代，由于不存在经济特权和社会分工，有闲阶级尚未出现，但在这个时代的末期，孕育了有闲阶级的胚胎。到了人类开化阶段的初期，有闲阶级便呼之欲出。

这时，社会分工已经出现，一部分人开始不事生产，成了有闲阶级。他们统管政治、战争和宗教等非生产性事务，牢牢掌握对他人的生杀予夺大权。在人们心目中，他们从事的工作，无比光荣神圣，他们的社会地位，更是至高无上。在未开化时代的末期，有闲阶级迅速壮大，封建时代的欧洲和日本就是例子。在这些国家，有闲阶级和劳动阶级泾渭分明，划分极其严格。

凡勃伦研究发现，有闲阶级和私有制是相伴而生的。私有制一旦出现，人类就围绕财富的占有，展开了旷日持久的争夺。他分析指出，人们之所以要占有财富，与其说是满足生理需求，倒不如说是为了面子。谁拥有的财富多，谁就是社会的优胜者，不仅社会地位上升，还可获得别人的赞誉，从而使虚荣心得到满足。

有了财富，若不显山露水，就只能孤芳自赏，得不到别人的尊重，更博不到荣誉，所以富人需以某种方式炫耀自己的富有。古往今来，有教养的人一直认为，炫耀财富的最好方式，是享有"余暇"。凡勃伦举礼仪的例子，说礼仪的起源和发展，是能证明富人有闲。熟谙礼节，需耗时费钱，劳动阶级自然没时间学习礼节，于是礼节便成了富人的"专利"。尽管礼节可表达敬意，但主要是为了显示身份，是有闲阶级的特殊"象征"。

随着社会进一步发展，人口流动性日趋频繁，社交范围也随之扩大，富人要想给陌生人留下"富有"的印象，当然得大肆消费。为此，富人常常一掷千金，买东西从不讲价，过着佳肴美酒、肥马轻裘、歌舞升平的生活。当人们对这些习以为常时，他们又寻找新的身份符号。如理发学徒阿克莱特发明了水力纺纱机，一夜暴富后便不惜重金购买爵位，改头换面，混迹于上层社会。

凡勃伦批判了有闲阶级后，又转而讨论制度问题。在他看来，制度实际上就是人们的思维习惯。私有财产、价格、市场、货币、竞争、企业、政治机构以及法律等，都是"广泛存在的社会习惯"。制度受环境的影响，一旦环境发生变化，便会随之改变，而它的变化，是通过改变人们思维习惯实现的。

凡勃伦指出，对思维习惯的调整，社会各个阶级的难易程度有所不同。有闲阶级出于本能，往往趋于保守、反对变革。一般说来，人都有安于现状的心理，只有在社会环境的压力下，迫不得已才会接受改变。有闲阶级平日里养尊处优，衣食不愁，恰恰是缺乏这种压力。再说，任何一种变革都是利益重组，虽能改进社会整体福利，对有闲阶级却有损无益，他们当然不愿改革。

有闲阶级的保守性，还体现在对他人的影响上。在一定时期，社会财富总有限度，有人拿多了，就得有人少拿。有闲阶级肥了自己，同时也造成了一个赤贫阶级。穷人迫于生计，颠沛流离，没有闲暇去学习、吸纳新的思想与社会习惯，使得他们与有闲阶级一样也因循守旧。从这个角度看，有闲阶级不仅没促进社会进步，反而成为社会的累赘，甚至成了"保守、没落、腐朽"的代名词。

《有闲阶级论》问世，如同春雷炸响，震惊了美国上层社会。凡勃伦辛辣刻薄的语言，剥去了富人华丽的外衣，透视到他们的心灵深处。富人就像当街被人脱光了衣服，羞愧难当，不得不重新审视自己的所作所为。自此之后，富人挥霍无度，往往会遭人们的耻笑或唾弃。

值得一提的是，关于制度问题，凡勃伦主张综合多学科进行研究。遗憾的是，无论他本人还是其追随者，都未曾提出令人信服的理论体系。由他亲手缔造的旧制度学派，不过是昙花一现，很快就凋零了。一直到20世纪50年代，才由加尔布雷斯重整旗鼓。由此看来，任何一个经济学流派，要是没有自己的理论体系，就会像造房子没打地基一样，基础不牢，不可能长久屹立不倒。

康芒斯继往开来

前面说过，美国经济学家康芒斯，与凡勃伦、米契尔一道，被称为旧制度经济学的三大巨擘。虽然这三位学者都十分重视"制度"问题，但对制度的研究却各有侧重。凡勃伦强调社会结构变革，米契尔更青睐统计分析，而康芒斯所看重的，却是法律制度。他于1934年出版的《制度经济学》一书，集中阐述了自己的思想，使他一举成为早期制度经济学派的代表人物。

尼采说过：有人是将自己的伤痛化为哲学，有人是将自己的富足化为哲学。意思是说，一个人的治学思想与其生活经历密切相关。康芒斯自1883年加入克利夫兰印刷工会，在此后长达半个世纪的时间里，积极参与集体活动，这对他的思想形成产生了深刻影响。虽然他与其他制度学派的同行一样，将制度作为研究对象，但对制度的看法别具一格，指出制度是"集体行动控制个人行动"。

从无组织的习俗，到有组织的机构，集体行动无处不在。小到家庭，大到公司、行业协会、法院乃至国家，都有一个共同原则，那就是个人行动或多或少地受集体行动控制。康芒斯解释说，这不仅是因为人们之间的利益冲突需要集体协调，更重要的是因为资源稀缺。由于资源稀缺，它们的使用必须由集体管理，否则容易陷入无政府状态。

在康芒斯看来，集体行动可以促进"行为规则"的形成，而规则可告诉人们：什么可以做，什么不可以做，从而使每个人皆依照一定的规范行事。他特别指出，集体行动在无组织的习俗中，比在有组织的团体中更为普遍。他举例说，支票是现代信用制度的习惯，而且已被大多数人接受，成了共同遵守的"习俗"。如果有某个商人不肯接受支票流通，那么他就很难融入商业社会。

康芒斯的制度理论，虽在经济学界独树一帜，但在宣扬阶级利益调和上，却又与传统经济学如出一辙。面对资本主义社会激烈的阶级冲突，康芒斯不可能视而不见。一方面，他不得不承认，资本主义社会普遍存在着"利益冲突"。可另一方面，他同时又认为，这些冲突并非不可化解，借助于各种措施，如国家法制，现行各种冲突都是可以协调的。

为了证明自己的观点，康芒斯提出了"交易"概念，并将其作为"阶级调和论"的基础。在传统经济学里，"交易"一词的含义非常狭隘，仅指商品的交换。而康芒斯却赋予了

"交易"新的内涵。他指出,"交易"是一种法律活动,指的是"所有权转移"。在现实生活中,人们的交易可大致分三类:买卖的交易、管理的交易、配额的交易或政府的交易。人和人之间的经济活动虽五花八门,但皆属以上三种交易中的一种,无出其外。

康芒斯对"交易"概念的重新界定,给经济学带来了一个重大的转变,使只重视物质产品的传统经济学,渐渐转向重视富有法律色彩的制度经济学。不过他与新古典经济学家一样,也沉醉在"零交易费用"的世界里,虽然离无限风光的学术巅峰仅一步之遥,可惜还是失之交臂。后来,是科斯站在康芒斯的肩膀上,提出了"交易费用"概念,制度经济学才焕然一新、生机勃勃。

人们在交易中,都想多取少予,这样难免会产生纷争。康芒斯认为,人与人之间并非总是剑拔弩张,更多的是相互依存、相互合作。正由于冲突与依赖并存,社会秩序才得以维持。而且他认为,只要交易冲突可以调和,就不会产生阶级矛盾。所以他不承认工人阶级与资产阶级是两大对立阶级,而只是两个不同的利益群体。不同群体间的利益冲突,完全可以通过公正的仲裁人进行调节,而这个理想的仲裁人,就是法院。

康芒斯指出,现代社会有法律、经济、伦理等三种利益协调方式,其中法律最为重要,是社会经济发展的决定因素。他认为在整个资本主义发展进程中，法律在任何阶段都功不可没。首先，资本主义的产生应归功于法律，是法律将封建制度打得粉碎，为资本主义的发展扫清了道路。其次，资本主义无论从商业资本主义过渡到工业资本主义，还是由工业资本主义发展到金融资本主义，其主要的推动力，皆来自法律。

正因为法律神通广大，所以康芒斯断言：资本主义暴露出来的种种缺点和弊病，都可以通过法律去克服，无须进行社会革命。他举证说：1848年的《公司法》，消除了早期资本主义的缺陷，产生了现代资本主义；而1890年的《反托拉斯法》，则抑制了国家垄断资本主义的弊端。

在《制度经济学》一书中，康芒斯十分重视最高法院的作用。在美国的法律制度中，习惯法占有重要地位，法院特别是最高法院，对任何一个案件的判决，对一切类似案件都有强制作用。康芒斯认为，了解最高法院的法官是一些什么人，比了解法律是什么更重要；宪法不是它本身说的那么回事，而是最高法院说它怎样就怎样。因此，他建议把法院的判例，作为研究经济问题的基础。

康芒斯还分析指出，美国之所以没有步德国、意大利的后尘，走上法西斯道路，最高法院的作用至关重要，因为它有力地抑制了辛迪加资本主义。而辛迪加资本主义，是通向法西斯主义的桥梁。所幸的是，最高法院始终认为辛迪加不利于自由贸易，对其严加限制，所以美国产生的都是金融资本主义，而不是法西斯主义。康芒斯自豪地说，最高法院带来的金融资本主义，比法西斯主义更具优越性。

不过康芒斯也承认，金融资本主义也并非完美无缺，它也无法摆脱失业的困扰。对如何消除失业，他的建议是设立"全国经济计划委员会"，对国民经济进行统一管理。尽管此观点与许多经济学家不谋而合，但康芒斯明确指出："全国经济计划委员会"很容易导致专制，当年的意大利便是前车之鉴，而在美国也存在同样的危险，要避免它，除了完善法律制度之外，将别无选择。

加尔布雷斯推陈出新

提起新制度学派，人们自然会想到加尔布雷斯。这位集经济学家、政府官员、文学家于一身的哈佛教授，不仅学识渊博，而且善于从复杂事物中拨云见日，提出独到见解。他一生著述甚丰，其《丰裕社会》与《新工业国》曾轰动一时。不过，能真正系统反映加尔布雷斯思想的，当属1973年出版的《经济学和公共目标》。

在许多经济学家的想象中，资本主义是人间天堂，然而现实无情，当历史行进到20世纪70年代，西方国家又一次跌进了"地狱"。失业久治不愈，通胀又同时爆发，贫富鸿沟日益拉大,环境污染愈演愈烈。当时,人们对眼前的"大衰退"百思不得其解,对未来的前景更是忧心忡忡。

关于"大衰退",学界众说纷纭。有人将"滞胀"归罪于企业主,有人将其归罪于工会,也有人归罪于凯恩斯。加尔布雷斯力排众议,指出资本主义遭此劫难,是人们错误地把"经济增长"当成了社会的"公共目标",以为只要经济增长快,便可一俊遮百丑。其实不然,单纯地追求增长率,必导致为生产而生产,使失业、环境污染、收入悬殊等问题雪上加霜。基于此,加尔布雷斯提出,需重新定位社会的"公共目标",不然上述矛盾会像挥之不去的幽灵,让人们永远不得安宁。

照理讲,一个社会的"公共目标",应该是"追求公众利益最大化"。可现实生活中,却被人为地扭曲了。加尔布雷斯分析说,"公共目标"之所以错位,"祸首"是畸形的社会结构。现代资本主义社会,存在着一个"二元体系":一是由大公司组成的"计划体系";二是由小企业和个体经营者构成的"市场体系"。若从"产值"看,两大体系难分高下,但两者的社会地位,却有天地之别。

比如,大公司可以支配消费者,而小企业却无能为力。大公司实力雄厚,它们的广告铺天盖地、营销网络无孔不入。即便消费者闭目塞听,最后还得听它们摆布。加尔布雷斯用了下面的例子说明这种"大公司"的魔力。

商界巨子希尔先生曾向女士们推销一种香烟，开始时屡屡受挫。究其原因，原来是香烟的绿色包装盒与女性服装的颜色不配。于是有人提议，更换一下包装盒的颜色，没想到希尔先生听后大发雷霆："我们为什么不想办法，使绿色成为女装的流行色？"果不其然，一年后绿色女装风行全美，希尔的公司由此赚得盆满钵满，而小公司却只能在一旁垂涎欲滴。

加尔布雷斯指出，市场竞争的规则是优胜劣汰。可大公司高高在上，市场份额大，并且大公司之间很容易串通一气，联手操纵价格，在市场上为所欲为。而小企业却势单力薄，只能像没根的浮萍，随波逐流，任人宰割。大企业与小企业间的贫富差距，自然也会越拉越大。

另外，大公司谋求发展，虽然促进了经济进步，但同时也会引发一系列社会问题。大公司从事的大多是军工、汽车、钢铁等行业，由于家大势大，往往发展过头；而亟待发展的交通运输、环境卫生等城市服务业，却因为"赚头"小，大公司很少问津。结果又使得城市配套设施发展严重滞后，生存环境每况愈下。

更令人头痛的是，大公司虽然日进斗金，却仍希望借"权"牟利；政府官员虽然大权在握，但参加"竞选"也需要大公司出钱。由于各怀私心，"财神爷"和"乌纱帽"便一拍即合。如此一来，大公司的目标，也就堂而皇之地成了政府目标，而真正的"公共目标"却反而被人遗忘了。

此外，加尔布雷斯还从公司治理结构的角度，揭示了"公共目标"变化的原因。在现代大公司，掌权人本应该是股东，可由于才能和精力的限制，他们越来越难以驾驭企业，那些掌握专门知识的所谓"技术结构阶层"，却成了事实上的当权者。这种权力的转移，也导致了公司目标的改变。

加尔布雷斯解释说："技术结构阶层"首先追求的是"稳"。因为他们的收入，主要是薪水和奖金，不是股息，只要企业保持一定的盈利，不让股东卖掉股票则万事大吉。他们犯不着自找麻烦，去为股东追求最大化利润。

再有，为了息事宁人，面对工人的"加薪"诉求，"技术结构阶层"也通常是有求必应。成本增加后，就用涨价的办法，转嫁到消费者头上，商品价格上涨，工人还会要求加工资。这样，水涨船高，工资、物价轮番攀升，于是出现通货膨胀。要是碰上了经济不景气，还会形成"经济滞胀"，长此以往，整个社会必将大难临头。

对怎样矫正"公共目标"，加尔布雷斯的观点是改革现行社会结构，实行"新社会主义"。什么是"新社会主义"？据加尔布雷斯的定义，则是指扶弱抑强、使权力均等化的社会。一方面，政府要为小企业撑腰，利用财政金融手段，尽量减轻价格波动对小企业的损害；另一方面，抑制大公司，使其不能仗势欺人、碾压小企业。

在政策层面，加尔布雷斯提出了一揽子具体的改进措施。比如，政府应实行累进的所得税制，以消除收入不均等；应直接管制物价和工资，以防止大公司用提价的办法，"嫁祸"于消费者；应增加国家预算拨款，以推进社会结构改革，特别是应将部分大企业国有化，以充分利用计划经营的好处，更好地维护公共利益。

加尔布雷斯坚信，在"新社会主义"下，政府将不为"金钱"所动，大公司不再颐指气使，小企业也得以翻身；同时，令人心仪的"公共目标"，将被重新树立起来，"公众利益"将得到普遍尊重。而且他还为人们描绘了一幅未来的美好图画：生活福利大大提升，医疗保健日趋完善，生存环境清洁优美，文教事业发展一日千里，二元体系缺陷得到补救，一切都将尽如人意。

从制度层面解释增长

对近代西方国家崛起的原因，经济学家一直众说纷纭，莫衷一是。大多数人认为技术变革应记头功，并把近代产业革命当作欧洲经济增长的起点。稍后，又有经济学家强调，是人力资本在经济增长中发挥了决定性作用。

到20世纪60年代，经济学界又开始探讨市场信息成本下降对经济增长的影响。然而,致力于经济史研究的诺斯教授认为,如果以上这些因素是经济增长的主要原因,用它们来解释经济增长自然无懈可击。但应追问的是:"如果经济增长需要的就是投资和创新,可为何有些国家具备了这种条件,却没有如意的结局呢?"

工业化国家高速发展,究竟靠的是什么神奇力量?为回答这个问题,1973年,诺斯与他的合作者出版了《西方世界的兴起》一书,在这本仅有10万字的小册子中,他另辟路径,提出了自己的见解。他说:"除非现行经济组织是有效率的,否则经济增长不会简单地发生。"说得直白点,有效率的经济组织,才是经济增长的关键。

诺斯认为,西方国家的崛起,正是得益于有效率经济组织的蓬勃发展。那么,怎样才能使经济组织富有效率呢?诺斯的答案是从制度上做出安排,明确产权,促使每个人积极工作。若将诺斯的经济增长理论归结为一句话,那么可以表述为:有效率的产权制度,是经济增长的决定因素。

17世纪,欧洲大部分地区皆处于经济衰退之中,而位于北部的荷兰,却一枝独秀,并一跃成为欧洲的货物集散地和国际商业中心。诺斯说,荷兰的自然资源并不丰富,它的成功靠的不是大自然的恩赐,而是来源于有效率的经济组织。在当时的荷兰,政府英明而有远见,大力鼓励各种创新活动,想方设法降低交易费用,从而提高了经济组织的效率，而经济组织的效率，反过来又降低了交易费用，两者形成良好的互动。

近代荷兰的兴起，确实得益于商业贸易的发展。诺斯认为有以下几方面原因：

首先，可以降低搜寻商品的费用。任何交易都需要或多或少的费用，这些费用可分为信息搜寻、谈判、合同实施三大块。在商业贸易中，买者希望迅速获得足够的商品信息，降低搜寻成本。而大型市场商品琳琅满目，品种应有尽有，买者不用跑东跑西，在一个市场便能找到自己所需的各种东西，可以大大节省搜寻成本。

其次，可以降低谈判费用。由于市场上商品价格、质量等信息较为充分，且交易方式早已约定俗成，谈判水到渠成，不用多费口舌，谈判费用当然也会相应减少。

再次，可以降低合同执行费用。鉴于市场对地方经济有促进作用，各地政府都会推出一些保护和支持政策。比如，政府通过立法和严格执法，确保交易合同如期切实执行，使那些欺诈行骗的不法商人无立足之地，而正当商人不必花大力气监督合同实施，解除了后顾之忧，他们尽可放手做自己的生意。

最后，可以促进资本集中。随着商业贸易扩大，渐渐出现了股份公司和代理商。有了股份公司制度，许多中小企业通过发行股票扩大资本，以前受资本所困的远洋航行终于得以圆梦。另外，中小商人付出一定佣金，便可以利用其他市场的同行商人，进行本地市场以外的贸易。这些组织技术，使以往个人无法完成的冒险事业成为可能，甚至跨大陆贸易也成为现实。

诺斯指出，资本市场和商业中心是一对连体婴儿，二者紧密相连，你荣我兴。市场越有效率，达成一笔贷款所需的交易费用会越低。随着一个个商业中心的兴起，资本市场也蓬勃发展起来。在合理的制度框架下，新的金融媒介不断出现，大大降低了利率。从15世纪到17世纪，利率由20%—30%减少到3%，甚至更低。

在农业方面，荷兰实行了土地私有和自由劳动力制度。将庄园分给小农户，土地私有制保证了投资收益大部分归投资者所有，此举让个人的生产积极性倍增，技术革新不断涌现，生产工具不断改进，农业产量不断突破原来的极限，跃上新的历史水平。

诺斯最后总结说，有了合理的制度，特别是有了刺激个人积极性的产权制度，荷兰才得以跳出"马尔萨斯陷阱"，实现了经济起飞，成为欧洲经济的璀璨明星。后来，英国效仿了荷兰的制度改革，后来者居上，并取代荷兰成为世界上最有效率、发展最快的国家。相反，法兰西和西班牙因为领导集团争权夺利，未能做出有效的制度安排，结果国际地位在竞争中一落千丈。

《西方世界的兴起》的出版，令西方学界为之震动。经济理论和经济史"本是同根生"，可长期却被撕成"两张皮"。经济史学家总是埋头收集整理资料，忙于考证注释，将经济理论抛在一边，结果谁也解释不了具体经济过程。经济学家却正好反过来，总觉得自己从事的研究档次高，对史学也不屑一顾。

有趣的是，1993年，当经济学家和史学家得知诺斯和福格尔分享了当年诺贝尔经济学奖时，起初很有几分惊愕，也有几分不以为然。但当他们真正了解诺斯的理论之后，却不得不为他深刻、独到的见解所折服。

解开"诺斯悖论"

在《西方世界的兴起》中，诺斯教授提出了有效的产权制度对经济增长至关重要的观点，尽管此观点是革命性的，却不够完善。为此，诺斯继续潜心研究，最终形成了"产权—国家—意识形态"三位一体的理论体系。1981年，他的又一代表作《经济史中的结构和变迁》（简称《变迁》）出版，标志着诺斯的这项工作大功告成。

在《变迁》一书中，诺斯首先发问：若产权制度能促进经济增长，可为何有效率的产权在历史上并不常见？他的回答是：产权界定并不是免费的。相反，产权界定却是一件十分扯皮的事，比如海湾战争，就是伊拉克和科威特关于石油的产权之争。两国的油田在地下是相通的，而且向科威特倾斜，伊拉克觉得自己吃亏，双方争执不下，大动干戈，最终还酿成了战争悲剧。

诺斯进一步分析说，即使产权界定很清晰，但实施起来，代价有时也会高得让人难以承受。他举了海洋运输的例子。在茫茫大海上，武装海盗神出鬼没，随时觊觎着过往商人的钱财，令人惶恐不安。其实，商人拥有货物产权，产权是明晰的，但要实施这种权利，却很困难。无论商人自己成立一支武装，还是雇用护航队，费用都不低，甚至可能超过海盗掠夺造成的损失。

作上述分析，诺斯的目的其实是要推导国家的职能。由于产权由私人界定和实施的成本过高，所以要由国家出面界定和保护。他说，可以将国家看作公众的仆人。仆人的作用，不只是端茶送饭、洗衣刷碗，同时还要为公众建立和实施产权保护。而作为回报，公众应向国家缴纳税收。由于国家拥有暴力机器和至高无上的权威，与私人相比，界定和保护产权的成本要低得多。

既然产权制度的好坏，决定了经济增长，而国家在界定产权方面又大权在握，那么无论经济增长还是衰退，都与国家有很大的关系。于是诺斯提出了下面的悖论："国家的存在是经济增长的关键，同时又是经济衰退的根源。"

经济衰退会造成人们收入下降，税收减少，可国家明知如此，为何会设计出效率低的产权呢？诺斯说，这还得从国家的性质来分析。国家究竟为何物？学界对此历来说法不一，但归结起来，主要有两种。一种认为，国家是统治者剥削被统治者的工具；另一种则认为，国家是公民达成契约的结果。可在诺斯看来，这两种观点虽非全错，但也非全对。

对国家来说，目的无非有二：一是使统治者收入最大化；二是使社会总产出最大化。困难在于，这两个目的有时会发生冲突。诺斯举了西班牙近代初期土地政策的例子。随着人口的增长，土地日益匮乏，提高农业生产率显得尤为重要，但西班牙国王早就授予羊主团在西班牙放牧羊群的专有权。地主料到迁移的羊群随时会吃掉他们的庄稼，不愿精耕细作，土地产出非常低。

可是国王为何不废除羊主团的特权呢？背后的原因，是当时国王的大部分收入来自羊主团，虽然取消羊主团的特权，社会收入可能增加，但却会危及国王的利益。正由于统治者和整个社会的利益冲突，引起了对抗性行为，导致历史上战争、政变、暴乱绵延不断，政权更迭频繁，社会动荡不安，国家也由此时兴时衰。

在《变迁》一书中，诺斯还强调要重视意识形态的作用。由于人们具有"经济人"特性，一有机会就想贪图便宜。比如，若让一些人不缴税也照样享受国家提供的公共服务，那么就会有很多人也想搭其他纳税人的"便车"，并且挖空心思、玩弄各种手腕去逃避税收。诺斯说，要避免这种"搭便车"行为，国家必须严厉打击偷税漏税行为，但这些需要大量费用。因此，要借助于另外一种力量，即"意识形态"来达到目的。

事实上，在诺斯之前，马克斯·韦伯早就讨论过"意识形态"对经济的影响。他所说的"资本主义精神"，总结起来便是"从牛身上榨油，从人身上赚钱"。他认为，正是这种社会观念，促使人们拼命追求利润，使个人潜力发挥得淋漓尽致，从而造就了西方资本主义文明。而在中国和印度等东方社会，"农本商末""学而优则仕"等传统观念根深蒂固，人们排斥商业活动，同时也就抑制了经济增长。

当然，诺斯绝不是那种人云亦云之辈，他首次将"意识形态"和"产权理论"结合到了一起。他所说的意识形态，指的是人们的世界观，告诉人们什么是对错，什么是美丑，可促使人们在价值判断和行为判断上取得一致，并提高人的"诚实""信赖"等优秀品质。

不仅如此，诺斯还指出："意识形态"同时具有教化功能，使人不再一心只打自己的小算盘，可在一定程度上减少"不劳而获"行为。例如，在良好的意识形态下，公民会主动申报纳税，小区居民会积极参与公共设施建设等，这些都将大大降低实施产权的交易费用。各国政府之所以对投资

"意识形态教育"乐此不疲，原因就在于此。

诺斯关于国家和意识形态的理论，给我们的启示是：既然国家可为"救世观音"，又可为"洪水猛兽"，要趋利避害，就得将政府行为纳入法治化的轨道。否则，政府官员的寻租行为，会严重损害社会的整体利益。而且诺斯还提醒人们，意识形态是一把"双刃剑"，对经济发展的作用举足轻重，我们在重视物质生产的同时，千万不能忽视对意识形态的改进。

经典领读

第5章
经济学分析角度

要重视看不见的"结果"

静态与动态分析

理性预期假说

科斯的发现：交易费用

冯·诺伊曼论博弈行为

第5章
经济学分析角度

学习经济学，归根到底是要学会并掌握经济学思维方式。这里我将择要介绍巴斯夏的观察视角、克拉克的静态与动态分析、卢卡斯的理性预期假说、科斯的交易费用理论以及冯·诺伊曼的博弈论。读者不必在意这些学者的某个具体观点，但要特别留心他们分析问题的角度与方法。

要重视看不见的"结果"

法国经济学家巴斯夏曾写过一篇文章，题目是《看得见的与看不见的》，该文最初发表于1850年，迄今已有170多年。时过境迁，我不确定今天还有多少人读这篇文章；但可以确定的是，若决策者要想作出好的决策，此文确实值得一读，我们不仅可从中学到经济学的思维方法，还能懂得为何要重视"看不见的结果"。

巴斯夏开篇就说,经济学家有好坏之分。一个差的经济学家,常常只看见可以看得见的结果;一个好的经济学家,却能同时兼顾看得见与看不见的结果。大多情况是,看得见的结果似乎不错,而看不见的代价却非常高。遗憾的是:差的经济学家总是急功近利,对看不见的结果(代价)置若罔闻,而好的经济学家则善于权衡看得见与看不见的结果,然后再作选择。

从选择角度看,所谓"看不见的结果",其实就是"机会成本"。经济学定义的"机会成本",是指人们面临多种选择时,作一种选择而放弃其他选择的最高收益。巴斯夏说,由于既定选择的收益可以看见,而所放弃其他选择的收益(机会成本)却看不见。若仅仅依据看得见的结果做经济决策,往往会得不偿失。

用他所提供的分析视角,可以对社会上几种长期流行的观点作澄清。比如巴斯夏指出,在他所处的那个时代,就有人认为实施扩张性财政政策可以创造就业;商业银行贷款不该嫌贫爱富;高关税壁垒可以保护本国企业与就业。以上说法骤然听似乎不无道理,可若结合看不见的结果分析,其实皆似是而非。

对此,巴斯夏在文中分别作了解释:

(一)关于扩张性财政政策。说财政扩张可以增加就业,反对的人恐怕不多。以地方政府发债建造商业大楼为例，为了证明建商业大楼的决策正确，地方的主事官员通常会告诉公众，建造该大楼新增加了多少就业岗位、创造了多少利润和税收，而且还列出了一大串数字予以佐证。商业大楼已经建成，是有目共睹的事实，何况人家又是用数据说话，你凭啥要反对呢？

这位官员所讲的当然是实话，可巴斯夏提醒读者，他所说的只是看得见的结果。地方债的最大买家是银行，设想一下，若地方政府少发债，而让银行用这笔钱发放企业贷款，请问企业用这些钱是否也能建造商业大楼？是否也同样可以创造就业、利润和税收？答案是肯定的。只是后者并未发生，这样的结果人们看不见而已。

（二）关于银行贷款。早在18世纪，社会上就常有企业主抱怨，指责银行嫌贫爱富，对亏损企业见死不救。这种声音今天我们国内也有，甚至有地方官员给银行施压，要求银行给亏损企业贷款。结果银行真的放了贷款，而且也真有亏损企业起死回生，这样不仅稳定了员工就业，也为国家创造了税收。于是有人说，银行原本就应雪中送炭，优先照顾那些经营亏损的企业。

巴斯夏说，银行给亏损企业贷款，有些企业确实扭亏为盈了，可这只是我们看见的结果；看不见的结果是：由于信贷资源有限，当银行将贷款给了亏损企业，那些盈利企业也可能因为得不到贷款发生亏损。而盈利企业一旦亏损，却会增加失业和减少税收，而且由此付出的代价（机会成本）往往更高。故而，弊大于利，此举并非可取之策。

再从贷款风险看，银行信贷资金主要来自储户存款，而保护储户存款安全，银行责无旁贷。要是银行不对贷款客户进行严格挑选，最后出现了大量呆坏账，不仅银行自己要破产，储户存款也会鸡飞蛋打。这样的结果当然不是人们希望看到的。所以商业银行作为企业，必须在商言商。由此，那种希望银行优先照顾亏损企业的想法是错的；对银行嫌贫爱富的指责也是错的。

（三）关于高关税壁垒。若从看得见的结果看，一个国家对进口商品征收高关税，的确可以保护本国的企业与就业。举个例子：甲国生产衬衣，每件价格为500元；而从乙国进口同样的衬衣，价格为450元。甲国为了保护本国的衬衣企业，对进口衬衣加征100元关税，让进口衬衣价格升至550元。如此一来，进口衬衣不再有竞争力，于是国内的衬衣企业和就业得到了保护。

然而从看不见的结果看，代价却非常高。还是用上面的例子：若不加征关税，消费者可用450元买到进口衬衣，对消费者显然有利；而加征关税后，消费者要用550元才能买到衬衣。这样国内衬衣企业虽然得到了保护，可买单的却是本国消费者。再有，消费者若不多花100元买衬衣，则可用这100元买食品，食品企业销售增加也同样可扩大就业。

在《看得见的与看不见的》一文中，巴斯夏还列举其他方面案例，不过意思皆大同小异。其最终结论是，一个好的决策者，做经济选择时要有"机会成本"意识，要重视"看不见的结果"。也就是说，决策者要有"眼光"。眼光不同于眼力：眼力是指别人看得见的结果你也能看见；而眼光则是别人看不见的结果你却可以推测得出。

静态与动态分析

19世纪末，随着经济渐渐跌入低谷，英国经济风光不再，而美国经济却如一轮朝阳，冉冉升起，其经济学也凭借东风，扶摇直上，一时间人才辈出，群英荟萃。在璀璨群星之中，哥伦比亚大学教授克拉克显得最为耀眼。1899年，他出版了《财富的分配》，明确划分了静态与动态经济学，并提出了"边际生产力定律"。在经济学说史上，留下了醒目的一页。

在经济学里，"四分法"由来已久。所谓"四分法"，就是将经济学划分为生产、交换、分配、消费四大块。克拉克指出，这种分类法是不科学的，交换和分配，不过是生产过程的两个环节而已，不能将它们单列出来与生产相提并论。因为一旦产量和品种确定后，交换的内容就随之而定。同时，分配多少，分配什么，也早已由生产所决定。

既然传统的"四分法"不科学，经济学该如何划分呢？克拉克先破后立，提出了"三分法"。他说，经济学的第一部分，是研究基本经济规律，第二、第三部分应该分别研究静态经济学和动态经济学。所谓"动态经济学"，就是不作任何理想化的假设，研究现实的社会结构变化。他认为，引起社会结构变化的因素有五个：人口不断增加、资本不断增长、生产方法不断改进、产业组织形式不断创新、消费者欲望不断膨胀。

而所谓的静态，并不是指整个社会像一潭死水，产业完全固化，而是指以上五种因素相对稳定。虽然静态社会纯属子虚乌有，只存在于经济学家的假想之中，但这种假想，却是理解动态社会的钥匙，因为动态社会复杂多变，只有把一部分因素假设为静止，才能拨开层层迷雾，把握经济运行的本质和规律。

克拉克将静态和动态加以区分，使经济学家把注意力从静态分析逐步转向动态分析，此后，动态分析在经济学论著中频频出现，经济学也因此少了一分理想主义，多了一分现实说服力，毫无疑问，这是克拉克对经济学的一大贡献。

克拉克最主要的理论成果，是"边际生产力定律"。该定律将萨伊的"生产三要素论"，奥地利学派的边际效用价值论，以及由土地报酬递减引申而来的"生产力递减规律"

熔为一炉，证明市场经济的分配，也是市场交换。换句话说，雇主和雇员之间的分配，是不同生产要素所有者进行等价交换。

"边际生产力定律"究竟是怎么回事？克拉克为人们作了如下解释：假设 10 万元资本不变，而企业主只雇用一个工人，那么一个人就可使用 10 万元资本。如此，他就可以采用先进的设备、精巧的工具。有利器在手，生产率自然较高。假如工人增加到 2 人，每人就只能使用 5 万元资本，生产条件不如从前，生产率必然降低。随着工人人数增多，生产率也会越来越低。

克拉克说，若最后工人从 9 人增加到 10 人，那么第 10 人创造的产值，便是他的边际生产力，而且此人的边际生产力，决定了所有工人的工资。

要是把论证条件颠倒过来，假设劳动投入固定不变，资本一单位一单位地逐步增加，则可得出投资边际利润递减规律。比如，某企业人力资源部为跟上时代潮流，决定实行电脑办公，为每人拨专款 5000 元。按现在的市场价，可买一台中档电脑，再把几台电脑联成网络，共用一台打印机，便能应付工作。

但若该企业财大气粗，再给每人增拨 5000 元，每人都能配上打印机，外加扫描仪、传真机等外围设备。若经费再增加 5000 元，便可购买性能更优、速度更快的处理器，不过对文字处理，是高射炮打蚊子——不合算。可见，每追加 5000 元资本，所带来的收益是不断下降的，而最后 5000 元带来的效益，也就是其"边际生产力"，决定了每 5000 元资本的报酬。

克拉克就像一位神奇的魔术大师，经他这么一颠倒，资本和劳动两种生产要素，就变得平起平坐，完全没有了高低之分。但他的边际生产力定律，却经常受到人们质疑。有人问：假设张三是最后增加的一个雇员，照克拉克的说法，其他所有雇员的工资，就都等于他的产量，但随着雇员的增加，每个雇员的边际生产力又是不断递减的，这岂不是对前面的雇员不公平？

面对质疑，克拉克解释说，根据自由竞争的基本假定，每个雇员的劳动能力是一致的，可以彼此替代。若第一个雇员认为自己应该比张三多拿一些，因而愤愤不平，并以辞职威胁雇主，雇主就会当即让他走人。因为雇主完全可以用张三取代他，而所遭受的损失，只是张三的产量。善于精打细算的雇主，当然只会按张三的产量，给其他雇员发工资。

以上是站在雇主的角度分析。问题是，其他雇员的生产力是否真的要比张三大呢？克拉克认为，所有雇员之间的生产力并无不同。因为雇主会自行调节，使每个雇员使用的资本大体一致。若雇员的劳动能力没什么差别，雇员的生产率也就完全一样。因此，尽管每个雇员的生产率在人数少时会高些，在人数多时会低些，都不过是人均使用资本数量发生变化导致的结果而已。

克拉克提出"边际生产力定律"后，在西方学界曾轰动一时，今天已成为经济学关于分配的经典理论之一。事实上，凯恩斯当年写作《通论》，也深受此理论的影响，比如在分析一个国家为何会"有效需求不足"时，他指出雇主（资本家）不愿意扩大投资，是因为"资本预期边际收益递减"，其实也就是资本边际生产力下降。

理性预期假说

1980年，美国著名的经济学家萨缪尔森在《经济学》第11版中，对20世纪70年代末西方经济论战的新动向作了一个引人注目的提示：过去，经济论战只是在货币主义和后凯恩斯主义两个学派之间进行，但现在，论战却是在三派之间进行了。这突然闯入的第三派，就是从货币主义学派中分离出来的理性预期学派。

20世纪70年代末，美国芝加哥大学的年轻教授罗伯特·卢卡斯崭露头角。人们正在猜测他是否可能成为弗里德曼的学术继承人时，他却与美国明尼苏达大学的托马斯·萨詹特、尼尔·华莱士及一些年轻学者一起，树起了"理性预期学派"的旗帜。

所谓"预期",就是指对未来的推测。从经济学的角度讲,从事经济活动的人为了自己的利益,总是要先对未来经济形势的变化作出估计和判断,然后再决定自己如何行动,这种行为即是预期行为。

经济学十分重视研究人的预期行为。在凯恩斯的经济理论中,厂商和消费者的预期对经济的影响,就是他就业理论不可缺少的重要部分。但是,凯恩斯所论述的预期,只是人们对未来经济形势的主观估计和预测,而这种估计和预测通常是不可靠、不确定的,甚至由于人的情绪突然波动,乐观可以瞬时变为悲观。因此,凯恩斯把这种预期因素,看成是经济不稳定,甚至周期波动的原因之一。

货币学派在论述自然失业率及通胀问题时,也很重视人的预期,并用人们对未来经济活动变化的预期,来说明动态经济一定可以趋于稳定。但是他们所说的预期,也是指人们在没有足够信息基础上的预测,是骑驴看唱本——走着瞧,随时准备修改自己对未来前景的看法和计划,以适应物价等经济形势的变动。因此,这种预期只能叫作"适应性预期",而不是"理性预期"。

卢卡斯所指的预期,有一个大的前提,即参与经济活动的主体都是具有完全理性的、明智的,以追求利益最大化为目的的所谓"经济人",因此他们在对经济形势进行判断时,就一定会尽力地获取最完全的信息,在充分掌握经济信息的基础上，主动地利用一切可用的统计、历史、逻辑以及经济变量之间的因果关系等知识，并经过周密思考和冷静分析，最后作出对未来经济情况的推测。而这种预期能够完全符合未来将会发生的经济活动的事实，所以，经济学家称此为"理性预期"。

"预期"概念大前提的变化，在国际经济学界引起了极大震动。有学者将该理论的出现称为"预期革命"，也有不少学者将此看作西方经济学说史上的"第六次革命"。而这个新参战的第三者——卢卡斯在这场论战中，究竟有哪些独到的见解惊动了整个经济学界呢？

在卢卡斯等年轻学者看来，斯密的"经济人"像幽灵一样，仍然主宰着人类的一切经济活动。为了私人利益，经济人在进入市场前，已经对市场情况进行了充分了解和研究。由于这些人的决策是经过深思熟虑的，因而不会轻易改变，这样，政府准备采取什么行动，往往在尚未实行时，公众就已了如指掌，并采取了预防性措施。

正因如此，政府在财政、货币政策上无论怎么花样翻新，在人们的理性预期面前都会失效，人们绝不会在困惑中仓促决策。也许突然颁布的新政策（以前从来没有这样做过），会出乎人们预料，他们也可能上当受骗，使政府暂时达到某种政策目标。但是，公众会"吃一堑，长一智"，第一次错了，第二次绝不会再错，从而使国家干预的预期效果被抵消。所以，卢卡斯在人们已习惯倾听"政府干预"的好处时，他发出了这样的疑问：政府究竟有多大作为？

这个问题是严肃的。试想一想，政府对经济进行干预，用扩大政府支出、增加货币供应、促进经济增长的办法企图降低失业率，真的行得通吗？卢卡斯的观点是，由于公众对未来的经济变动已经有了理性的预期，必然会形成"上有政策，下有对策"的局面。

比如，在物价上涨之前，他们出于自身利益，就会把货币工资提高，或在放款之前先把利率提高。这样，政府上述政策在如此抵制下，既不能促进经济增长，也无法减少失业，反而追加的货币只会导致更大幅度的物价上涨。假如说，货币学派还勉强承认在人们的适应性预期没有跟上来之前，凯恩斯的干预政策在短期内会起作用，那么，在理性预期学派那里，凯恩斯的政策连暂时的刺激作用也没有，在明智的经济人面前，政府反危机措施一律无效。

理性预期学派出现之前，在大多研究宏观经济的学者笔下，政府都具有垄断权力，一国之中，似乎没有什么经济力量能与之相对抗。但理性预期被引入经济学之后，在宏观经济学研究的主体——国家或政府面前，却出现了众多的抗衡者。每个抗衡者看起来都不像政府那样强大，但是为了自身利益，却都十分明智和理性。

卢卡斯分析指出：尽管他们是单独行动，可是他们的行为会产生无穷的效果。他们掌握的信息不比政府少，他们预期的合理程度也不比政府差，政府的所有意图他们都能预测到，防范的措施往往走在政府动手之前。而且，企业主和劳动者之间、企业主和企业主之间、债权人和债务人之间，也都会根据合理预期展开竞争。所有这一切都将产生一种意料不到的共同效果，使政府干预劳而无功。

既然政府干预徒劳无功，在经济生活中政府应当怎样行事呢？卢卡斯根据以上命题，提出了与凯恩斯主义迥异的政策主张：市场比任何模型都更聪明。政府不必干预经济，应让市场去自行调节。政府的主要任务，是制定一些永恒不变的规则，比如固定的货币供应量的年增长率、能使预算平衡的税率等，为经济提供一个稳定的、可以预测的环境，以此取信于民，消除"人人预防，人人自保"的信任危机。只要公众解除了防范心理，不再与政府对抗，经济自然就会趋于稳定。

卢卡斯确实为我们提供了一种新的经济思维方式。弗里德曼的自由市场理论早已在西方经济学界驰名，可他只主张政府采取"单一规则"的货币供应量的调节政策，反对用扩张货币供应的办法干预经济。然而，卢卡斯则强调人的预期对国家干预存在抵消作用，建议政府要尽可能地无为而治，避免弄巧成拙而事与愿违。

科斯的发现：交易费用

大凡天才，往往能从平凡之中发现真谛。平常人对苹果落地熟视无睹，牛顿却由此灵感大发，发现了"万有引力定律"。20世纪30年代，经济学界也出了一个"牛顿"。他就是前面提到过的科斯。不过，引起科斯兴趣的不是苹果落地，而是人们每天要与之打交道的企业。

企业为什么会存在？普通人可能觉得这个问题有点可笑，是多此一问。但科斯却对此兴趣盎然，而且展开了深入研究。他的研究成果，为现今如日中天的新制度经济学奠定了坚实的理论基础。有人评价，科斯对经济学的贡献，几乎不亚于爱因斯坦对物理学的革命。

经济学鼻祖亚当·斯密在《国富论》中，提出了脍炙人口的"看不见的手"理论：在价格机制的引导下，整个经济体系能有条不紊地运转，不需要任何人为干预。斯密以后的经济学家，大多为价格机制的完美而心驰神往，以至于一叶遮目，不见森林，对经济运行其他方面视而不见。

科斯却与众不同，他不受任何成见的束缚，思绪如天马行空一般。他发现了一个被经济学家忽视了的现象：按传统经济理论，生产要素的流动，是在价格机制的指引下进行。比如，如果甲部门的工资比乙部门高，乙部门的人就会纷纷"跳槽"到甲部门去，一直到两部门的工资水平相等为止。

但是，在企业内部，工人从一个部门转到另一个部门，不是因为工资高，而是上司命令他这样做。

为何企业内部不按价格机制配置资源呢？当时年仅 21 岁的科斯，对此百思不得其解。1931年，科斯拿到了学士学位，并获得了旅美奖学金，于是离开英国前往美国调研。科斯在美国参观了大量企业后，思路渐渐清晰起来。

他发现，在企业以外，价格机制可以"手眼通天"，充分反映生产要素的稀缺状况，从而引导生产要素从价格低的地方，向价格高的地方流动。在企业内部，情况则迥然不同。这里不存在市场交易，价格机制没有用武之地，生产要素，全凭企业家用行政手段配置。也就是说，市场并非配置资源的唯一方式，计划在企业内部也可一显身手。科斯就此向传统经济理论提出了挑战。

按传统经济学的说法，价格机制是"法力无边，无所不能"，可为什么还需要企业来配置资源呢？通过一番苦苦思索后，他找到了答案。1937年，他将自己的所思所想写成了《企业的性质》一文，发表在《经济学季刊》上。

人们为何要用企业来替代市场呢？在科斯看来，大千世界，芸芸众生，皆是熙熙为利来，攘攘为利往。人们之所以建立企业，无非是因为有利可图。为什么建立企业会有利可图？科斯指出，这是因为价格机制的运行，并不是毫无摩擦、畅通无阻，而是要花费一定成本，建立企业则可以降低这些成本。

下面的例子，可以清楚地说明科斯的观点。假设张三是一个奶酪生产商，他要购买牛奶做原料。首先，他要多方打听何处有牛奶购买，如有可能，还要打听其他相关情况，比如供货者的信誉、产品质量和价格等。然后，为了眼见为实，又会不辞劳苦，亲自跑一趟看过究竟。若货真价实，如他所愿，就开始讨价还价，先是小心翼翼，尽量报低，越到后来，砍价越难，甚至会为一分钱的单价差，争得面红耳赤。

好不容易谈拢价格后，还得就数量、交货时间、交货地点达成一致，签订合同。可事情到此还没结束，他还必须随时睁大眼睛，防止对方出尔反尔，违背合同。可见，人们在进行交易时，所付出的并不只是该商品的生产成本，同时需花费一定的非生产成本。这种成本，就是科斯所说的"交易费用"。

比如，人们到市场上去交易，那么，在茫茫人海之中，要找到自己的交易对象，就无异于大海捞针，交易费用也会高得惊人。这时，人们就会联合起来，组成企业，以降低交易费用。因为企业实际上是一个小的计划经济体，取消了个人之间的交易，改由企业家配置生产要素，可以节省交易费用。

于是科斯提出了一个问题：既然企业如此神通，为何不把所有的生产要素，都放进一个企业进行配置呢？或者问：

为什么市场交易会依然存在？科斯回答，是因为企业组织生产也有交易费用，所以不能随心所欲地扩大企业，或用企业完全替代市场。就拿企业的管理来说，当企业扩大到一定规模，由于家大业大，事情会变得纷繁复杂。企业主纵有三头六臂，也难免顾此失彼，失误会越来越多。

那么，企业规模到底多大合适？科斯说，要看企业组织成本和市场交易费用孰低。当企业达到一定规模，若再多组织一项交易的费用，等于在市场上进行这项交易的费用，企业就会在这一规模上停止扩张。因为如果同一项交易，在企业内完成要花 50 美元，而在市场上完成只需花 49 美元，企业当然选择由市场配置。

根据科斯分析，企业之所以存在，是因为市场运行存在交易费用。此答案实在简单明了，但正是这样平淡无奇，才显现出科斯的超凡睿智。古典经济学一直假设交易费用为零，然而正如经济学家施蒂格勒所说，这就像物理学假设自然界不存在摩擦力一样，过于理想化，以此分析现实，难免雾中看花。科斯成功地引入了交易费用概念，使经济学从理想走向了现实，能够更加真实地再现丰富多彩的经济生活，从而更具说服力。

更重要的是，科斯由此发现了制度对于经济分析的重要意义。以往经济学家，之所以没有发现制度的重要性，是因为他们不了解不同的制度安排，会产生不同的交易费用。而科斯利用交易费用这把钥匙，打开了制度经济学的大门，科斯说：企业内部配置资源用的是"计划"，而外部配置资源用的是"市场"。而计划与市场分工的边界，则取决于两种配置资源方式的"交易费用"。

这里要提醒读者的是，"交易费用理论"并非万能，它也有不足之处。比如，在科斯的理论体系中，交易费用举足轻重，但是由于此概念模糊不清，而且难以量化，人们很难用它的高低评判不同制度的效率，这样，也就妨碍了人们对制度的合理选择。另外，科斯所说"交易费用"未必是企业存在的唯一原因，事实上，企业存在的原因很复杂，人们投资办企业，绝不只是为了降低交易费用。

冯·诺伊曼论博弈行为

分析博弈行为要稍微复杂些，让我先从一个案例说起。甲、乙两人由于偷汽车而被捕，他们为此要被判处两年的监禁。在审问的过程中，警长有一种预感，这两人很可能参与了上月的银行抢劫案。不过，这仅是一种猜测，除非其中有一个坦白交代，否则，警长不会得到任何证据。

于是警长就想了一个主意，他把两人分开关在两个不同的房间里，使他们无法联系，并且分别跟两个囚徒单独谈话："我已经掌握了足够的证据，证明你们两人上月参与了银行的抢劫,将偷汽车和抢银行二罪归一,你们将被判处10年的监禁。不过如果你单独坦白,主动交代对方的问题,就可以争取宽大处理,将监禁期缩短为1年,你的同伙则要被监禁10年。但是,如果你们两人都坦白交代,则都将被监禁5年。"

在这种情况下,两个囚徒会做怎样的反应?甲会想:对我最有利的选择是我交代而他不交代,这样我只被判1年,而他则要坐10年牢,不过如果他也这样考虑,我们两个就都被监禁5年;相比之下,还是两人都不交代要好一些,因为这样我们就只由于偷车而判2年,但是,万一对方出卖了我,等待我的将是10年铁窗啊。是交代好还是不交代好?乙方也处于一样的两难境地,要是他能知道甲方的想法该有多好,因为甲的选择,同样影响他的决策。

在上面的例子中,包含着一个有趣的理论——博弈论(又称对策论),这是现代经济学最为前沿的理论之一,它所研究的主要问题是,在某一特定的条件下,如何针对别人的选择作出决策。博弈论是美国数学家约翰·冯·诺伊曼在1937年提出的,后来,冯·诺伊曼和奥斯卡·摩根斯坦联手出版了《博弈论与经济行为》一书,首次将博弈论运用到经济学中。

这个从棋弈、桥牌竞技中借用来的术语,看起来好像无关宏旨,实际上却具有重大意义,已经得到了非常广泛的应用。1994年诺贝尔经济学奖,就是由纳什、泽尔腾和海萨尼等三位对博弈论的应用作出重大贡献的经济学家所分享。

重新回到上面的例子,看看两个囚徒博弈的结果,亦即他们所寻找的"博弈均衡"。从甲的角度来说,他的结果取决于乙的行动,如果乙不交代,他最好的选择是交代,因为这样就可以只被监禁1年;反过来,如果乙选择了交代,甲最好的选择仍然是交代,因为在这种情况下,他宁愿被判5年,而不愿被监禁10年。

这样,甲的推理就是,无论乙如何选择,他最好的选择是交代。同样的道理,乙也会选择交代,所以,最后甲、乙二人都被监禁5年,这就是博弈的均衡。这种均衡最早由纳什从理论上作了归纳,故称"纳什均衡"。

显然,对两个囚徒来说,"纳什均衡"并非最好的结果,因为若他们两人都不交代,每人就只判2年。但不交代不符合各自的最大利益,因为他们都有争取1年监禁的机会,于是,两个囚徒都选择了交代,他们都得到了比较坏的结果。出现这样的结果,首先是由于博弈双方不合作;其次,这在很大程度上是因为上述博弈只进行一次,参与者无法根据这次博弈的结果作选择。

设想一下,若可再做一次选择,结果便会不同。在现实生活中,经常存在重复博弈的情况。比如两家百货公司展开价格战,一方宣布将商品价格降低10%,虽然可以暂时赢得较多的客户，但很可能惹恼竞争对手，用更大幅度的降价进行报复。这就是说，在一种博弈可以重复进行的情况下，一个参与者总有机会惩罚另一个参与者的"坏"行为。

比较常见的惩罚方式，是"一报还一报"，即如果你在前一时期与我"合作"，现期我也与你"合作"；反过来，如果你在前一时期"违约"，我在现期也就采用"违约"策略。这种反应与对抗反应的博弈如果持续下去，结果必然是两败俱伤，使博弈双方都同时蒙受损失。

既然如此，参与者双方则可能从中吸取教训，化干戈为玉帛，寻求一种有效的合作。这样，博弈的结果便不是"纳什均衡"，而是以合作告终，此均衡经济学称为"合作均衡"。具体到上面的两家百货公司，它们都有可能联手制定协议价格，一起获取高额垄断利润。

在许多国家，协议价格是非法的，但这种价格竞争所导致的秘密合作却真实存在过。一个著名的例子，是美国所谓"不可信任的电子行业的勾结"。20世纪50年代，美国30多家主要电气设备生产者，包括通用电气公司和西屋公司这样的大企业，达成了"固定价格协议"，所涉及物品从2美元的绝缘子到价值几百万美元的汽轮发电机。尽管这个协议在50年代一直起作用，但由于电气行业的这种勾结是对外保密的，直到美国司法部发现并终止它之前，大多数人并不知道这个协议的存在。

另一个公开而持久的"合作均衡",存在于OPEC,即石油输出国组织。二战以后,产油国的出口竞争导致世界原油市场价格暴跌,从20世纪70年代开始,一些主要石油输出国便加强合作,联手组成了一个石油卡特尔,垄断石油市场。它们制定配额,削减产量,实行统一价格,从而获取高额利润。由于OPEC具有有效的监督和惩罚违规者的手段,该卡特尔长期以来是比较稳定的。但也出现过例外的情况,有好几次,尼日利亚、伊朗、厄瓜多尔等几个小国,拒绝削减石油产量,结果在1982年,OPEC被迫降低了石油价格,"合作均衡"曾一度遭到破坏。

博弈论在实践中的应用非常广泛,它不仅可以用来分析垄断和寡头竞争,而且可以应用于政治、军事、社会学、心理学等许多领域。比如,将文中的甲、乙两个囚徒比作两个国家,把"交代"与"不交代"比作"部署核武器"与"不部署核武器",博弈论则可用来分析两国的军备竞赛。

原理解析

第6章
经济增长理论

稳定经济增长的条件

新古典看好未来

新剑桥：鱼和熊掌不可兼得

丹尼森残差

GNP之父库兹涅茨

第6章
经济增长理论

我在前面已经讲了5课,主要是以经济学经典著作为主线,从经济学说史的角度,对200多年来经济学流变做了梳理。本章将转入对经济学基本原理——定理、定律(模型、假说等)的介绍,先从经济增长理论讲起。

稳定经济增长的条件

将经济增长作为一个专门的、独立的研究领域,是从英国经济学家哈罗德和美国经济学家多马开始的。在此之前,经济学家还没有给经济增长理论另立门户。经济增长虽然早就被人们关注,但增长理论的确立却一波三折。

从19世纪下半叶到二战前期,西方经济学家恪守"萨伊定律"的信条,即任何人卖是为了买,因此,供给能够自动创造需求，生产过剩危机永远不会出现。于是，经济学家便把眼光转向了微观领域，着重研究资源配置问题，即怎样把土地、劳动和资本这些有限的生产要素，有效地分配到各种用途上去。这一时期的经济学，经济学界称为"新古典经济学"。

新古典经济学的乐观情绪，被20世纪30年代的大危机一扫而光。面对空前严重的失业和经济萧条，人们不得不放弃萨伊定律，寻找解决危机的新理论。1936年，凯恩斯出版《就业、利息和货币通论》，提出了一整套克服萧条的理论，对西方经济生活产生了重大的影响，宏观经济学应运而生。

不过，凯恩斯的理论也有缺憾，他的分析是短期的、静态的。在他的理论世界里，人口、资本和技术都不能变动，事实上，从长期来看，这些都是可变的因素。因此，凯恩斯虽然可以解释短期的经济萧条，但对说明长期的经济增长却无能为力。

凯恩斯理论的这个缺憾后来由他的学生哈罗德做了弥补。哈罗德早年毕业于牛津大学，后转入剑桥大学，在凯恩斯指导下从事经济研究。哈罗德不愧是一位出色的学生，他继承了老师的衣钵，又发展了老师的理论，把凯恩斯的分析长期化、动态化，从而开创了经济增长理论的先河。

1939年，哈罗德发表了《论动态理论》一文，对长期经济增长进行了考察，并在1948年出版的《动态经济学导论》一书中，在理论上进一步系统化。几乎与此同时，美国经济学教授多马也做了类似的研究，并建立了一个与哈罗德非常相似的模型，后人将它们合二为一，称哈罗德—多马经济增长模型。

哈罗德和多马的经济增长模型，分别利用不同的假设，试图说明一个共同的问题：什么条件下的经济增长，既能保证充分就业，又不会导致通货膨胀，而且能够长期、稳定地持续下去。为此，他们使用了三个增长率：

实际增长率。实际增长率是经济运行的客观结果，它是两个因素相乘的结果：一个是储蓄率，另一个是投资效果系数。一个国家的国民产出，可以分为两部分，一部分被消费掉，另一部分被节省下来称为储蓄。储蓄在国民产出中的比重，为储蓄率。投资效果系数代表着投资的效果，在一个相当长的时期内，可以看作一个稳定的常数。假设一国的储蓄率是20%，投资效率系数为0.25，则我们可以预计，该国经济的实际增长率是5%。

有保证的增长率。此增长率是由凯恩斯的理论引申而来。在凯恩斯理论中，经济要稳定增长，需满足一个重要条件：储蓄等于投资。理由是如果储蓄太多，消费不足，企业产品必然会出现积压，企业就会压缩生产，致使经济走向萧条；反之，如果储蓄不足，消费旺盛，企业的产品会供不应求，企业就会扩大生产，从而使经济走向高涨；只有储蓄等于投资，企业生产既不扩大，也不缩小，经济才能保持稳定。这种增长率，即为有保证的增长率。

自然增长率。有保证的增长率强调储蓄和投资的相等，实际上是突出了资本对经济增长的影响，并没有考虑就业和技术进步的作用。自然增长率则是"人口增长和技术进步的范围内所允许达到的增长率"。换句话说，是适应人口增长和技术进步，实现充分就业所需要达到的增长率。假如一国的人口按1%速度增长，技术进步使劳动生产率按2%的速度增长，该国经济的自然增长率就是3%。

根据以上三个增长率，哈罗德进一步分析了经济稳定增长的条件。首先实际增长率必须等于有保证的增长率。如果不相等，经济不可能稳定。比如，实际增长率低于有保证的增长率，这时企业投资的动力减弱，投资额减少，经济必然会走向萧条，而且，经济越萧条，企业的投资越少，从而出现连锁反应，导致实际增长率不断降低。就像一辆汽车在沙地上行驶，若低于一定速度，车轮就会陷入沙土中，车速越慢，会陷得越深，直到开不动为止。反过来，如果实际增长率高于有保证的增长率，经济就会走向持续高涨，两个增长率之间的差距越来越大。

从长期来看，哈罗德认为，考虑到人口增长和技术进步，只要求实际增长率等于有保证的增长率是不够的，还必须使实际增长率等于自然增长率。理由是，如果实际增长率低于自然增长率，说明投资的增长低于人口增长和技术进步的速度，从而会造成失业；反之，如果高于自然增长率，就会造成劳动力短缺，机器设备不能充分利用，致使生产能力过剩。因此，经济增长要保持长期稳定，就必须满足以下条件：

实际增长率＝有保证的增长率＝自然增长率

在这种情况下，既不会出现失业，也没有通货膨胀，而且，储蓄全部转换成投资，资本的积累恰好与人口增长和技术进步的步调相协调。如果这样的情况果真出现了，那将是经济增长的"黄金时代"。

哈罗德为长期稳定经济增长提出的条件，显然有些苛刻。问题在于，满足这个条件的增长路线真的存在吗？如果存在，经济真正沿着这条路线增长的可能性又有多大呢？哈罗德的理论问世后，人们纷纷提出质疑。

罗宾逊指出，哈罗德的理论所描述的是一个没有历史的世界，也是一个没有政治的世界，在这个世界中，没有利益的冲突。甚至连哈罗德本人也承认，以上三个增长率之间并没有内在的联系，它们往往是不相等的，相等的情况只是一种"侥幸的偶然"。而且，这种偶然根本不可能稳定下来，一旦出现了细微的背离，与均衡状态的差距就会越来越大。看来，经济长期稳定增长的路线是如此狭窄，以至于一些经济学家称之为"刀刃"上的增长。

新古典看好未来

哈罗德认为经济增长就像走钢丝，很难保持长期的稳定。这个结论的确有点可怕，很多人并不接受。特别是二战后，西方各国普遍开始走出萧条，一些经济学家逐步被复兴的乐观情绪所感染，他们认为，哈罗德的结论过于悲观，依靠市场机制的调节作用，经济可以长期地保持稳定和繁荣。这些人对市场威力如此信赖，几乎与19世纪末以马歇尔为代表的新古典经济学派如出一辙。

新古典增长理论，是由美国麻省理工学院索洛教授在20世纪50年代开创的，由于其突出成就，他被授予诺贝尔经济学奖。与哈罗德不同，索洛对长期经济增长持乐观态度，他认为，只要让市场机制充分发挥作用，经济就不是在钢丝上危险推进，而是在宽阔、平坦的道路上大步前行。在经济增长过程中，技术进步和资本深化扮演着重要的角色，不仅可提高劳动者工资，而且能避免利润降低。这一点，与马尔萨斯的经济"增长观"有明显区别。

这个令人鼓舞的结论是怎样得出的呢？在索洛的增长模型中，有一个和自然增长率类似的概念，叫作均衡增长率，它是由人口的增长速度所决定的（此处暂不考虑技术进步），实际增长率若与之相等，则说明经济增长与人口增长相协调，因而既可实现充分就业，又不会造成通胀。此增长率所以冠以"均衡"二字，因为新古典增长理论认为，长期、稳定的经济增长将保持在这个速度上，即使出现了暂时偏离，经济系统的自动调节力量，也会把它重新拉回到均衡的位置。

上面的"自动调节力量"，其实就是市场机制。若由于某种原因，实际增长率低于均衡增长率，则必然导致失业，在市场机制作用下，劳动力供过于求，工资水平就会降低，从而使投资回报上升，这将刺激企业增加投资，推动经济增长。反过来，如果实际增长率高于均衡增长率，则会出现劳动力短缺，工资上涨，投资回报减少，从而抑制投资，降低增长速度，并一直持续到和均衡增长率相等为止。

对经济增长长期稳定性充满信心，这只是索洛乐观态度的一部分。另一部分是，在经济增长稳定状态下，工资和利润都能达到较高的水平，这是索洛和古典经济学家的一个重要分歧。

事实上，古典经济学也承认经济增长稳定，问题是，工资和利润将稳定在一个什么样的水平。关于这一点，我们可以从亚当·斯密那里得到一些证据。斯密在1776年出版的《国富论》中写道：经济的增长不会无限制地进行下去，最后，会由于自然资源的匮乏而告终。因为，一个国家一旦将它的土壤、天时和地理位置的潜力充分发挥以后，就无法再前进了，但也不会后退，不过这时的工资和利润都可能非常低。

马尔萨斯则把斯密的悲观论调发挥到了极致，他认为，经济增长的长期均衡，只能维持人类基本生存需要，人类注定要过着朝不保夕的生活，不要奢望有什么改善。这幅阴暗的景象令人毛骨悚然，以至于卡莱尔批评经济学是一门"恐怖的科学"。

然而，马尔萨斯的预言毕竟来得太早了，他站在一个即将开始的新时代的门槛上，竟没有意识到奇迹正在酝酿，工业革命正向他走来。在他之后的一个世纪里，产量的增长远远超过了人口的增长，利润并没有降低，而工资却大幅度地提高了。

这一切是如何发生的呢？让我们再来看新古典增长理论。索洛注意到，在工业革命之后的一个多世纪里，资本的增长超过了人口增长，每个工人占有的资本量增加了，也就是说，出现了资本深化。资本深化的例证包括：农业机械和农业灌溉系统的增多，铁路和高速公路的出现，计算机和通信设施的广泛使用。在上述的每一个产业中，社会都投入了大量的资本品，增加了每个工人的资本量，结果是人均产出有了极大提高，作为这种提高的回报，劳动者工资也大幅度上升了。

在资本深化过程中，资本报酬会怎样变化？索洛认为，若没有技术进步，投资回报会持续降低，即随着投资增加，投资收益会递减。比如，当一个完整的商业网点在繁华都市建立起来后，继续投资只能向城郊扩展，此时投资收益肯定会降低。不过，收益递减并不是经济发展的事实，尽管伴随着商业周期，利润有很大波动，但在整个20世纪的历史上，利润下降趋势并没有出现，相反，技术进步却使得同样的投入能够带来更多或更为优良的产出。

索洛解释说，这样的进步包括核电站、数控机床、杂交水稻等，现代最引人注目的成就则是电子学和计算机，在这个领域，今天的笔记本电脑比20世纪60年代最先进的计算机工作得更好。所有这些，都极大地改变了周围的世界。虽然我们看到，钉马掌的行业没落了，而汽车、电子等一批新兴的产业却成长起来，纵横交错的海底电缆，将整个世界连成了一体。

由于技术进步，我们今天可以在互联网上读到美国当天的报纸，或者通过通信卫星，看一看中国香港地区的电视节目。那些令人眼花缭乱的产品，其性能和质量在不断提高，而售价却日趋下降，这股神奇的力量来自哪里？来自技术进步。人类就是利用它降低了成本，扩大了产出。一句话，技术进步能提高资本生产力，遏制收益递减规律，在报酬递减和技术进步的这场竞争中，技术至少是取得了暂时的胜利。

索洛是个乐观主义者，他相信，依靠市场的力量，经济增长能够在长期中趋于稳定，而且是稳定在一个较高的水平上。因为资本的深化可以推动工资的提高，而技术进步又会抵消收益递减规律的作用。正是基于这样的观点，新古典增长理论宣称："不要被哈罗德的结论和马尔萨斯的预言所吓倒，我们应该看好未来。"

新剑桥：鱼和熊掌不可兼得

20世纪30年代，在英国剑桥大学活跃着一个由现代经济学者组成的学术团体，他们在凯恩斯的指导下进行经济研究，被称为"凯恩斯小组"。这个小组的代表人物是罗宾逊（也称罗宾逊夫人）和卡尔多。罗宾逊是个凯恩斯主义者，但她稔熟马克思的《资本论》，并整合了凯恩斯与马克思的经济学说，并因此而扬名于世。

迄今为止，能够名垂史册的女性经济学家只有两位：一位是罗莎，隶属马克思主义阵营；另一位便是这位"罗宾逊夫人"。卡尔多是罗宾逊的同事，此人是一位少见的"双料"人物，作为一流的理论家，他的观点得到了当今经济学界的普遍重视；作为一流的政策顾问，他的意见曾为世界各国政府所倾听。1956年，罗宾逊和卡尔多联袂创立了经济增长理论，世称"新剑桥经济增长理论"。

新剑桥经济增长理论与众不同，它从收入分配入手研究经济增长。可罗宾逊和卡尔多对剑桥学派的传统观点并不以为然。众所周知，马歇尔是剑桥学派的早期代表人物，为了以示区别，人们称罗宾逊和卡尔多为"新剑桥"。新剑桥学派对李嘉图的分配理论倍加推崇，认为产品的价值来源于劳动，工资和利润都是对产品价值的分割，因而工资和利润的对立，也就是资本家和工人的对立。

在介绍新剑桥增长理论之前，先讲一个故事。有两个小男孩，是兄弟俩，他们每月从爸爸那里领零花钱，花不完的交给妈妈保存。哥哥生性比较节俭，每月零花钱总是要存一半；弟弟则喜欢花钱，总是要花掉3/4。每月领了薪水，爸爸就拿出30元交给哥儿俩，哥儿俩约好，月份逢单数，哥哥得20元，弟弟得10元，月份逢双数，则反过来。

一年之后，妈妈发现了一个规律，就是每逢哥哥多得钱，哥儿俩的存款总数就多，为12.5元，而每逢弟弟多得，存款就少，为10元。因此，要保持零花钱不变，而要增加哥儿俩的存款，就得让节俭的哥哥多得，让爱花钱的弟弟少得。

新剑桥学派无疑深谙其中的道理。和李嘉图一样，他们将整个社会划分为两大阶层，一个阶层是工人，另一个是资本家，国民收入在他们之间进行分配，工人获得工资，资本家获得利润。工资和利润此消彼长，若工资在国民收入的份额增加，利润的份额就会减小；反过来，也是一样。工人和资本家的收入，一部分用于消费，消费之后的剩余，经济学上统称储蓄。储蓄在收入中所占的比例，就是储蓄率。

对不同收入阶层来说，储蓄率通常是不一样的。工人由于收入较少，大部分工资得用来维持基本的生活，遇到特殊情况还得借债，因此其储蓄率较低。相比之下，资本家收入高，尽管从绝对数看，其生活花费可能会比工人多，但从相对数上看，生活费在收入中所占的比例却比工人低，因此，其储蓄率较高。

由于工人和资本家的储蓄率不同，工人的储蓄率较低，而资本家的储蓄率相对较高，因而从全社会的角度看，若分配的天平向资本家倾斜，将较多的国民收入以利润形式让资本家拿走，全社会的储蓄就会增加；反之，如果我们减少资本家利润，而增加工人工资，其结果必然是全社会储蓄减少。

对经济增长来说，储蓄的变化意味着什么？新剑桥增长理论认为，储蓄增加后，资金供给就相对宽裕一些，在市场供求规律的作用下，资金供给增加会降低资金的价格，即降低利息率，这会刺激投资，提高经济增长速度。储蓄减少则会产生完全相反的结果。由此可见，分配结构的变化会影响储蓄，并通过储蓄进一步改变经济增长速度，利润增加必然带来经济的高涨，而工资增加则会减缓增长的步伐。这就是新剑桥学派关于经济增长的基本结论。

将以上结论落实到政策层面，新剑桥学派认为，要保持经济长期稳定增长，政府就必须使用分配政策，调整利润和工资在国民收入中所占的份额。这种积极干预主张，可以说与凯恩斯的见解一脉相承，因此新剑桥学派又称"凯恩斯左派"。他们维护经济增长的观点，实际上就是凯恩斯的"相机抉择"。比如说，由人口增长和技术进步所决定的自然增长率是5%，如果由于某种原因，经济实际增长速度达到了6%，这样，必然会导致通货膨胀。

为此，政府就得采取措施，减少资本家的利润，增加工人的工资。反过来，若实际经济增长率低于5%，就必然会出现失业，为了稳定就业，政府就应采取相反的措施，去说服工人"把兜里的钱掏出来，交给资本家"。

罗宾逊和卡尔多不愧为凯恩斯的弟子，他们主张靠政府积极干预，来调整分配格局，维护经济稳定增长。但问题在于，政府的目标是多重的，除了经济增长之外，还要保持分配的相对公平。假若出现这样的情况：收入分配已极端不均，而增长速度却大幅下滑，政府应该怎么办？是进一步加剧工人的贫困来推动经济回升，还是容忍经济萧条，避免触动收入分配这颗"炸弹"？新剑桥学派却说："不管怎样，我们必须清楚，鱼和熊掌不可兼得。"

丹尼森残差

在整个20世纪50年代,美国经济的增长率远远低于西欧和日本,这引起了美国国内的不安。到了50年代末期,经济增长问题在美国成了一个紧迫的"政治问题",引起了全国上下的普遍关注。为了促进美国经济的增长,经济学界开始着手分析经济增长的来源问题,希望能从中找到美国经济增长率低下的原因。在这方面,丹尼森作出了突出的贡献,成为对经济增长"最有卓见"的经济学家之一。

丹尼森对经济增长问题的研究,跟他的经历有关。1941年获得哲学博士学位后,丹尼森即进入美国商务部工作,任商业经济学室助理主任。他在商务部工作了21年,接触了国内外大量经济资料。1962年,丹尼森出版了他的第一本专著《美国经济增长因素和我们面临的选择》,破天荒地提出了增长核算的问题,这使他声名鹊起。同年,丹尼森离开政府部门,到华盛顿的布鲁金斯研究所任高级研究员。

所谓增长核算,就是研究影响经济增长的各个要素,并分别确定它们对经济增长的贡献。《美国经济增长因素和我们面临的选择》这本书,就是丹尼森根据历史资料,对美国经济增长进行核算的结果。

在研究核算的过程中,丹尼森发现,国民产出的增长,有很大一部分不能用资本和劳动的增长来解释。具体讲,经济的实际增长幅度，在扣除了资本的贡献和劳动的贡献之后，仍有一部分剩余。以美国为例，1929—1948年的19年间，美国国民收入的年平均增长率是2.9%，其中，只有48%是资本和劳动增长的贡献，其他52%的增长是如何发生的，似乎无从说起，被称为残差。由于此残差最早是由丹尼森作出了解释，因此，称之为"丹尼森残差"。

残差是怎么产生的？丹尼森指出，残差的背后有三个因素，即规模经济、资源配置和知识进展。这三个因素作用的结果，是提高劳动和资本生产率，使原来相同的投入能够带来更多的产出，从而推动经济的增长。在论述规模经济的贡献时，丹尼森继承了斯密的观点，认为经济规模的扩大，最终要受到市场范围的制约。经济规模和市场范围之间存在着某种对应关系，因此可以用市场范围的扩大来表示规模经济的效益。

市场可能是世界性的、全国性的，也可能是地区性的、地方性的，但不论哪一种情况，经济增长必然意味着产品市场的扩大。而这又能够提高社会分工的专业化程度，扩大企业的规模，扩展产品的生产过程，使包括零售和批发在内的几乎所有行业，在销售和运输方面进行更大批量的交易。所有这些都有利于扩大就业、降低成本、增加产出。丹尼森根据测算指出，在美国历史上总产量的增长中，规模经济贡献占10%—15%。

资源配置效率的改进，是指资源从低效率行业转入高效率行业。丹尼森起初主要研究了劳动力配置效率的改进，主要包括两种情况：一是劳动力从农业部门转移到非农业部门；二是个体经营者从自己的企业转移到其他行业中就业。这些劳动力在原来的行业中生产效率低、收入少，转移到其他行业就提高了生产率和收入，使国民收入增加。

后来，出于研究西欧经济增长的需要，丹尼森又计算了降低国际贸易壁垒的影响。他指出，关税和进口限额都保护落后的行业，少受外来竞争的威胁，使得本来应转移的资源无法流动，得不到有效的利用。这会影响资源的配置效率，进而降低经济的增长速度。西欧共同市场建立后，由于成员国之间逐步取消了关税和进口限额，资源的配置效率得到了改善，因而对西欧经济增长作出了不小的贡献。

丹尼森所说的知识进展，是一个比较综合的概念，既包括技术进步，又包括管理的改进。技术进步是指产品制造方法和工艺的创新，而管理则泛指企业的组织技术和管理技术，这方面的改进同样可以降低成本，提高效率。在推动经济增长的因素中，知识进展的作用最大。根据丹尼森的测算，美国历史上的经济增长，知识进展的贡献高达39%。因此丹尼森认为：对于单位投入产出量的持续长期增长来说，"知识进展"是最重要和最基本的原因。

丹尼森关于经济核算的研究，开创了以因素分析寻求经济增长对策的先河，在整个20世纪60年代，赢得了10年空前的成功。他所创立的分析方法，曾被应用于世界上的许多国家——富国和穷国、资本主义国家和社会主义国家。特别是丹尼森对残差的解释，致使60年代美国政府对教育的支出剧增。

著名经济学家、尼克松政府的内阁成员舒尔茨对此给予了高度评价，他说：

"从长远来看，科学知识，以及将它转化为新的更先进的产品和生产方式，的确是推动经济增长的最重要的力量。如果世界主要工业国家在过去两个世纪只是积累资本，而仍然使用18世纪的科学和技术，那么，今天的产出、收入和生活水平，恐怕只能是现在实际情况的一个零头。我们将只能靠马匹、驳船和帆船进行运输，只能从水力驱动的工厂得到少量的动力。我们将没有任何冷冻食品和电力照明，没有人造材料、炼油厂，或者铝合金冶炼厂，没有抗生素、X光设备或者无菌生产设备，没有杂交水稻和农业机械。确实，如果没有科学知识方面的进展，本来能够进行的有效益的投资，可能很早就萎缩了；本来能够达到的产出，我们根本就无法获得。"

GNP之父库兹涅茨

说起来可能令人难以置信，尽管经济学已经存在了近5个世纪，可直到20世纪40年代之前，人们竟然不懂得国民收入核算。那时的经济学，主要是研究怎样把有限的资源分配到各种用途上去，至于这样做会给国民收入产生什么样的影响，谁都无法回答。这很像一个憨厚的农夫，只知道给庄稼除草、浇水，一年忙到头，却不知道打了多少粮食，是丰收了还是歉收了。这似乎很可笑，然而，近5个世纪的历史，经济学的确就是这样走过来的。

现在不同了，经济学已经掌握了国民收入核算的理论和方法，因此有关GNP的总额、构成，以及增长速度的数据，经常见诸报端，我们可以据此来判断经济形势，并制定政策来引导它的走向。这是一个了不起的成就，它意味着人类已经在很大程度上拥有了操纵经济的权利。而这项权利的取得，还得感谢美国经济学教授——西蒙·库兹涅茨的出色研究。

库兹涅茨1901年出生于俄国的哈尔科夫，当他刚满6岁的时候，父亲就移居美国，他则随母亲留在俄国，并读完了大学预科。就是从那时候起，库兹涅茨对经济学产生了浓厚的兴趣，相信经济学是解决一切社会问题的基础。1920年，库兹涅茨来到了美国，进入哥伦比亚大学攻读经济学，凭借他的天资和灵性，仅用了4年时间，就修完了本科、硕士和博士学位的所有课程，并凭借一篇论贸易周期性波动的论文，获得了经济学博士学位。

随后，库兹涅茨进入其导师米契尔领导的国家经济研究局工作，开始做国民收入的研究，并于1937年出版了他的专著《国民收入和资本构成》一书，概括地说明了国民收入和国民生产总值的定义和估算方法。4年后，《国民收入及其构成》一书问世，在这部900多页两卷本的著作里，库兹涅茨利用大量的统计资料，详细地研究了国民收入及其构成的含义，形成了估算国民收入的方法，建立起现代国民收入核算体系的基本结构。

正因如此，著名经济学家索洛称库兹涅茨为"国民生产总值（GNP）之父"。凯恩斯和库兹涅茨的研究同属宏观经济学，如果说凯恩斯创立了宏观经济生理学，库兹涅茨则是解剖学的奠基者。正是库兹涅茨的工作，在凯恩斯的理论骨架上补充了经验数据的血肉，从而使凯恩斯的经济学得以迅速传播。作为判断经济萧条、繁荣和增长的基础，国民收入核算理论同时也是凯恩斯主义经济政策得以实施的前提。

从20世纪50年代开始，库兹涅茨将研究的重心转向了经济增长领域。他通过对历史资料的整理和比较，考察了西方发达国家经济增长的全过程，从各国经济增长的差异中，探索影响经济增长的因素。他所创立的统计分析方法，成为现代经济增长理论的一个重要分支。为了感谢他在国民收入核算和经济增长方面的贡献，1971年，库兹涅茨被授予诺贝尔经济学奖。

库兹涅茨认为，自18世纪后期以来，经济增长可以看作现代经济增长，其主要特征是人均国民生产总值的加速提高。在这一过程中，知识存量的增长发挥着至关重要的作用。比如，将遗传学知识应用于农业生产，培育出了高产品种，增加农业的产量；人类有关能源、原材料和技术工艺方面的知识扩展，使相同投入带来更大的产出，或者打破制约经济增长的"瓶颈"，为经济增长提供了有力的支撑。

不过，库兹涅茨也指出，知识本身只是潜在生产力，要把它转化为现实生产力，必须经过一系列中间环节，包括对人力资本进行大量投资，以便发现新的知识并用它们去武装人们头脑，由目光敏锐的企业家去发现知识的商业价值，并将它们应用于生产，等等。知识存量只有与这些因素相结合，才能最终成为推动经济增长的因素，否则，如果仅仅将指南针用于看风水，而不是用于航海，那么，知识的作用将无从谈起。

现代经济增长的第二个重要因素，是生产率提高。现代经济增长的关键是提高效率，而不是主要靠增加投入。库兹涅茨发现，工业革命的影响在几十年后才体现得比较明显，因而他以西方发达国家100—125年的增长历程为样本，对劳动投入和资本投入进行了长期的分析，结果表明，投入对经济增长的贡献仅为25%，其他75%的经济增长是生产率提高带来的。

产业结构的调整也是推动经济增长的一个重要因素。库兹涅茨的这个结论，后来被系统理论的发展所证实。系统论认为，系统的结构影响系统的性质。例如金刚石和石墨，它们的构成元素都是碳，但石墨是层状结构，而金刚石是立体网状结构，不同的结构使它们的性质差别很大，石墨柔软如泥，金刚石却坚硬无比。

对一国经济增长来说也是如此，产业结构调整，资源重新配置，能提高资源利用效率，从而成为推动经济快速增长的强大动力。相反，不发达国家经济结构变化缓慢，经济增长就缺少了一个大马力的发动机。比如，劳动力聚集在农业部门，传统生产技术和组织方式阻碍了高新技术的应用；制造业结构不能满足现代经济增长的要求；需求结构变化缓慢，消费水平低，无法形成对经济组织的有力刺激；等等。他认为这是欠发达国家经济落后的重要原因。

原理解析

第7章
经济发展理论

贫困恶性循环论

两难选择：在平衡与不平衡之间

发展极与回波效应

二元经济结构模型

经济成长阶段论

第7章
经济发展理论

欠发达国家如何摆脱贫困，从落后农业国转变为先进工业国，是一个绕不开也不应绕开的课题。二战后，经济学家对此展开了深入研究，不仅揭示了落后国家产生贫困的原因，也提出了诸多解决方案。尽管学者的看法不尽一致，但对欠发达国家选择发展模式提供了有益启示。

贫困恶性循环论

二战后，亚非拉广大地区的殖民地和附属国纷纷走向了独立。但是，长期的苦难岁月给这些国家留下的只有一样东西：贫困。为了尽早摆脱贫困，这些国家在经济上各自选择了不同的道路以谋求发展，从此，世界上便涌现出了一大批发展中国家。

发展中国家在追求国民经济增长的过程中,迫切地需要经济学家提供对复杂现象的理论解释,也急需使政策措施得到理论的指导;当然,不少经济学家也怀着浓厚的兴趣关注着这些国家前进的步伐,并对它们共同的经济问题以及经济政策的研究投入了巨大的热情,这样,一门新兴的经济学——发展经济学便产生了。

发展经济学所面临的头号问题,自然是寻求贫困国家走出贫困的突破口和路径。温饱始终是第一位的,只有在温饱的基础上,才能诞生高雅和文明、品质和创新,否则一切都是空话。这就好像那些穷困潦倒的天才,每天食不果腹、衣不蔽体,生活的唯一目的就是算计着如何才能不挨饿,那么,纵然他身怀绝技,也不可能发出丝毫的光芒。唯一的出路就是改变他们的生活状况,让其不再为穷所困。可以说,发展经济学家最初所担负的,就是这种历史赋予的使命。

几乎所有经济学家都承认,一个国家要从事生产,自然条件、劳动力和资本三者缺一不可。然而,就工业与农业两个部门而言,受自然条件制约的主要是农业,因此,自然因素尽管给经济增长创造了有利或不利条件,但从长期看,它所影响的只是产出结构而非产出水平,对经济增长并不起决定性作用。劳动力一般是发展中国家比较充裕的要素,当然不会成为经济增长的约束条件。只有资本,它的多寡和形成的快慢,才是促进或束缚经济增长的关键。

于是，发展经济学家便把注意力集中在资本要素上。其中，对落后国家资本形成与经济发展作系统阐述的，是美国经济学家纳克斯。20世纪50年代初，纳克斯就揭示了发展中国家经济落后的原因，并将其概括成一个鲜明的理论——"贫困恶性循环论"。

纳克斯先对不发达地区下了一个定义：所谓不发达地区，就是指资本同人口和自然资源比较起来相对不足的地区。而这些地区之所以不发达，是因为存在"贫困的恶性循环"。他以穷人为例来说明这一问题：穷人之所以穷，是因为收入少；收入少，是因为工作效率低；效率低，是因为吃不饱，身体差；吃不饱，是因为穷。这便是一个恶性循环。

就一个国家来说，也存在着上述这种"越穷越差，越差越穷"的"马太效应"。为什么会如此呢？因为低收入国家存在两个恶性循环。从资本供给方面看，国民收入低导致储蓄少，储蓄少造成资本缺乏，资本缺乏导致生产率低，生产率低又造成收入少。这样，资本缺少、收入低下、储蓄少三者互为因果，形成一个恶性循环。

从资本需求方面看，国民收入低造成购买力低，购买力低对投资缺乏引诱力，缺乏投资引诱力又会导致投资不足，投资不足造成生产率低，生产率低又导致收入低。这样，收入低下、投资不足、购买力低三者互为因果，又形成另一个恶性循环。

纳克斯认为，上述两个恶性循环相互制约，相互叠加，任何一个循环都无法自行突破，转为良性循环：若想要增加储蓄与投资，那么由于储蓄增加而引起购买力缩减，又会降低投资引诱；若想提高购买力，增加投资引诱，又势必会减少储蓄，这样，即使有投资引诱，由于缺少储蓄也难以加大投资；同样，即使有了储蓄，由于缺少投资引诱而消化储蓄。可见，这两个循环很难打破。所以纳克斯认为，发展中国家长期的经济停滞是难免的。

然而，尽管这两个循环难以打破，但只要找出问题的症结，对症下药，总会有办法解决。纳克斯分析说：发展中国家老是在贫困陷阱中徘徊，其根本原因就是资本匮乏，缺"血"才是万病之源，要使发展中国家从"贫困恶性循环"中解脱出来，唯一的办法，就是"输血"。在持这种观点的学者中，没有谁比罗森斯坦-罗丹更激进，而他为解决贫困恶性循环所提出的"大推进"理论，更是气势磅礴。

罗森斯坦-罗丹认为，只有全面工业化才能使发展中国家走出贫困陷阱，因为工业化是用比富裕地区更快的速度，来提高经济不发达地区的收入，从而使世界各个地区收入分配较为均等的唯一办法。而要迅速实现工业化，使停滞不前的经济有所发展，发展中国家就必须全面地、大规模地投资，特别是对基础设施的投资，使国家从贫困的泥淖里爬出来。

为何只有实行资本的"大推进"才能使落后国家跳出贫困陷阱呢？根据罗森斯坦－罗丹的解释，是因为经济存在着三种"不可分性"。

第一种是基础设施的不可分性。例如电站必须建成才能发电，道路不能半途而废，没有屋顶的学校、没有医护人员的医院等都是不能提供服务的。因此，不一气呵成使投资项目达到必要规模，则资本事实上并未形成，经济增长丝毫得不到促进。

第二种是储蓄的不可分性。储蓄不是随着收入的增长而不断地增长，相反，它的增长是有阶段性的，只有当收入的增长超过一定限度之后，储蓄才会急剧地上升，才会使更大规模的投资成为可能。因此，必须令每一阶段的经济发展规模大到足以保证收入的增长超过一定的限度，否则储蓄将不够充分，为发展经济而进行必要的投资则将受到"储蓄缺口"的制约。

第三种是需求的不可分性。假若投资只集中于某一部门或某一行业，则要使这一部门或这一行业的产出有相应的需求，就必须有充分的国内市场或有保证的国外市场。若产品不能出口，再加上这一部门或行业以外的人口又处于失业状态，那么除了少数富人外，大多数人皆缺乏购买力，这样，投资将会以失败而告终。因此，要形成广大的市场，使多种多样的商品都各有所需，就必须广泛地、大规模地在各个部门和各个行业同时进行必要的投资。

两难选择：在平衡与不平衡之间

如果说纳克斯强调的是经济全面发展，罗森斯坦-罗丹关于平衡发展战略的重点，则是大规模投资。他认为，发展中国家只有大规模投资，给整个经济一次大推动，才能迅速地改变落后面貌。可是以赫尔希曼为代表的经济学家，却坚决反对平衡发展，力主不平衡发展战略。即集中有限的资本和资源，首先发展一部分主导产业，并以此为动力，去带动其他产业乃至整个经济的发展。

赫尔希曼的理由是：欠发达国家的经济发展是在以前的基础上开始的，而过去的发展是不平衡的，为使不平衡得以恢复平衡，新投资就应当不平衡，以便与原来的不平衡状况相衔接，最后达到平衡的目标。更何况，发展中国家缺乏资本和人力资源，因此不可能百废俱兴，只有重点利用有限的资本和人力，才能收到较好的经济效益。

赫尔希曼在其《经济发展战略》一书中系统地阐述了这一思想。他认为，发展是一系列连锁的不平衡，往往以踩跷跷板的方式前进，从一种平衡走向新的不平衡。发展中国家既然资本有限，就不应该首先投资建设基础设施项目，而应先向直接生产部门即工农业生产部门投资，因为这些部门投资少，很快就会增加产出和收入。等这些产出了较大收入后，再利用一部分收入投向基础设施部门。

为了论证上述投资政策的合理性，赫尔希曼提出了"联系效应"理论。所谓联系效应，就是指国民经济各部门之间存在着一种相互联系、相互作用的关系，这种联系又分为"前向联系"和"后向联系"。"前向联系"是指一个产业同购买其产品的产业之间的联系，如钢铁工业的前向联系是机器制造业、汽车工业等。"后向联系"是指一个产业同向它提供原料的产业的联系，如钢铁工业的后向联系是采矿业等。

赫尔希曼认为，一国在选择优先发展部门时，应当选择前后联系效应最大的部门优先发展。据他观察，不发达国家的经济部门，其联系效应比较微弱：农业，特别是小农农业联系效应最弱；初级产品部门缺少后向联系；农业和矿业的前向联系很小；等等。这样，不发达国家要谋求发展，只有集中力量，把资源投入到前后联系效应比较大的部门，这样由于联系效应的作用，其他部门便会成长起来，其速度也许比采取平衡增长战略所能取得的发展快一些。

尽管平衡增长和不平衡增长的争论仍在继续，它们究竟孰是孰非，不仅在理论上难以定评，在历史经验的分析中也不易作出明确的结论。斯特里顿曾以18世纪英国纺织业和钢铁业为例，证明了不平衡增长的成功。而俄林则指出，除英国之外，其他发达国家并不存在类似的史例。可休斯却从史料分析中认定，西方国家都是沿着平衡增长道路前进的。

平衡增长强调一揽子投资的重要性，并认为投资项目之间应有良好的协调，这些论点无疑是正确的。但是，这一战略要求在发展初期就筹集大量资本，全面发展国民经济，则是不现实的。不平衡增长关于前向联系和后向联系的论证，颇为发人深省，它指明了一直为人所忽视的关于一项投资对其前后阶段可能产生的影响。但是，不平衡增长论低估了由于不平衡增长给整个经济造成的阻力，因为稀缺会形成垄断势力和既得利益集团，进一步发展则会受到垄断者的排斥和反对。

今天大多数经济学家认为，平衡增长和不平衡增长，事实上并不是根本对立的。不平衡发展是以创造短期的不平衡，来求得长期平衡。但如果要把投资集中在几个部门或几个行业之间，也取决于一国的国际贸易关系、自然资源条件以及劳动技术熟练程度等因素，所以，绝不可顾此失彼，必须同时做好其他方面的平衡。

发展极与回波效应

20世纪50年代前，几乎所有国家都用国民收入总量衡量经济计划的结果。但随着时间的推移，人们逐渐感到这种方法不够妥善，因为它太过笼统，不能准确地反映经济发展动向。正当此时，法国经济学家弗朗索瓦·佩鲁克斯提出了"发展极"理论，使各国政府眼前为之一亮。

"发展极"理论所要表达的意思是：国家应以非总量的方法安排计划，把国民经济按地理副区分解为部门、行业和工程项目，以此来衡量各自的增长。其理由是，经济发展并不是在每个地区以同样速度平衡进行的，相反，在不同时期，增长的势头往往集中在某些主导部门和有创新能力的行业，而这些主导部门和有创新能力的行业一般聚集在某些大城市或地区，并在这些中心地带优先发展起来。这些大城市或地区便成为"发展极"。所以，"发展极"事实上就是由主导部门和有创新能力的行业聚集而成的经济中心。

由于大多城市都具有生产中心、贸易中心、金融中心、信息中心、交通中心等多种功能，因此，它们好像一个"磁场极"，能够对周围地区产生吸引和辐射作用：首先，"发展极"的大企业不断地推出新技术、新工艺、新产品，并能把这些创新扩散到其他地区，同时还能吸收其他地区的新技术和人才，以加速本地区发展；其次，"发展极"能吸引和集中大量资本扩大生产，同时又能向周围地区扩散资本，并带动其发展；最后，由于大量企业集中在"发展极"，将促使一些共同使用的道路、通信、货栈等服务性企业建立，这样，会大大降低社会成本，取得规模经济收益。

"发展极"的作用是巨大的,它使人力、生产、技术、贸易等高度聚集,形成"吸引中心"或"弥散中心",以这些中心城市或经济区为核心,联系周围的农工商业,这样,就形成了一个完整的经济网络。"吸引中心"把边远地区的居民吸引到"发展极"来,可以减少边远地区的人口压力,使农户的耕作面积扩大,并通过改进生产技术提高边远地区的人均福利水平。"弥散中心"则通过向边远地区投资,建立厂矿或修建道路,以此激活落后地区经济,增加人烟稀少地区的人口密度。

佩鲁克斯认为,若一个国家缺少"发展极",政府就应该创建"发展极"。"发展极"怎样创建呢?佩鲁克斯指出,如果该国有中心城市,就直接将其作为"发展极"。但必须明白,一个城市中心,并不一定就自然而然地对边远地区产生扩展效应。要构成"发展极",一方面需要具有创新能力的企业,另一方面需要适当的周围环境。

"创新"是吸引和扩散的源泉,只要有创新企业,就必然会出现一大批追随、模仿"创新企业"的"增长企业",而"增长企业"聚集起来便形成了"增长中心"。可以说,"增长中心"是以"发展极"为基础成长起来的。

以加拿大为例,蒙特利尔即为"发展极",而魁北克市以及魁北克省的其他城市则为"增长中心",它们的成长是对蒙特利尔的创新企业经济能力的反映。除了具有创新能力外，要选择一个地区为"发展极"，还必须考察该地区的周围环境，就像一个电力系统，不仅要重视发电机，还要重视电抗器和传输线。比如上海能成为中国的"发展极"之一，因为那里有雄厚的工业基础、便利货物运输的良港和国际机场。

"发展极"概念的提出，引起了经济学家的普遍关注，并由此得到了理论上的补充。英美学者将"发展极"命为"增长点"，他们认为，厂商和行业之间的亲和力，将产生外部经济性，会使厂商和行业在某一地理位置上集聚地发展，从而出现"增长点"。而"增长点"一旦出现，则会推动形成厂商之间、行业之间在工业化中的"网络关系"，进一步扩大外部经济效果。

这种外部经济效果，表现在两个方面：一是可以互相利用培养起来的人力，一厂解雇，另一厂录用，人力资源不致浪费；二是由于集聚在一起，各个厂商会在供应来源、维修服务以及技术咨询等各个方面，得到便利。另外，"增长点"形成的原因，又是"增长点"继续扩大的推动力量。若把不能形成外部经济性的工业强制性地集中在一起，或者不恰当地选择一个地区作为"增长点"，那么，"增长点"就不会形成，而且即便形成了也不会持久。

二战后，意大利为了发展东南部落后地区，曾由政府在该地区建成了许多基础设施，并对愿意投资或迁入的企业给予了种种经济优惠,而结果投资却并不多,迁入的厂商也为数甚少。欧共体曾对此作了调查研究,发现情况之所以如此,是因为企业家不愿牺牲在北部投资所能获得的利益,而这个利益,正是外部性经济收益。

针对"发展极"对落后地区经济带来的消极作用,缪尔达尔提出了"回波效应"理论,使"发展极"在理论上得到了进一步完善。缪尔达尔认为,发达地区的优先发展,对落后地区既有积极作用,又有消极的"回波效应":落后地区的人才、资本、资源被发达地区大量引走,会给落后地区造成不良后果。由于发达地区收益高,资本等生产要素纷纷流向那里,会使落后地区与发达地区的差距越来越大。

不过缪尔达尔也指出,这种"回波效应"不会无限地发展下去。当发达地区发展到一定程度后,由于人口过多、交通阻塞、资源不足等原因,发达地区生产成本上升,外部经济效益变小,这时,资本、技术等生产要素就会向周围落后地区扩散,从而缩小地区间的经济差距。所以,发展中国家在通过重点投资计划创立"发展极"的同时,为防止地区之间发展失衡,还需采取特殊政策促进落后地区发展,如在落后地区开辟新工业区,引进外资,开辟自由贸易区等。

"发展极"理论,事实上是把不平衡发展战略、熊彼特的创新假说和新古典学派关于人力与资本流动理论融为一体,转化成了地理空间概念。数十年来,"发展极"理论对许多国家经济发展战略产生过重大影响，而且已经成为一些发展中国家制定区域发展规划的重要依据。

二元经济结构模型

最早系统研究人口流动的，是经济学家刘易斯。早在1954年，他以《无限劳动力供给条件下的经济发展》为题写成论文，论证了劳动力由乡村向城市转移的问题。该文后来成为现代经济学家经常引证的经典文献之一。甚至到今天，发展经济学的大部分内容仍是对刘易斯提出的"二元经济结构模型"作阐述。1979年，刘易斯因对发展经济学所作的卓越贡献而与舒尔茨分享了诺贝尔经济学奖。

刘易斯认为，劳动力从农村流向城市，是经济发展的一个重要标志。劳动力从传统农业中释放出来，重新配置到城市工业部门，使城乡产业有了明显分工。这既促进了工业化，又促进了城市化，还解决了农村的失业问题。因此可以说，工业化的过程，就是农村剩余劳动力向城市工业部门转移的过程，通过这种转移，现代工业得到了扩大，而传统农业则相对缩小，由此便可使发展中国家经济增长的速度大大加快。

劳动力为何会从乡村涌向城市呢？刘易斯认为，是发展中国家存在的"二元经济结构"所致。正如汪洋大海中的小岛一样，少数城市工业化经济部门，被大量农村传统部门包围着，这就形成了发展中国家一般具有的"二元经济结构"：一个是仅足糊口的、只能维持最低生活水平的、以土著方法进行生产、自给自足的传统农业部门；另一个是以现代化方法进行生产、技术先进、劳动生产率高、以追求最大利润为目的的城市工业部门。

在农业部门中，存在着极低的，低到零甚至负数生产率的"过剩劳动力"。按照刘易斯的定义，"过剩劳动力"就是劳动力中的这样一个部分，把这部分除掉以后，尽管其他生产要素投入不增加，而产出总量却并不减少，甚至还略有增加。这部分劳动力，形式上是就业的，但实际上对生产并未起任何作用，或者只能起极其微小的作用。

当这部分劳动力有机会得到其他工作而离开这个部门之后，余下的劳动力可以保持产出总量并不减少。因此，这部分劳动力在这个部门中是过剩的劳动力，或者说，他们处于就业不足或隐蔽失业状态。在没有失业救济的条件下，这部分劳动力的生活是靠劳动人口自己维持的。

在城市现代工业部门，劳动生产率自然高于农业部门，工人的收入自然要高于农民的收入。正是工农业收入的差异，对农村过剩人口向城市转移产生了巨大的吸引力。同时，城市现代工业资本家也愿意雇佣这些劳动力，因为他们的工资低，可以赚取更高的利润。这样，两种工资水平的差异，促使"过剩劳动力"由农业部门向工业部门流动。

在农业劳动力向工业部门转移的过程中，由于农村劳动力充裕，不会发生供不应求的现象，因此，资本家可以把他们的工资压到最低生活水平。这样，工业资本家便可不停地赚取高额利润，然后再把利润转化为资本，使工业生产进一步扩大。只要农业部门尚有"过剩劳动力"存在，这一过程将反复循环进行下去，直到农业部门的"过剩劳动力"被工业部门吸尽为止。

举个例子。假定工业部门最低工资人均为300元，而从事农业的人均收入为200元，那么，前来受雇的农村劳动力会络绎不绝。最初，工业资本家只雇用了10个劳动力，一个生产周期后，他获得了6000元的总收入，赚取3000元的利润。资本家接着把这笔利润转化为投资，可以增雇到另外10个劳动力，此时，总劳动量增加到20个，第二个生产周期后，资本家的总收入扩大到12000元，利润随之增加到6000元。

若资本家再把这笔利润转化投资，则又会有20个新人补充进工人队伍，随着利润的进一步增多，工业部门对劳动力的需求又进一步提高，这一过程反复进行，城市的工厂和就业量将继续增加，这一方面可使工业规模扩大；另一方面，农业过剩劳动力被吸收，农业劳动生产率逐步提高，农村劳动者的收入将逐步上升。这样，工农业将得到均衡发展,"二元经济结构"将逐步转变为"一元经济结构"。

在刘易斯模式的基础上,美国学者拉尼斯和费景汉又作了进一步推演,指出:农业劳动力向工业流动必须有个先决条件,即农业由于生产率提高而出现了剩余产品,可以为工业化提供必需的消费资料。而且他们把"二元经济结构"的演变分为三个阶段。第一阶段类似于刘易斯模式,农业部门存在着隐蔽性失业,劳动力的供给是无限的。在第二和第三阶段,农业部门逐渐出现了生产剩余,这是说,农业对促进工业的作用,不只是输送劳动力,而且还提供必不可少的农产品。

经济学界现在将上面的两个模式,称为"刘易斯-费-拉尼斯模式"。该模式简单明确地解释了"二元经济结构"的变化,并论证了工业部门和农业部门的经济结构差异,进而指出了将城乡两个部门联结起来的劳动力转移过程的重大意义,该模式也因此受到了发展中国家经济学家的普遍认同。

经济成长阶段论

德国现实主义作家托马斯·曼在他的小说《布登勃洛克一家》中讲述了这样一个故事:19世纪中期,布登勃洛克一家迁到了德国卢卑克城,并在该地定居下来。这个家族的第一代人通过艰苦创业拼命积累财富，终于从社会的底层挤入地方富户的行列；但第二代由于出生在有钱的家庭，因此不再追求金钱，而去追求社会地位，后来当上了议员；当这个家族传到第三代的时候，无奈这代人出生于既有钱又有社会地位的家庭中，因此既不对金钱感兴趣，也不对社会地位感兴趣，只是去追求精神生活，整天陶醉于音乐和艺术。

托马斯·曼绝不会想到，他在小说中安排的故事情节以及写作时使用的心理分析方法，竟会在70多年后出现在经济学教科书上！由书中主人翁的名字演变而来的"布登勃洛克式动力"，竟成为一个广为人知的经济学术语；由该术语所说明和解释的"经济成长阶段论"和"经济起飞论"也风靡一时，在国际经济学界引起了强烈反响。而这一切的创造者，就是美国当代经济学家罗斯托。

罗斯托把托马斯·曼所讲的故事"拿"到经济学研究上，主要是为了说明促进经济增长的动力。在这一思想基础上，罗斯托对经济增长的论述独树一帜、自成体系。按照生产力标准，他把人类社会划分为六个阶段：传统社会阶段、为"起飞"创造前提条件阶段、"起飞"阶段、向成熟推进阶段、高额群众消费阶段、追求生活质量阶段。

罗斯托指出，在上述六个阶段中，"起飞"与"对生活质量追求"是人类社会发展中两个重要的"突变"，而"对生活质量追求"是一切国家最终将会达到的目标。

从历史演变过程来看，人类社会便是在这六个不同的经济状态中依次由低级向高级阶段过渡的。罗斯托认为，这种过渡具有必然性，而造成这种必然性的正是"布登勃洛克式动力"。在布登勃洛克家族中，前后几代人由于生活环境不同，因而追求的目标各异，欲望不断更迭，从而满足各自欲望的方式也不一样。

罗斯托由此引申出一个结论：一个家庭的变化过程，是这个"动力"作用的使然；一个社会的变化过程，也是该"动力"作用的结果。事实上，在人类社会每一个成长阶段上，都会有一个与之相适应的主导部门，而每个主导部门的出现又与"新的人物"及其利益、兴趣和要求联系在一起，因此成长阶段的更替、主导部门的变化、"中心人物"的置换，这三者实际上是不能分开的。

他举证说：历史上那些为"起飞"创造前提条件阶段的新教徒、"起飞"阶段上的企业家、向成熟推进阶段上的钢铁大王、石油大王、铁路大王，直至成熟阶段完成之后管理着企业的专业经理人员，都是与他们各自所处时代相适应的"中心人物"。正是他们的欲望更迭导致了主导部门序列的改变，从而导致了成长阶段的依次更迭，并最终形成了人类社会各个经济成长阶段的不同特征。

罗斯托将牛顿作为划分标志，将近代科技产生以前的社会称为传统社会阶段。这个阶段最基本的特点是：生产力发展缓慢，生产方法落后，生产水平低下，家庭和氏族关系在社会组织中起很大作用，社会观念以宿命论为基础，农业占据了社会的主导位置。

从传统社会阶段向"起飞"阶段发展的过程中，必须经历一个过渡期，这个过渡期便是为"起飞"创造前提条件的阶段。在这个阶段中，社会将发生一系列变化：以农业为主转变到以工业、交通、商业和服务业为主；自给自足的社会转变到开放的社会；农业和采掘业生产效率的提高为企业家提供了大量的资本来源；公路、铁路、学校和工厂成为新的投资方向；投资业与农矿业并肩成为该阶段的主导性产业。

"起飞"阶段是一个社会历史进程中具有决定意义的时期，是近代社会生活的大分水岭，是经济成长中的关键性阶段。按照罗斯托的解释，所谓"起飞"，就是突破传统经济的停滞状态以及以发展和进步为目标的各种势力的解放，就像飞机一样，一旦升空，就能顺利地高速航行。

罗斯托特别强调，经济"起飞"的必要条件有三个：第一，要有较高的资金积累率，使净投资占国民收入的10%以上；第二，建立和发展一种或多种主要的制造业部门，从而培育和发展社会的主导部门，使它能够吸收新技术，降低成本，有高增长率，并将利润转化为积累，扩大对其他一系列经济部门的产品需求，加大对地区经济增长的影响，进而带动整个国民经济的发展；第三，进行制度上的改革，建立一个能保证实现"起飞"的政治、社会和经济制度结构。

当一个国家具备了上述条件，经济就可以"起飞"了，而一旦开始"起飞"，经济自动持续地增长，便成为这个国家的正常现象。

经济"起飞"后，社会开始进入向成熟推进阶段。所谓"成熟"是指技术上的成熟，向成熟推进阶段则是一个社会已经把当时的现代科学技术有效地应用于它的大部分资源配置。在这个阶段上，工业将朝着多样化的方向发展，主导部门交替重复，经济全面增长，社会对于工业化的奇迹开始感到厌倦。

当社会快达到成熟阶段时，高额群众消费阶段便正式拉开序幕。在这个阶段中，社会注意力从供给转到了需求，从生产问题转到了消费问题和福利问题，主导部门由制造业转移到耐用消费品和服务业，国家开始追求在领土外的势力和影响。在罗斯托看来，从20世纪40年代起，美国开始进入这一阶段；加拿大和澳大利亚在二战后进入这一阶段；西欧和日本是到50年代才完全进入这个阶段的。他还进一步指出，到50年代中期，"高额群众消费"已达到它的终点，呈现出减速趋势。

由"高额群众消费"向"追求生活质量"过渡，被罗斯托称为"工业社会中人们生活的一个真正突变"。在这个阶段，主导部门已不再是以汽车为主的耐用消费品工业，而是以服务业为代表的提高居民生活品质的有关部门，它们的特点主要是提供劳务，而不是提供有形产品。

罗斯托指出，人们对生活质量的追求，一方面能带动经济成长，使社会保持某种均衡、缓和冲突以及平息青年人的不满情绪，让人们的精力和才能有适当的表现机会；另一方面，还可避免人们选择法西斯主义、无政府主义和暴力手段，采取渐进的社会改良措施。

原理解析

第8章
产业组织理论

配第—克拉克定理

霍夫曼定理

筱原的基准

马歇尔冲突

马克西—西尔伯斯通曲线

熊彼特创新假说

第8章
产业组织理论

前一章讲过了经济发展理论,本章再讲产业组织理论。纵观经济学发展史,经济学家关于产业组织的理论成果很多,下面将分别介绍配第—克拉克定理、霍夫曼定理、筱原的基准、马歇尔冲突、马克西—西尔伯斯通曲线以及熊彼特创新假说。

配第—克拉克定理

我们知道,经济学家最早对经济现象的研究,是从个量分析入手的,并以此为基础建立了微观经济学,而且在很长一段时间里,一直为经济学者顶礼膜拜。可是,20世纪30年代的大危机,将"看不见的手"的神话击得粉碎,凯恩斯趁机建立宏观经济理论,试图为医治危机和解除失业开出一剂药方，并一度获得了空前的成功。

不过，凯恩斯的"药方"也不是屡试不爽，20世纪70年代出现"滞胀"，又宣告了凯恩斯主义破产。于是，人们便开始在个量分析和宏观分析两个端点的连线上寻找出路，将目光投向社会再生产的中观层次，去探索解决问题的方法和途径，最终形成了产业经济学。"配第—克拉克定理"，就是其重要理论之一。

"配第—克拉克定理"，是对产业结构演化规律的经验总结，而且是由克拉克根据三次产业分类提炼出来的。所谓三次产业分类，就是把全部经济活动划分为第一产业、第二产业和第三产业。其中，第一产业主要是农林牧渔，其劳动对象直接取自自然；第二产业包括制造业、建筑业等工业部门，是对自然品生产物的再加工。第一产业和第二产业都是有形的物质生产部门，第三产业则被解释为繁衍于有形财富生产之上的无形财富生产部门，即广义的服务业。

有学者形容三个产业就像一棵大树，第一产业如同树根，第二产业如同树干，第三产业则好比茂密的树叶。其实，三次产业分类的发明者并不是克拉克，而是英国经济学家费希尔。20世纪30年代初，当时的第一产业和第二产业，并未涵盖所有的经济活动，于是费希尔将上述两个产业以外的其他经济活动，统称为第三产业。

从1937年到1953年，克拉克曾长期在澳大利亚政府经济部门任职，他继承了费希尔的研究成果，并在搜集和整理若干国家经济资料的基础上，进一步总结了产业结构的演化规律。他发现：随着人均国民收入水平的提高，劳动力首先从第一产业向第二产业转移，当人均国民收入水平进一步提高时，劳动力便向第三产业转移；因而劳动力在产业间的分布状况是，第一产业减少，第二和第三产业逐步增加。这就是所谓的"配第—克拉克定理"。

往前追溯，17世纪的英国经济学家威廉·配第，在他的《政治算术》中早已提出这一推断。配第认为，制造业比农业，进而商业比制造业能够得到更多的收入，比如英格兰的农民，每周只能赚4个先令；而海员的工资，加上伙食费和其他形式的收入，每周实际要达到12个先令，也就是说，一个海员的收入，抵得过3个农民。

配第还指出，人口大部分从事制造业和商业的荷兰，其人均国民收入要比欧洲大陆其他国家高得多。这种不同产业间相对收入的差异，会促使劳动力向高收入的部门转移。配第的这种看法比较直观、朴实，虽论证不是很充分，但已包含产业间劳动力结构变化的趋势。而且克拉克自己也认为，他的发现只不过是印证了配第的观点，因此将其命名为"配第定理"，后人则把配第和克拉克并列起来，统称"配第—克拉克定理"。

继配第、克拉克之后，美国著名经济学家、1971年诺贝尔经济学奖获得者西蒙·库兹涅茨又从"劳动力"和"国民收入"两个方面，对产业结构的演化趋势进行了研究，进一步完善了"配第—克拉克定理"。

库兹涅茨将三次产业分别称为"农业部门""工业部门"和"服务部门"，关于劳动力和国民收入在产业间的演变，他提出了以下判断：

第一，农业部门实现的国民收入在整个国民收入中的比重，以及农业劳动力在全部劳动力中的比重，随着时间的推移会不断下降。

第二，工业部门的国民收入比重，大体上是上升的，然而其劳动力比重，大体不变和略有上升。

第三，服务部门的劳动力比重几乎在所有国家都是上升的，但国民收入的相对比重却大体不变和略有上升。

前面说过，"配第—克拉克定理"只是对产业结构演进趋势的经验性总结，那么产业结构演进的背后诱因是什么呢？经济学的解释是，第一产业（农业部门）主要向人们提供生活必需品，而生活必需品的需求有一个重要的特性，即随着人均收入水平提高，人们对必需品需求的增长速度，会越来越落后于收入的增长速度。

1857年，德国社会统计学家恩格尔调查了比利时和萨克森两个国家劳动家庭的生活开支情况，发表了题为《萨克森王国的生产与消费状况》的论文，指出越是低收入家庭，其饮食费用在整个家庭开支中所占的比重越高。也就是说，随着收入增长，人们对农产品的需求将会相对减少。

另外从供给角度看，农业部门技术进步的速度相对较慢，而且，农业生产周期长、不稳定，受自然因素的制约严重，是天然的弱质产业，在土地规模有限的条件下，其产量很难实现快速增长。这样，供给和需求两个方面作用在一起，必使农业实现的国民收入比重减小，劳动力转向其他产业。

上面对第一产业变化趋势的分析，实际上已从反面论证了第二产业国民收入比重的上升。不过当工业化达到了一定水平后，工业部门的扩张会吸纳劳动力就业；但另一方面，工业技术的迅速进步，又会排斥工业部门的劳动力，当两方面力量达到平衡，劳动力的相对比重才会趋于稳定。

不过随着经济的不断发展，人们对"服务"产品的需求将越来越大，有学者将这种现象称为消费需求"超物质化"，这一趋势会使第三产业国民收入的比重上升。第三产业是劳动密集型行业，所需要的资本规模一般不大，进入这个产业的障碍较少，而且可大量地安置就业，因此，它的发展必将带来劳动力比重上升。

霍夫曼定理

1765年，瓦特对蒸汽机作了重大改进，以此为标志，第一次工业革命便像飓风一样，横扫整个世界。对自然力的征服、机器的采用、轮船的行驶、铁路的发展等，工业开始以亘古未有的气魄和实力，历史地成为社会经济生活的主体，充当起引导、带动国民经济发展的"火车头"。于是，工业化成了许多国家梦寐以求的目标。

回顾西方工业化的历史，英国的工业化花费了近100年时间，美国用70多年走完了工业化历程，而作为后起之秀的日本，1955年还被贫穷所困扰，但经过短短20多年的时间，便跻身于世界经济强国之列，超越了工业化阶段，进入了"后工业化"时期。

各国工业化时间表为什么有如此大的差别呢？究其原因，是与人们对工业结构的认识有关。正如一个优秀的司机，应该熟知汽车的结构和性能一样，要能动地推进工业化的进程，必须对工业结构的演化规律作一番了解。

在西方经济学家中，有一位学者曾因对工业结构演化规律的开创性研究而一举成名，他就是德国人霍夫曼。1931年，霍夫曼出版了《工业化的阶段和类型》一书。该书根据20多个国家的经济资料，对制造业中消费资料工业和生产资料工业的比例关系进行了详细研究。这个比例关系，实际上是消费资料工业净产值与生产资料工业净产值之比，后人称其为"霍夫曼比例"。

霍夫曼认为，在工业化进程中，霍夫曼比例是不断下降的，此论断，也就是所谓"霍夫曼定理"。参照霍夫曼比例的变化趋势，霍夫曼本人将工业化进程划分为四个阶段：

第一个阶段，消费资料工业的生产在制造业中占统治地位，生产资料工业不发达，霍夫曼比例约为5；第二个阶段，霍夫曼比例约为2.5，生产资料工业已经取得了很大的发展，但相对于消费资料工业，仍有很大的差距；第三个阶段，生产资料工业的发展，已经达到了与消费资料工业相当的程度，霍夫曼比例约为1；第四个阶段，生产资料工业的规模，已经超出了消费资料工业，霍夫曼比例小于1。

霍夫曼关于工业结构演化规律及其阶段划分的理论，在它问世以后30多年时间里，一直保持着广泛的影响。但与此同时，也曾遭到许多经济学家的诘难，也正因为那次"百家争鸣"，才将人们对工业结构演进规律的研究推向了一个新的水平。

需要指出的是，霍夫曼所说的生产资料工业和消费资料工业，与今天的说法有着很大的不同。在霍夫曼所处的年代，消费资料工业基本上是轻工业的代名词，而生产资料工业则是重工业的同义语，那时，重工业和生产资料工业是一致的，重工业的增长直接表现为生产资料工业的增长。

可是时至今日，重工业的产品结构已发生了变化，重工业产品和生产资料也不完全是一回事。比如在重工业中居于主导地位的机械工业，其产品就不再仅仅是生产资料，还包括许多消费资料，像汽车、家电等耐用消费品。

追本溯源，霍夫曼对消费资料工业和生产资料工业的划分，相当于今天我们对轻工业和重工业的划分。因此，霍夫曼定理的确切含义应该是，在工业化的进程中，轻工业的比重会逐步降低，重工业的比重则趋于上升。如果我们无视重工业产品结构的上述变化，仍然简单地从字面上去把握霍夫曼定理，则无异于刻舟求剑。

从历史上看，工业革命首先发生在轻工业，主要是纺织业，随后，重工业在整个工业总产值中所占的比重逐步上升，这就是所谓的"重工业化"。这一发展趋势，印证了霍夫曼定理。不过，霍夫曼定理毕竟是在20世纪30年代初提出的，相对于生生不息的产业结构演进而言，重工业化只是整个演变过程中的第一幕。

在重工业化过程中，产业结构还会发生第二次演变，即无论轻工业还是重工业，都会由以原材料为中心的结构，向以加工、组装为中心的结构发展，也即人们常说的工业结构"高度化"。原材料工业与加工组装工业是相对的，纺织对服装、服饰来说，前者是原材料工业，后者是加工组装工业；同样，钢铁、有色金属冶炼工业是原材料工业，以此为原料的各类机械工业则是加工组装工业。

同理，由纺纱织布转化为生产服装，由生产木材转化为生产家具，由金属冶炼转化为汽车制造等，都是工业加工程度不断深化，即高加工度化的表现。例如日本1955年至1975年的20年间，服装工业的发展速度是纺织业的4倍，木器家具业是木材工业的2倍多，机械工业的发展速度是钢铁工业的23倍，其工业结构高加工度化的趋势是非常明显的。它意味着工业体系以生产初级产品为主，向生产高级复杂产品为主的阶段过渡，意味着工业结构日趋高级化了。

与重工业化一样，高加工度化也只是工业结构演化过程中的一个阶段，随着工业化的不断推进，工业结构将进一步表现出"技术集约化"的趋势。它不仅体现在工业部门采用越来越先进的技术和工艺，而且体现在以技术密集为特征的尖端工业的兴起，如新材料工业、信息技术、生物工程、航天航空、海洋开发等。

霍夫曼指出，随着工业结构由加工组装向技术集约化的转变，工业发展将从依赖资金为主，转为主要依靠科学技术，长期困扰人们的环境问题、能源问题等社会公害，将有望得到逐步解决。若完成了这个阶段，一个国家就走完了工业化历程，从"工业社会"进入"后工业社会"。

筱原的基准

巴顿将军早年曾当过骑兵师师长，他指挥骑兵可谓是得心应手。然而，随着欧洲军事技术发展，巴顿将军敏锐地意识到，在未来的战争中，装甲部队将发挥更大的威力。于是，他毅然决然地与自己所钟爱的骑兵分手，说服国会去组建装甲部队。在二战中，巴顿就是指挥这支部队横扫整个欧洲，屡建奇功，成为战争的英雄。

事实上，发展经济也如此。一国经济包括许多产业，它们的发展是不平衡的。其中，新兴产业"战斗力"很强，而一些"夕阳产业"则正在逐步走向没落。如果我们能像巴顿将军用装甲部队取代骑兵那样，对新兴产业加以引导和扶持，同时加快对"夕阳产业"的调整，无疑可以提高国民经济增长的速度和效益。这一点，正是产业结构政策所追求的核心目标。

在西方世界，产业结构政策最早出现于日本。20世纪50年代中期，战后的日本经济迎来了一个转折点，工农业生产基本上摆脱了二战后所处的窘境，并全面恢复到日本有史以来的最高水平。这样，日本经济就面临如何选择发展战略的问题。自明治维新以来，一直以追赶欧美发达国家为梦想的日本，怎样才能加快其经济增长的步伐，以实现其夙愿呢？

当时日本国内有学者认为，日本经济落后，劳动生产率低下，不仅是因为工艺、技术和管理水平不高，而且也是产业结构低度化造成的结果。1957年，日本政府发表的《产业合理化白皮书》，明确表达了这种观点，指出打破产业结构的后进性，将它提高到国际先进水平，是产业结构合理化的目标。

自此之后，日本经济快速发展，并引起西方大国的广泛关注。一方面，经济强大起来的日本，将优质、廉价的各种商品大量倾销于西方市场，自然要遭到欧美国家的白眼，以致许多人对日本通产省心生怨恨，嗤之以鼻；另一方面，欧美国家对"促进和诱导"日本经济发展的"产业政策"，又抱有难以掩饰的羡慕之情，而且也仿而效之。

在规划产业结构时，要科学确定各行业的规模，其实并不容易。而且，对经济发展的各种可能，如科学技术进步、消费需求变化等，也难以准确预测。在这种情况下，产业结构规划就不可能、也没有必要做得太具体。真正有意义的，一是要找准产业结构的长期演变趋势和方向，二是要明确带头先导性产业，即所谓战略产业。

那么，如何选定战略产业呢？对此，日本经济学家筱原三代平作出了深入研究。1957年，筱原三代平在一桥大学《经济研究》杂志第8卷第4号上发表了《产业结构与投资分配》一文，提出了规划日本产业结构的两条基准：一是收入弹性；二是生产率上升率。筱原三代平指出，两个指标都比较高的产业，未来有广阔发展空间，即为战略产业。后人将这两个指标称作"筱原的基准"。

所谓收入弹性，是指在价格不变的前提下，某一产业产品的需求增长率除以人均国民收入的增长率之比。比如，当人均收入增长了10%时，如果饮食费用增长了5%，耐用消费品的支出增长了10%，而用于学习和娱乐的费用增长了15%，那么，根据以上对收入弹性的定义，食品的收入弹性是0.5，耐用消费品的收入弹性是1，学习和娱乐开支的收入弹性则是1.5。

筱原三代平还分析说，那些产品收入弹性比较高的产业，其产品需求会快速增长，极有可能在未来产业结构中占据更重要的地位。如果说收入弹性是从产品需求角度来确定战略产业，那么，生产率上升率则是突出战略产业供给方面的特点。在国民经济各产业部门中，生产率上升的速度是不同的，那些生产率上升较快的产业，其生产费用降低也较快。这样，资源就会向这个产业流动，该产业在国民经济中将会有越来越大的优势。

影响生产率上升的因素很多，而筱原三代平认为，其中具有决定意义的是科技进步。因此，所谓生产率上升率，主要是指技术进步率。这一指标，可以用剩余计算法来测定，即在总的经济增长率中，扣除劳动增长的贡献和资本增长的贡献，剩余的部分就是技术进步率。比如，一国某时期经济增长6%，其中有1%是劳动增长的贡献，2%是资本增长的贡献，那么技术进步率就是3%。

应该指出的是，收入弹性和生产率上升率是相互联系的，对确定战略产业来说，两者缺一不可。从供给方面看，若仅有较高的生产率上升率，而没有较好的销售为基础，生产率的上升最终将受到抑制。从需求方面看，若某产品具有较高收入弹性，但由于受技术条件的制约，生产却很难随需求增长而扩大，那么，该产业也将无法成为主导产业。

现在回头看，筱原三代平的这两条基准，曾对日本战后的产业结构调整确实起过重要作用，也收到了令人瞩目的成效。实践证明，合理确定战略产业，并采取措施，推动产业结构转换，对一个国家经济发展是十分重要的。在这方面，日本取得的成就可以说是有口皆碑。

与日本相反，英国曾是世界第一经济强国，但由于英国政府没能未雨绸缪，将产业结构的重心从纺织业转向重工业，特别是转到机械工业上，致使英国丧失了可贵的发展机遇，从20世纪20年代起开始沉沦，经济长期陷入停滞状态，后人称这段历史为"20年代黑暗的英国"。

马歇尔冲突

人们总是难以避免在两难中选择，对英国经济学家马歇尔来说，又何尝不是如此。这位剑桥学派的掌门人在对价格机制的诠释方面，表现得才华横溢，但面对规模经济和竞争活力的矛盾，却显得一筹莫展。是去追求规模经济而扼杀竞争活力，还是为了保持竞争的活力而牺牲规模经济？马歇尔将这道世纪难题留给了后人。经济学家围绕此问题，展开了旷日持久的争论。

经济学的中心议题是"资源配置"，即如何将有限的资源予以最佳配置，以满足人类的需要。古典经济学的开山鼻祖亚当·斯密认为，人们追求自身利益的竞争就像一只"无形的手"，支配着人、财、物等资源在各产业间移动，从而使社会需求和社会生产相均衡，使资源的利用趋于合理。

具体说，一个社会的有限资源如何合理分配？经济学家较为一致的看法是，应以价格和竞争机制为指引。在市场经济社会，价格以及由价格而来的利润就像一盏信号灯，指示着哪种商品生产、哪个产业部门的资源分配过多或资源分配不足。

资源分配过多，生产过剩，价格下跌，则无利可图；资源分配不足，供不应求，价格上涨，则获利丰厚。这样，在价格机制引导下，追求个人利益的竞争就会使资源从无利可图的地方转移出来，投向获利丰厚的部门，从而达到资源在产业间的合理分配，使社会生产和社会需求趋向均衡。

同时，在生产同一种商品的劳动者之间，由于劳动生产率存在差别，生产成本也会存在差别。成本较低的生产者可以较低的价格出售产品，赢得更多的顾客和更大的市场占有率，从而使生产能够进一步扩大，占有更多的资源。相反，那些成本较高的生产者就会在竞争中失去顾客，失去市场，并最终失去自己手中的资源。这样，价格和竞争又可以向效率更高的生产者分配资源。

由于价格机制的引导作用是自动的，无须任何人费心劳神，所以，只要保持充分竞争，经济资源的配置最终总能达到最优。正是基于这种看法，大多经济学家认为，自由竞争是一切经济活动和经济进步的原动力。这一信条后来经过马歇尔的包装和诠释，显得更加完美诱人。时至今日，人们仍把维护自由竞争作为经济学的第一要务。

经济学归根结底是一门指导人们如何作出选择的科学，作出选择之所以必要，首先是因为现实世界有太多的诱惑。19世纪后半叶，工业革命的飓风席卷整个欧美，这在技术和物质上，使企业规模迅速扩大成为可能。于是，人们开始对规模经济怦然心动。所谓规模经济，通俗地讲就是大规模生产带来的好处，这里所说的经济，实际上是指节省、效益或者好处的意思。

经济学研究表明，很多工业部门具有规模节约的特点，随着经济规模的扩大，其单位产出的平均成本是不断下降的，生产越多，平均成本会越低。在这种具有规模经济的产业中，与其让众多企业相互竞争，每家都生产一点，平均成本居高不下，倒不如把全部生产都交给少数几家甚至是一家企业，让它（们）开足马力，市场需要多少就生产多少，将平均成本降到最低。

以长途电话为例，若允许多家企业开展竞争，都去铺设各自的通信网，无疑会导致资源的巨大浪费。若让其中一家企业扩大规模，将所有业务都交给它经营，反而对整个社会都是有利的。

充分享有规模经济，对提高一个企业乃至整个国民经济效率，都有不可估量的意义。根据1959年英国学者马克西和西尔伯斯通对汽车工业的研究，当一种车型年产量从1000辆增加到5万辆时，单位成本将下降40%。二战以后，特别是进入21世纪以来，企业兼并浪潮风起云涌，一个重要的原因，就是追求规模经济。

然而难题在于，每个产业市场规模都不是无限的，当有限的市场规模和企业追求规模经济的行动碰在一起时，必导致生产越来越集中，企业数目不断减少，有可能形成一个独霸市场的垄断寡头。即使在少数几个企业占有某一产业大部分生产的垄断市场上，为了避免在竞争中两败俱伤，也可能通过合谋或组成卡特尔，控制这一产业的价格，人为扭曲市场配置资源的机制。

比如某一产业产能出现过剩，若让市场机制发挥作用，一部分资源就应从该产业中退出，但由于市场垄断扼杀了自由竞争，处于垄断地位的企业就有可能相互勾结达成协议，来限制产量，维持固定价格，使这些企业在开工不足、设备闲置的情况下安然无恙地生存下去，不发生资源的移动。这显然是一种巨大的浪费。

反过来，若某一产业产能不足，垄断寡头又通过设置种种壁垒，阻止资源流入和新企业的出现，从而使自己安享超额利润。这样，一旦垄断价格得以形成，企业间的价格竞争就不存在了，垄断企业的市场地位就会相对稳定下来。竞争压力大大减小，企业追求技术进步的动力也就相应地减弱了。

列宁在《帝国主义是资本主义的最高阶段》一文中曾举过一个非常生动的例子：美国有个欧文斯发明了一个能引起制瓶业革命的制瓶机，德国制瓶工厂主的卡特尔收买了欧文斯的专利权，可是把这个发明品搁起来迟迟不用。

不错，大规模生产的好处确实令人垂涎欲滴，但追求规模经济的结果，却往往导致垄断。垄断会使价格机制失去作用。自由竞争这一经济发展的原动力一旦被抑制，整个经济活动将失去活力。规模经济和竞争的活力这对难分难解的矛盾，最早是由马歇尔在他的《经济学原理》中揭示的，学界称之为"马歇尔冲突"。

马克西—西尔伯斯通曲线

1959年，英国学者马克西和西尔伯斯通合作出版了《汽车工业》一书。该书依据当时的生产技术和工艺水平，研究了汽车生产线的平均费用和产量之间的关系，指出当汽车年产量从1000辆增加到5万辆时，单位成本将下降40%；从5万辆增加到10万辆时，单位成本下降15%；从10万辆增加到20万辆时，单位成本下降10%；从20万辆增加到40万辆时，单位成本下降5%。

根据这一变化趋势，马克西和西尔伯斯通描绘了一条汽车生产成本随产量不断下降的曲线，此曲线就是举世闻名的"马克西—西尔伯斯通曲线"。实际上，马克西—西尔伯斯通曲线不仅适用于汽车产业，而且也适用于其他的工业部门，其经济含义是，大规模生产具有规模节约的特点，即人们常说的"规模经济"效应。

形成规模经济的原因，从根本上讲，是生产活动具有"不可任意分割性"。任何生产设备和生产活动，都必须在加工对象达到了相当的数量之后才能进行。不可想象，一个容积上万立方米的高炉，仅为生产几吨铁而启动，这种带有不可分割性的生产活动要取得效益,客观上必然要求一定的规模做支撑。

大规模生产带来的好处,可从以下三个方面来看:

首先,技术、工艺上的原因。大批量生产体系的发展,一定是同采用更先进工艺,使用更大型、更高效率的设备相联系的,这无疑会降低平均费用。这种情况在化工、石油、钢铁、水泥等所谓的装置产业表现得最为明显。

其次,大规模生产有利于实现生产过程的标准化、专业化和简单化。亚当·斯密在论述专业化分工时,曾援引过一个著名的例子:一个劳动者一天难以生产一根针,但多数的人分工进行生产,一天每个人能生产4800根针,是分工前的4800倍。而且,从产品、工艺到管理过程的标准化、专业化和简单化,使生产对熟练工人的依赖程度降低,使得专用工具、生产线和流水作业的采用成为可能。

最后,大规模生产有利于原材料的节约和利用。以火力发电机组为例,35万千瓦机组的热效率为5容积5万千瓦机组的1.47倍,重油消耗定额可下降26%;60万千瓦机组,其热效率为55万千瓦机组的1.54倍,重油消耗定额可下降28%。

不过,规模扩大带来的平均成本下降,并不是无限度的。规模达到了一定的程度,如果继续扩大生产,规模经济就不再出现了。而且,若没有技术与工艺的进步,或没有分工、协作的进一步深化,单单扩大生产批量,规模经济收益是无法取得的。

实现规模经济,主要从两个方面努力:一是充分实现生产和管理过程的标准化、专业化和简单化;二是通过企业间的合并和联合,增强企业实力,不断进行技术和设备的更新改造,扩大产出规模。如果说前者是实现规模经济的组织与管理条件,后者则是物质和技术条件。对取得规模经济收益来说,两者缺一不可。

企业联合的方式很多,归纳起来,不外乎横向联合和纵向联合两种类型:横向联合是将经营同类商品的企业合并在一起,实现企业资产扩张,扩大市场占有份额;纵向联合则是将处于生产工艺过程不同水平的企业合并,通过将连续加工生产统一起来,获得所有产品的效益,即"全产品生产线效益"。

大量研究表明,由于不同行业的生产技术和工艺流程不同,企业联合的形式和途径也不尽相同。钢铁、石油、化工等工业,最适于"一贯制",即从原料到成品生产集中在一个企业中的纵向联合方式。而食品、服务等行业,横向联合的方式则较为多见。

值得注意的是,企业联合不一定非要形成一个经济实体,很多时候,"企业系列"在利用规模经济方面也有不俗的表现。所谓企业系列,是指许多中小企业围绕着一个实力雄厚的大公司，或者经营上比较稳定、技术上具有专长的优良企业，通过资金、技术和其他方面的业务联系，形成一种松散的、多层次的依赖关系。

汽车工业是典型例子。一部汽车需2万多个零部件才能组装为成品，所以通常采用企业系列这种方法，对这些零部件实现分散的专业化生产。尽管许多中小企业规模不大，但由于产品简单，品种不多，因此无碍于规模经济的利用。同时，它们以大企业为中心，还可以在资金、信息和技术方面获得许多便利，以弥补企业规模较小的不足。

充分享有规模经济，对提高一个企业乃至一个国家的经济实力都是重要的。在这方面，日本的成就可谓举世瞩目。二战结束以后，在美军占领期间，日本推行了一系列"经济民主化"措施，其中包括"解散财阀"和"禁止垄断"等，造成了日本中小企业丛生的局面。但日本政府很快发现，这样一种市场结构，虽能维持充分竞争，但企业规模过小，不利于发挥规模经济，提高日本企业的国际竞争力。

从20世纪50年代中期开始，日本政府逐步将产业组织政策的重心，转移到促成企业的规模经济上。特别是对某些战略产业，政府进行直接干预，甚至制定有关法律，强制推动企业兼并、联合，建立专业化协作体系。很多学者认为，此举是日本经济迅速发展的重要秘密之一。

熊彼特创新假说

迄今为止,人们对垄断通常怀有敌意,不仅批评垄断企业把价格定得太高,又将产量压得过低,以赚取超额利润;而且指责它们总是无比贪婪,靠损害消费者的福利来塞满自己的腰包,垄断企业曾一度被搞得声名狼藉。

然而,在一片此起彼伏的责难声中,有一个学者的观点却与众不同,他就是美籍奥地利经济学家、哈佛大学教授熊彼特。这位一生都在追求标新立异的学者,用诗一般的语言谆谆告诫人们:"不断的创新就像是跳动的琴弦,演奏着经济成长的美妙乐章,而拨动琴弦的正是那些领导市场的巨型公司,我们有什么理由去指责我们的乐师呢?"

熊彼特的话无疑开阔了我们的思路,当我们重新审视垄断对社会福利是否带来了损害时,首先必须回答这样一个问题:技术创新重要吗?早在200多年前,斯密和李嘉图就讨论过技术变动的经济学,然而直到工业革命后,特别是在科学技术突飞猛进的当代,经济学家才开始大力从事这方面的研究。

比较一致的看法是,科技进步降低了成本,提高了质量,扩大了产出,使人们可以更低的价格享用性能更为优良的产品。美国卡特总统的经济顾问委员会主席舒尔茨曾在他提交给总统的备忘录中写道:从长远来看,科学知识,以及将它转化为新的更先进的产品和生产方式,的确是推动经济增长的最重要的力量。如果世界主要工业国家在过去两个世纪只是积累资本,而仍然使用18世纪的科学和技术,那么,今天的产出、收入和生活水平,恐怕只能是现在实际情况的一个零头。根据索洛的估计,美国经济增长的80%—90%是技术变动引起的。

既然技术创新如此重要,那么,究竟是谁在拨动创新的琴弦呢?人们传统的看法是,在一个充满竞争的市场上,生存的压力必然迫使企业开展研究和开发,这正是自由竞争使得经济生活充满活力的原因之一。熊彼特对此表示异议,他指出:科研开发在生产集中的行业中,要比自由竞争的行业表现得更为明显,唯有巨型公司和不完全竞争才是技术变革的源泉,是经济动态创新与技术增长的发动机。

熊彼特的这一观点,似乎已经部分地得到了实证资料的支持。1972年,在美国全部非官方的技术开发投资中,5000人以上的企业提供了87%,而与这一数字相比,250万家中小企业所占的比重只有4%。

贝尔实验室也是一个例证,这个巨型科研机构,直接从属于世界上最大的垄断组织——美国电话电报公司。在贝尔公司体系被迫拆分以前的40年中,贝尔实验室在晶体管和半导体、电磁波和光导纤维、记忆泡沫材料和程序语言、卫星和电子导航技术等诸多方面进行了开创性的研究,它所拥有的科研经费，占美国全部基础研究的10%以上。另外，杜邦公司、美国无线电公司、国际商用机器公司、通用电气公司、通用汽车公司和其他许多大公司的科研活动，也有力地佐证了熊彼特的观点。

为何巨型公司比中小企业更加热衷于技术开发呢？熊彼特解释说：是由科技开发的特殊性决定的。科技开发与一般生产活动有很大差别。当贝尔实验室发明了晶体管时，技术进步扩散到了整个世界。日本的电视、德国的汽车、美国的微型计算机以及每个人戴的数字手表，所有这些产品都从晶体管和半导体中得到了巨大的好处。然而相比之下，贝尔实验室却只以专利税的形式得到微不足道的货币收入。

何以如此？是因为科研开发具有"正外部性"。从这个角度，也就不难理解大厂商为何更愿意从事新技术研发。若国际商用机器公司（IBM）的计算机占据整个市场份额的65%，那么，任何一项计算机方面的创造发明，都会给它带来巨大的好处。相反，若某企业在计算机市场占有份额很小，让它花费巨额投资，去开发一种新型键盘，即使能开发成功，它得到多少好处也会微不足道。

推动技术进步不仅需要创新的热情，更需要真金白银的实力。技术创新的成本太高了，只有大公司才有能力支付。而且，许多开发活动都是旷日持久的，即使小企业能够看到市场前景，但囿于财力不足，也可能无法将研究维持到获得报酬的那一天。

也许有读者要问：既然小企业从事技术开发存在巨大的资金障碍，那么，对于一些私人发明或政府资助的科研项目，小企业介入的障碍是不是大大减小了呢？骤然听似乎是，但其实不是。任何一个最初的技术发明，要让它最终具有商业价值，都需要企业投入大量资金。

蒸汽机和复印机的出现就说明了这一点。蒸汽机是詹姆斯·瓦特在1765年改进的，但在此以后相当长的一段时间里，瓦特却找不到必要的支持将它进一步完善，直到11年后马修·博尔顿提供了资金，这项发明才开始变成商业实践。复印机的发展也遇到了类似的问题，早在1938年，切斯特·卡尔森就完成了这个发明，但在最后由施乐公司大批量生产前，共花费了21年时间和2000多万美元。

再有，即便是今天建立了专利保护制度，先进技术和工艺也是很容易被窃取和模仿的，导致知识产权泄露。在充满竞争的市场上，这种泄露是经常发生的，发明者很难保护自己的"知识资产"产权，而减少竞争却可以使新发明得到有效保护，并给新技术研发提供相应的刺激。而且，新技术研发可能会得到各种不同的结果，常常会"失之东隅，收之桑榆"，在一个领域的探索性研究，很可能会导致另一个领域的新发现。

科技研发的这种不确定性，对采用多样化经营的大厂商有着更大的刺激，同时使小厂商面临着更大风险，它们毕竟不愿意"将所有的鸡蛋都放在一个篮子里"。有一段非常具有煽动性的话，经常被巨型公司的敌视者挂在嘴边："我们应制止资本的大量聚集，因为在资本的大量聚集面前，人们除了容忍更多的盘剥之外，是无能为力的。"

在美国历史上，这段话曾不止一次地引来公众的狂热欢呼。然而，熊彼特却向狂热的人群迎面泼去一盆冷水："请睁开眼仔细地看一看，那些高度集中的市场——计算机、电信、飞机制造，同时也是最具有创新性的。虽然有人认为垄断维持了较高的价格，但相对于其他行业而言，这些垄断行业的价格却是不断降低的。"

原理解析

第9章
公平与效率

萨伊"三位一体"公式

帕累托最优状态

收入均等化定理

奥肯的漏桶原理

卡尔多—希克斯标准

负所得税方案

第9章
公平与效率

怎样处理公平与效率的关系？这个问题的焦点其实是收入如何分配。200多年来，经济学家一直在进行艰辛探索，不过迄今为止，学界仍是众说纷纭。本章将从萨伊"三位一体"公式讲起，介绍几位重量级经济学家关于收入分配的理论观点。

萨伊"三位一体"公式

19世纪初，经济学"王国"出了一位"王子"，他就是法国著名经济学家让·巴蒂斯特·萨伊。萨伊出生于富商家庭，早年经商，后来到英国求学，接触了英国古典政治经济学体系的伟大创始人亚当·斯密的学说，从此便踏上了研究经济学的道路。萨伊弃商从文转向经济学研究，对整个萨伊家族都有影响。萨伊的兄弟路易·萨伊、长子豪雷斯·萨伊、孙子里昂·萨伊后来都成了法国有名的经济学家。

萨伊的代表作是1803年出版的《政治经济学概论》。这部书,比李嘉图的《政治经济学及赋税原理》要早问世14年。萨伊生前曾再版5次,并译成了德文、西班牙文、意大利文和英文,成为欧洲多所大学的教科书。《政治经济学概论》法文第四版的编者比德尔曾评论说:自从亚当·斯密《国富论》问世之后,在欧洲出版的政治经济学论著,得到人们普遍注意和受到权威批评家称赞的,没有一本能够与萨伊的《政治经济学概论》相提并论。

萨伊的《政治经济学概论》,用了一个副标题:"财富的生产、分配和消费"。他反对把研究人与人关系的政治学与研究财富的政治经济学混同起来。在他看来,政治经济学应与物理学一样,成为一门技术科学,专门研究财富增长,在剔除了人与人的关系之后,萨伊把政治经济学分为三个相互独立的部分:财富的生产、财富的分配、财富的消费。

对于财富来源,萨伊不同意斯密的劳动价值论。他认为,物质是一个既定的量,不能增加也不能减少,并非人力所能创造。人力所能做的,只是改变已经存在的物质形态,使之提供以前所不具有的效用,或者扩大原有的效用。效用作为物品满足人类需要的内在力量,是物品价值的基础,人们之所以承认某东西有价值,完全是因为它的有用性。财富就是由各种具有效用的物品组成，因此，创造效用便是创造财富。

既然生产是创造效用，那么，在生产过程中对效用作出贡献的，不仅有劳动，还有资本和土地。因此，物品的价值，是由资本、土地和劳动这三种生产要素协同创造的。在此基础上，萨伊得出了他的分配理论：工人得到工资，资本所有者得到利息，土地所有者得到地租。在萨伊看来，其中工资是劳动创造效用的收入，地租是土地创造效用的收入，而利息则是资本创造效用的收入。

萨伊指出，以上三种收入，皆是"效用"的生产费用，生产费用是对生产三要素进行生产性服务所支付的代价，是它们各自贡献的合理报酬，至于生产费用的价格，则由市场供求决定。这样，萨伊建立了他的三位一体公式：资本—利润，土地—地租，劳动—工资。

萨伊认为，资本、土地、劳动都是生产必需的要素，这些生产要素的所有者，按照各自的动机把要素投向企业生产，是以损失该要素的其他用途作为代价的，故理应参与产品和价值分配。如资本所有者推迟自己的消费，而将资本交与企业处置，其所得到的偿付便是利息；地主放弃土地的直接经营，因而他应得到补偿，即租金；劳动者为工作而割舍了休闲，所以他有权利获取工资；等等。

此外，萨伊还明确区分了"利息"与"利润"两个概念。他指出，利润是企业主承担企业资本经营的风险所得，是对他的事业心、才干、甘于冒险的精神品质及高度熟练劳动的报酬；而利息，只是对使用资本所付的租金。通过萨伊的一番分析，便看到了如下画面：以"三分法"为特征的政治经济学体系，以"生产三要素"为核心的生产理论，以"三位一体公式"为准则的分配理论，构成了萨伊经济学说的主要框架。

需要指出的是，提出效用价值论的学者，萨伊并不是最早的一个。18世纪法国哲学家孔狄亚克和意大利学者加里安尼，就曾对效用是价值的源泉作过清楚的表述。再早还可以追溯到亚里士多德。但是，在古典学派的阐释者中，萨伊是第一个用效用价值论代替劳动价值论的。半个世纪后，他的"效用价值论"为奥地利学派所继承，发展成了在当今还颇具影响的边际效用理论；他的"生产三要素论"成为奥地利学派的理论根基；"生产费用论"为不少学派所沿用。

不过，萨伊对经济学所作的最大贡献，还是他创立的"按生产要素分配"理论。他所提出的"三位一体"公式，虽然混淆了价值创造与价值分配，但至今仍是许多经济学家坚持的信条，并且在东西方采用市场经济体制的国家，得到了广泛实施。

帕累托最优状态

意大利经济学家帕累托，最先考察了资源最优配置和产品最优分配问题。结果他发现，生产资源的配置和财富的分配如果已达到这样一种状态，即任何重新改变资源配置或财富分配的方法，已经不可能在不使任何人的处境变坏的情况下，使任何一人的处境更好。这种状态就是效率的最佳状态，也称"帕累托最优状态"或"帕累托标准"。

按照"帕累托标准"，如果资源配置（分配）达到最优状态时，一部分人要进一步改善处境，就必须以另一些人的处境恶化为代价。反之，当资源配置是低效率时，那么通过改变资源的配置方法，至少可以提高一部分人的福利水平，而不会使任何人的境况恶化，此时则为"帕累托改进"状态。

举一个最简单的例子：假如有10个人在等同一辆车，当车开到时，他们发现这辆只能载10个人的车已经坐了9个人，仅余下一个座位。在这个情况下，什么样的资源配置才是"帕累托最优"呢？若再上两人，当然可改进这两人的福利，但却使车上的9个人受挤，损害了他们的福利。两个人都不上车也不行，因为这样会浪费一个座位，未能最佳利用现有的资源。

只有让一个人上车，才算做到了"帕累托改进"，这样可使一个人的福利变好，又不会使任何一个人的处境变坏。而当车上已坐满10人时，资源配置方式便达到了"帕累托最优"，因为在这种状态下，已经没有办法在不损害车上乘客福利的同时，让任何一个人上车以改进他的福利。

既然"帕累托最优"是资源配置的最佳状态，那么，如何才能达到这种状态呢？简单地说，要实现"帕累托最优"，必须同时满足以下三个条件，即交换的最优条件、生产的最优条件和生产与交换的最优条件。

交换双方得到最大满足的条件，即为交换的最优条件。按照西方经济学的观点，物品的价值表现为效用，而效用则是人们从消费物品中获得的满足程度。消费者越感到满足，则表明该物品的效用越大；反之，则效用越小。若一个人的欲望和偏好不变，他消费某种商品越多，从继续增加的单位商品中所得到的效用会逐步递减，一直减到零，甚至出现负效用。

经济学家常用吃面包做解释：一个饥肠辘辘的饿汉在吃第一块面包时，可获得巨大效用；而在吃到第三块面包时，效用就很小了；在吃到第五块时，或许会感到肚胀难受，因而是负效用。由于存在边际效用递减规律，当某种商品的边际效用降到一定水平时，人们就不会再继续购买和消费这种商品，而是转向购买和消费其他商品，以获得较多的效用。

为增加一单位甲商品而愿意放弃的乙商品的数量，叫作

"边际替代率"。现假设有甲、乙两人，他们的边际替代率是不一样的，甲认为一块面包可以代替两个苹果，乙认为一个苹果可以代替两块面包，这时若甲拿一个苹果换乙的一块面包，则对甲、乙都是有利的。甲得到一块面包，相当于两个苹果，其边际替代率为2；乙得到一个苹果，相当于两块面包，其边际替代率也为2，于是双方都得到了最大满足。

可见，交换的最优条件，就是对于全体社会成员来说，每一对商品的边际替代率都相等。

生产的最优条件，是指在生产要素存量一定的条件下，使产出达到最大的条件。现代经济学把投入与产出的关系称为"转换率"，而增加的投入与增加的产出之间的比例关系被称为"边际转换率"。若一个企业生产两种产品，而两种产品的边际转换率不等，那么为了增加收益总量，企业就会减少成本高、收益低的产品的生产，增加成本低、收益高的产品的生产。

还是用例子解释。假定用同量的生产要素，生产面包可以获得100元收益，生产苹果可以获得200元收益，显然，企业会将生产要素投入到苹果上，使生产资源在不同产品之间重新配置。同样的道理也适用于不同的企业。例如使用同量生产要素，甲企业可以生产100块面包，乙企业可以生产200块面包，生产要素当然应交给乙企业使用。由此可见，对于厂商来说，生产的最优条件，是两种商品的边际转换率相等。

要达到"帕累托最优状态",分别满足生产的最优条件与交换的最优条件还不够,还必须将生产最优条件与交换最优条件结合起来,使其边际转换率等于边际替代率。这是因为,边际转换率反映了生产的效率,边际替代率反映了消费者的偏好,边际转换率等于边际替代率,说明社会生产结构与社会需求结构相一致,生产出来的产品皆可满足消费者需求,不会造成产品滞销和大量积压。

以上三个条件全部满足后,社会福利若要想再增加一点,也没有可能了,换言之,这种资源配置实现了效率最大化,已经达到"帕累托最优状态"。

收入均等化定理

明末清初的周容曾写过一篇《芋老人传》,文中有一个故事,讲的是一个穷书生进京赶考,没有钱住店,有一天傍晚,饥寒交迫,在一位农夫的房檐下避雨,被农夫叫到屋里,给了他一块芋头吃,他吃得香甜无比,对农夫千恩万谢。后来,穷书生金榜题名,做了相国,吃遍了天下的山珍海味,越吃越没有味道。于是,他开始怀念赶考途中吃过的芋头,便找来当初的那位农夫,请农夫煮一块芋头给他尝一尝,结果大失所望,扔下筷子问:"何向者之香而甘也?"农夫感慨地说:"时、位之移人也。"

这个故事蕴含着一个经济学原理,即福利经济学的"收入均等化定理"。

福利经济学产生于20世纪初,这个时候,西方国家正从自由竞争向垄断过渡。随着一批掌握巨额资产的垄断寡头出现,社会两极分化、贫富悬殊等日趋严重,造成了严重的社会对抗。从人道主义角度看,这种赤贫现象已经不能再熟视无睹。于是,许多政治家、经济学家和社会团体便开始重视和研究这方面的问题,福利经济学就是在这种背景下产生的。

资产阶级经济学家汉内曾明确地指出:"英国社会问题——庞大的社会财富和大众的贫困对比——非常严重,并且由于世界大战而变得尖锐起来。因此有些思想家以建立社会福利这一种标准概念为目标,并引导经济学研究社会政策以接近这一目标的倾向就突出起来了。这种研究趋势可以叫作'福利经济学'。"英国经济学家庇古由于最早建立起福利经济学的理论体系,而被后人称作"福利经济学之父"。

福利经济学的核心目标是增进个人乃至整个社会的福利。"福利"一词就是从边沁的"幸福"演化而来的。庇古认为,一个人的福利,来源于他从社会生活中获得的满足。福利包括的内容很广,除了财富占有之外,享受闲暇、社会地位、家庭幸福、友谊、爱情等也可以给人带来满足,从而构成个人全部福利的一部分。但是，这部分福利是很难计算的，同时它又跟财富的多寡有很大的关系，所以，经济学主要研究与财富有关的那部分福利，即经济福利。

社会福利是个人福利的简单加总。那么，如何才能增加一个社会的经济福利呢？庇古认为，主要有两个办法：一是增加财富，即国民收入，国民收入越大，经济福利越大；二是促进个人之间的收入均等化。

为何收入均等化可以增加整个社会福利？让我们再重温一下周容讲的那个故事。当故事的主人公还是个穷书生时，一块芋头，他吃得香甜无比，从中得到了很大的满足。而做了相国以后，同样的芋头，就变得不好吃了，从中得到的满足很少。于是农夫发出了"时位之移人也"的感慨。其实，对于贫富不同的两个人，这个故事仍有说服力，也就是说，同样的消费品，穷人从中得到的满足要比富人多。若将消费品进一步推广到经济财富，此结论还是成立的。

是的，同样增加1000元钱的收入，对富人不过是锦上添花，而对穷人则是雪中送炭，显然，穷人从中得到的福利（幸福感）要比富人多。若将富人的一部分收入转移给穷人，富人的福利虽然有所损失，但他仍然是富人，不会伤筋动骨，而穷人则可以增加更多的福利。这样，收入均等化一方面减少了富人的福利，另一方面又增加了穷人的福利，但由于富人的福利损失小于穷人的福利增加，将个人的福利加总后，全社会的总福利水平却增加了。

如何才能把富人的一部分收入转移给穷人呢？庇古认为，主要有四条措施：一是自愿转移，即富人自觉自愿拿出一部分收入，投入教育、科研、保健和娱乐等福利设施，或捐助慈善事业。二是强制性转移，由政府征收所得税和遗产税，然后将其中的一部分资助穷人。三是直接转移，也就是举办社会保险和社会服务设施。四是间接转移，对于穷人最迫切需要的食品、住宅等商品，由政府给予其生产单位一定补贴，从而降低售价，使得穷人从中受益。

不过，庇古同时又指出，财富转移并不是无条件的，搞不好会带来负面影响，因此财富转移应以不影响生产为前提。"如果这种转移影响到资本家的投资和积累，那就会把有钱人搞穷，穷人到头来反而吃亏。"同时，收入转移要防止出现懒惰和浪费，富人的一笔收入是否应该转移给穷人，要看这笔收入投资于福利事业，是否能比投资于实业带来更大的回报。若非如此，转移就是不合理的。所以，庇古反对施舍性救济，而主张提高工人的劳动技能和技术，让他们能更有效率地工作。

庇古的收入均等化定理一经提出，就引起了经济学界的广泛注意，也招致了一些批评，其中以他的学生琼·罗宾逊的批评最为激烈。罗宾逊认为，个人从社会生活中得到的满足，亦即个人福利，纯属一种心理体验，根本无法比较。穷人有穷人的痛苦，富人有富人的烦恼，很难说富人的烦恼要比穷人少。而且人的主观判断千差万别，本质上是不同的，对其进行加减计算是一种谬误，因此，庇古的收入均等化原理是不成立的。后来，以罗宾逊等人的批评为基础，经济学家又发展了庇古的理论，形成了新福利经济学。

奥肯的漏桶原理

尽管平等和自由的畅想曲，人类已经唱了几千年，但在很长一段时间内，它却并没有引起经济学界足够重视。古典经济学者将更多的注意力投向了经济效率，他们对市场机制的美妙阐述，至今还闪烁着智慧的光芒，但在收入分配问题上，他们的看法却与《圣经》非常相似：收入分配是不可改变的，贫穷将永远伴随着人们。

在西方经济学界，庇古最早打破了古典经济学在分配问题上无为而治的传统，面对着庞大的社会财富和大众严重贫困的对比，他第一次比较系统地表达了对经济平等的关注，1920年他出版的《福利经济学》，把平等和效率同时纳入了经济分析的视野。在庇古看来，争取效率就是要合理配置资源，增加国民收入；而争取平等则是将富人的一部分收入转移给穷人，实现收入的均等化；只有两者兼顾，才能增进整个社会的福利。

庇古描述的这种富足而又和谐的社会无疑令人向往,但问题在于,平等和效率在现实中往往是矛盾的,对于这个问题,奥肯曾作过非常精辟的论述,并提出了那个著名的"漏桶原理"。

假定有这样一个社会,富人和穷人分灶吃饭,富人那里人少粥多,许多粥吃不完,白白地浪费掉;而穷人那里人多粥少,根本吃不饱,已经有不少的人得了水肿。于是政府决定,从富人的锅里打一桶粥,送给穷人吃,以减少不平等现象。奥肯认为,政府的这种愿望是好的,但不幸的是,它使用的那个桶,下面有个洞,是个漏桶。这样,等它把粥送到穷人那里,路上就漏掉了不少。

奥肯的意思是,政府如果用税收的办法,从富人那里转移一部分收入给穷人,穷人实际得到的,比富人失去的要少一些,比如富人的收入减少了1000元,穷人可能只得到了600元,其余400元就不翼而飞了。为什么会有这种现象呢?因为追求平等损害了效率,从而减少了国民收入。奥肯有一句名言:"当我们拿起刀来,试图将国民收入这块蛋糕在穷人和富人之间做平均分配时,整个蛋糕却忽然变小了。"

他所说的蛋糕变小,实际上就是指效率损失,原因主要有两个:

一是税收削弱了富人投资的积极性。奥肯在他那本《平等与效率——重大的抉择》一书中曾写道:"如果税收对于储蓄和投资具有重大的和有支配的影响,那么在总量数字方面的证据将是引人注目的而且是明显的。1929年,尽管美国经济处于萧条时期,但由于当时的税率很低,投资还是占了国民收入的16%;在此之后,联邦税的税率上升了好几个百分点,到了1983年,尽管当时的经济处于复苏时期,但投资率仍没有超过14%。"

二是税收影响了劳动者积极性。比如一个失业工人,由于得到了一份月薪并不算高的工作,而失去了政府所有的补贴,他自然也就对找工作不热心了。这样,由于在收入分配的过程中,可供分配的国民收入总量减少了,结果就必如同政府的桶发生了"泄漏"一样,使得富人失去的多,而穷人得到的少。

漏桶原理意味着,平等和效率是"鱼和熊掌不可兼得"。在这种情况下,究竟孰轻孰重呢?经济学家、伦理学家乃至哲学家就此开始了旷日持久的争论。有人认为,人们之所以在平等和效率的抉择上争论不休,原因是现实世界是不平等的。富人害怕失去既得利益,因而鼓吹效率,反对平等;穷人想不劳而获,因此支持平等,批评效率。人们都戴着"有色眼镜"进行讨论,当然很难达成一致的结论。

美国哲学家罗尔斯在《正义论》一书中曾设计过一个假想试验:将一群人带到一个远离现代文明的荒岛上,让他们在"原始状态"下开始新的生活。每个人对自己的未来一无所知,不知道自己将来是穷还是富,是成功还是命运不佳。现在,让他们在一起进行协商,去建立一个他们心目中的"公正"社会。那么协商的结果会是什么呢?答案肯定是追求平等,而反对贫富分化。

罗尔斯对此答案的解释是,由于每个人都不知道自己将来的收入会处于金字塔的什么位置,如果支持效率,他们就得承受忍饥挨饿的风险。由此罗尔斯进一步推论说,在平等和效率之间,应该让平等优先。

然而,弗里德曼对这个假想试验在现实中是否具有意义提出了怀疑,他认为,罗尔斯极端平等的立场,不一定是这个试验的必然结果。在现实生活中,如果有些人天赋很高,他们却被迫获得与白痴一样的收入,这种收入的平等,恰恰是不平等的表现,而且一味地追求平等会损害神圣的自由。他批评说:"以'公平'来取代'自由'这一现代倾向,反映了我们已经多么远地偏离了合众国的缔造者们的初衷。""由于公平缺乏一个客观的标准,他完全取决于仲裁者的主观看法,因此,当'公平'取代了'自由'的时候,我们所有的自由的权利就都处于危险之中了。"

在罗尔斯和弗里德曼之间,奥肯采取折中的立场。在他看来,效率诚可贵,平等价也高,因此,二者谁都不能偏废,只能寻找一种折中,既促进平等,又尽量减少对效率的损害。比如缩小补贴范围，降低补贴标准，就可以控制收入分配对穷人的劳动积极性的影响；调低所得税税率，提高消费税税率，就可以减小收入转移对富人的损害；等等。奥肯特别指出，贫穷的根源是缺乏教育和训练，而要打破这种"贫穷——不良教育——贫穷"的恶性循环，最有效的办法，是向贫穷群体敞开教育大门。"在走向平等的道路上，没有比提供免费的公共教育更为伟大的步骤了。"

卡尔多—希克斯标准

经济学作为一门工具，从它诞生的那一天起，就肩负着不断改善人们生活的神圣使命。但这一目的，在庇古之前并未显现得十分明显。直到庇古建立了福利经济学体系，并专门把"怎样才能使国民的经济福利达到最大化"作为他这门分支学科的研究对象时，才使得经济学对人类正义和幸福的关注逐渐清晰和深刻起来。

对于福利的理解，庇古所作的说明一直被西方经济学界视为经典。他认为，一个人的福利寓于他自己的满足之中，这种满足可以由于对财物的占有而产生，也可以由于其他原因譬如知识、情感、欲望等而产生，包括所有这些的满足称为社会福利。但是，含义如此之广的福利是难以研究的，也是难以计算的，因此庇古把研究的主题局限于能够用货币计量的那部分福利，即经济福利之内。

而判断一个社会的经济福利是否有所增进，庇古认为检验它的标准有三个：一是国民收入是否大量增加；二是国民收入在社会各阶层间的分配是否平等；三是国民收入是否稳定。不过，他在说明这些增进国民福利的原因时，试图通过比较和计算个人得到的物品效用推算整个国民福利。他认为，个人的满足是由效用构成的，而效用可通过商品价格计算出来，而且个人经济福利的总和，等于一国的经济福利，所以国民福利其实也就等于国民收入。

但恰恰因为这一点，庇古的"福利标准"遭到了前所未有的批评。最主要的一点是，效用作为当事人的心理感受，既不能测量，更无法比较。这样，就从根本上动摇了庇古的理论体系。之后，有许多学者开始避开效用测定和收入分配问题，重建福利经济学体系。

新福利经济学的奠基工作，是由意大利经济学家帕累托完成的。帕累托指出，由于效用无法确切计量，因此国民福利应该是全社会每个个人福利的集合，而并非总和。尽管效用无法计量，但对它却可以进行排序。例如，张三对于电视的偏好胜过录音机，而李四认为衬衫比黄油能带给他更大的满足，等等。在这一论题的基础上，帕累托得出结论：社会的福利是个人效用的排序与组合。

按照这一思路，帕累托继续考察庇古曾经研究过的问题，即如何检验国民的经济福利是否得到了增进？由于个人收入无法作为检验福利的标准，他撇开了收入分配对福利最大化的影响，只探讨资源配置对福利最大化的影响。最后，他得出结论：在既定收入分配下，检验一个社会福利是否增加的标准是，若生产和交换情形改变，使社会中一些人的境况变好，而其他人并未变坏，社会福利就算改进了。

可问题又来了。现实生活中，任何变革都可能使一方得利，而另一方受损。即使得利的人占多数，情况变糟的是少数，那么按照帕累托最优条件，一部分人的福利改善不能造成其他人的福利损失，否则，变革是不可取的。事实上，这也就否定了通过变革增加社会福利的可能，使得新福利经济学陷入了死胡同。为了从死胡同中寻找出路，英国经济学家卡尔多和希克斯重新对福利标准进行了考察，提出了所谓"假想补偿原理"。

卡尔多指出，虽然经济的每一种变动和社会每一次进步，对不同的人有不同的利害关系，比如一方得益，而另一方受损，但如果通过税收或价格政策，使那些受益者从自己新增的收益中拿出一部分，支付给受损者作为补偿金，使后者能够保持原有的社会地位，而受益者提供补偿后还有剩余，这样，前者变好了，而后者维持原状，总体看，社会福利还是增加了。

假若如此，卡尔多认为，此做法便是正当的；但要是受益者所得补偿不了受损者所失；或者所得等于所失，受益者在向受损者补偿之后自己没有剩余，那么，这种改变则是不可取的。举例说，若某政策改变使得一些人得益120元，而另外一些人受损100元，得失相抵，社会福利仍增加了20元，这种变革是值得肯定的；而若前者仅得益80元，其所得不足补偿后者的损失，这种变革显然对社会是有害的。

希克斯十分推崇卡尔多的观点，但又认为卡尔多检验"假想补偿"的方法并不完善。他分析说，卡尔多提出的"补偿"在现实中很难操作，因为补偿是由受益者决定的，若受益者不对受损者作出补偿，补偿就只是一种"假想"。于是，希克斯发展了卡尔多的标准。他指出，在操作层面，大可不必要求每一次经济变革后，都让受益者补偿受损者，因为此次的受益者，在下一次变动中则可能成为受损者。

因此，从一个相对长的时间看，人们的受益与受损彼此可以相互抵消，补偿不必次次对等，只要假定损失终会得到补偿就可以了。希克斯进一步指出，只要一个社会的经济活动是以追求效率为导向，国民收入就会不断增长，在经过一段相当长的时间后，几乎所有人的境况都会好起来，只不过有先有后、有快有慢而已。

以"假想补偿原理"为基本内容的卡尔多—希克斯的福利检验标准，表面上似乎避开了个人的价值判断，使福利经济学有了实证的基础，但实际上却蕴含着一个特定的思想本质：一种政策措施的实行，即使将导致贫者更贫、富者更富，但只要它使国民收入总量有所增加，也可以看作增进了社会福利。

负所得税方案

迄今为止，世界上还没有任何一个经济学家曾经像弗里德曼那样为普罗大众所瞩目：由于他在《新闻周刊》上长达20年的专栏文章、他的系列电视纪录片《自由选择》，以及他的"货币主义"学说被世界上许多政府所采纳。在诸多对经济学的理论创新中，他为救济社会贫困者设计的"负所得税方案"，是所有关于补贴支付体系最令人耳目一新的一个思路。

在弗里德曼看来，消除贫困，对生活困难的人群给予补助，是政府应尽的职责。但是，如果一个国家决定向贫困开战，那么，它必须选用一种最有效而又最简洁的办法。不幸的是，当时美国的收入保证计划不仅烦琐不堪，而且弊端十分明显，除了标准不统一外，最大的副作用就是严重降低了低收入者寻找工作的积极性。因为美国的救济支持计划是按照凯恩斯的福利思想运作的，而这一思想的中心，是对低收入者发放差额补助，没有工作的人与有一份工作的人在领取差额补助后，最终得到的可支配收入却一样多。

这种补贴，严重挫伤了穷人努力自助的积极性，强化人们拒绝工作的动机。该计划虽体现了一定程度的公平，但却妨碍了整个社会的效率。弗里德曼指出，高经济效率来自高竞争，没有竞争就没有效率，给低收入者发放固定的差额补助不利于激发他们的进取心，有损于自由竞争，从而有损于效率，同时，社会还会因政府支出的增加而发生通货膨胀。所以，要想消除贫困而又不损害效率，必须对现有的援助穷人的收入支持计划进行改革。

弗里德曼参照"正所得税"设计了一个补助穷人的"负所得税方案"，让低收入者依据其各自的收入得到政府的不同补贴。而这种帮助穷人的方法之所以被称为"负所得税"，目的是要强调它与现行的所得税之间，在概念与方法上的一致性。其核心要义是，政府先确立一个最低收入线，然后按一定的负所得税税率，对在最低收入线以下的穷人，根据他们不同的实际收入给予补助。

其具体做法是：

负所得税＝最低收入指标－（实际收入 × 负所得税税率）

这样：

个人最终可支配收入＝个人实际收入＋负所得税税额

以这一公式进行计算，在可得到救济的人群中，收入不同的人可以得到不同的补助，从而使得有收入的人或收入较高的人在接受负所得税后的最终可支配收入，比没有收入的人或收入较低的人更高。这样，便可避免"差额补助"所导致的人们对政府救济的依赖。

举一个例子，假定政府已经作出规定，目前社会的最低收入指标为1500元，负所得税税率是50%，而现在有甲、乙、丙三个收入各不相同的家庭，甲的实际收入为零，乙的实际收入是2000元，丙的实际收入是3000元，那么，按上面计算负所得税的公式，甲可得到负所得税1500元，乙可得负所得税500元，而丙可得的负所得税是零。若单从这三个家庭得到的负所得税来看，似乎收入越低，得到政府的补助仍然会越多，可如果我们再看看这三个家庭的最终可支配收入，却是实际收入越高的家庭，最终可支配收入也越高。

前面说过了，个人最终可支配收入=个人实际收入+负所得税税额。这样，甲的最终可支配收入只有1500元，乙有2500元，而丙有3000元。在我们这个例子中，3000元事实上被假定为收支平衡点，在这一收入点以上的家庭不必纳税，也不会得到政府补助，而在这一收入点以下的家庭可以得到"负所得税"。在这一收入点以上的家庭，其实际收入超过3000元的部分，则必须按照一定的正所得税税率向政府缴税。

可见，负所得税方案的优点在于，它解决了政府补助中公平和效率的矛盾。依据负所得税方案，穷人从政府接受的收入补助——负税收，是从1500元的基本补贴开始的，然后以一温和的比例50%下降。不过，由于人们在自己收入增加的同时，还可以向政府"征税"（得到补贴），使那些收入增加的穷人，最终可支配收入也能明显增加。这样，低收入者便会有寻找就业的足够动力。

另外，由于负所得税方案是用统一的现金补贴，取代医疗、食品、住房、教育、失业等一大堆令人目眩的实物补贴，不仅使扶贫方式更简便，而且由于执行该方案的政府机关只是税务部门，因此，那些累赘的、代价高昂的福利官僚机构可以被全部撤销，可以节省大量行政开支；同时，政府所负担的费用在税务表上一目了然，一定程度上也可避免贪污和贿赂行为。

当然，负所得税方案提出以后，也遭到了一些学者的质疑。其焦点问题是：怎样准确地对贫困家庭的生活状况进行调查？不工作的人是否有资格得到更高的经济补助？如何确定补助的最低标准以及它对刺激积极性的作用究竟有多大，等等，这些争论使负所得税方案还暂时难以在实践中推行。但不管怎么说，该方案至少为人们在公平和效率之间寻找平衡点提供了一个新思路。

原理解析

第10章
财政税收原理

李嘉图—巴罗等价定理

拉弗曲线与税率禁区

税负转嫁:谁最后买单

乘数原理:需求放大效应

经济内在稳定器

第10章
财政税收原理

政府承担保护国家安全、维护社会公正、提供公共品（服务）、扶贫助弱等职能，要履行上述职能，政府当然要有相应的收入。19世纪初以来，经济学家就政府应该怎样筹资、最佳税率怎样确定、税赋最终由谁负担、公共预算怎样平衡等问题进行了研究。

李嘉图—巴罗等价定理

19世纪初，拿破仑在欧洲大陆挥师南北、征战东西，德意志伏在他的脚下，奥地利屈从于他的军刀，土耳其苟延残喘，西班牙唯命是从，俄国沙皇亦步亦趋，大英帝国也被他搞得焦头烂额。为了对抗法国，英国使用金钱和外交手段，组建了反法同盟，这使它军费开支日趋庞大，国库入不敷出。如何解决军费的筹措问题，是课税还是发行公债？英国国会为此展开了激烈的争论。

争论的焦点就在于，这两种筹资方式，其经济效果有何差别？或者哪种方式对减少居民消费支出、紧缩国内经济的负面影响更大？李嘉图认为，无论是以征税方式筹措军费，还是用发行公债方式应付支出，其效果是等价的，即政府选择哪种融资手段，与最终的经济效果无关。20世纪70年代，美国经济学家巴罗继承并发展了这一观点，后人称此理论为"李嘉图—巴罗等价定理"。

在上面两种筹资方式中，以马尔萨斯为代表的一派则认为，大量征税会紧缩国内经济，相比之下，发行公债的负效应可能更小一些。比如，每年军费开支需要2000万英镑，平均每人每年要捐纳100英镑，若采用课税方式，劳动者就得设法迅速从收入中节约100英镑，这无疑会减少消费需求，导致需求不足，带来严重的经济紧缩。

反过来，若选择发行公债，则每个劳动者只需支付这100英镑的利息，假定年利率为5%，政府只要向每个人增加5英镑的税收。也就是说，每个人只需在支出方面节余5英镑，即可解决问题。这样一来，劳动者仍像以前那样富足，不会大幅度减少消费，其副作用明显更小。

李嘉图不赞成马尔萨斯的观点，并指出这纯粹是一种错觉。发行公债与课税的差别，仅在于公债要偿付利息，而利息的偿还，只不过是将纳税人的收入转移给公债的债权人，并不改变英国的财富总量。不论采取哪种方式，英国每年筹集2000万英镑支援其他国家，自己都会损失2000万英镑；这无疑会减少劳动者收入，降低个人消费支出，两种方式的经济效果是完全相同的。

对李嘉图等价定理，也可换一个角度理解。假定政府决定用公债来代替税收，一方面减税，使每个家庭的收入增加100英镑。另一方面，为了弥补税收减少，发行年利率为5%、偿还期为1年的公债，发行量与减税总额相当，这些公债虽然不是每个家庭都必须购买，但平均到每个家庭，仍然是100英镑。面对这样的变化，每个家庭的消费支出会作什么样的反应呢？

李嘉图的观点，每个家庭都会意识到，将来政府会用增加税收的方式，偿还公债的本金和利息，因而他们会把因暂时的减税而增加的100英镑储蓄起来，以保持原来的消费计划不变。到了第二年，当政府为还本付息而增加105英镑的新税时，劳动者正好可以用100英镑储蓄的本金和利息缴纳，其原来的消费计划仍然继续保持。

由此可见，当政府为某一支出项目筹措资金时，究竟是增加税收还是发行公债，对消费者并无二致，其行为不会因公债对税收的替代而发生变化。

西方的经济学者非常重视李嘉图等价定理，宏观经济学的创始人凯恩斯所主张的"相机抉择",其实就是在国内需求不足时,主张政府采取赤字预算,用发行公债的方式筹措资金,增加政府支出,带动国内需求增加;相反,在经济高涨时则保持预算盈余,以便抑制通货膨胀。

不过这也就带来了一个问题:李嘉图等价定理若能成立,即发行公债和增加税收,都会导致个人消费支出减少,那么,政府预算赤字所增加的需求,就会被居民消费的减少所抵消,"相机抉择"就起不了作用。正是站在反"凯恩斯主义"的立场上,美国预期学派的掌门人巴罗坚持并进一步拓展了李嘉图等价定理。

巴罗指出:李嘉图等价定理面临一个基本的困难,公债的偿还毕竟是未来的事情,也就是说,用公债来替代税收,有一个延期支付问题,对一些长期公债,比如10年期、20年期的公债而言,延期时间还是很长的。但每个居民都不会长生不老,假若他们意识到,死亡可以逃避将来的税负,那么消费者从利己的角度出发,必然会在公债代替税收后,增加现期的消费支出,而不是保持不变,这样,"等价定理"也就不能成立了。

为了推广李嘉图等价定理,巴罗发表了那篇著名论文《政府债券是净财富吗?》,并提出了一个独创性的观点。他说:大多消费者皆有将部分财产留给后代的动机,这种动机是利他的。消费者不仅关心自己的消费,而且也关心其子孙后代的消费，这样一来，是由他本人来承担偿还公债本息的税负，还是由他的后代来承担，就没有实质性的区别了。

用具体的例子解释。假若政府决定用公债代替税金，某消费者在初期可减少100英镑的税负。在巴罗看来，即使这个消费者知道自己活不到偿还公债的那一天，也不会增加自己当前的消费。因为此人是个利他主义者，深知自己的后代要偿还公债的本息，所以他会将这100英镑储蓄起来，留给后代，而不是自己消费，等价定理仍然成立。

经过巴罗的修补，等价定理仍存在缺陷。原因在于，无论李嘉图还是巴罗，都将消费者作为一个整体，而没有分析其中的结构性因素。比如对那些富人来说，他们的收入很多，在扣除了消费支出以后，还有一些剩余，在这种情况下，如果政府对富人发行公债，然后用所得的收入来接济穷人，这样既不会减少富人消费，又增加了穷人支出，站在全社会角度来看，发行公债的结果就不是减少消费，而是增加消费。

不过要指出的是，等价定理的上述缺憾，并没有使得它黯然无光，它仍留给我们一些有益的启示。其中最重要的一点是解释了公债的本质。今天的公债，就是明天的税收，因为公债本金归根结底要用课税的方式来清偿，这一点无论是对内债还是对外债都是适用的，而且永远不会过时。

拉弗曲线与税率禁区

20世纪30年代的大危机促成了凯恩斯主义，其所提出的需求管理政策被西方国家长期奉为"国策"。但是，"玫瑰色的繁荣期"过去后，"服用"凯恩斯药方的国家却纷纷患上了相同的后遗症："滞胀"，即经济停滞与通货膨胀并存。这一令人头疼的顽症使得各国政府顾此失彼、进退两难。

若继续按照凯恩斯的主张刺激需求，那么，就要设法增加政府收入，提高税率和实行更大规模的赤字预算，这将使通胀更加恶化；若与凯恩斯政策决裂，采取紧缩措施以抑制通胀，又会导致生产失去引诱力而萎缩，最后造成经济衰退。在这种情况下，如何医治"滞胀"，便成了经济学家研究的重点。

南加利福尼亚大学商学研究生院教授阿瑟·拉弗提出的"拉弗曲线"，在西方世界曾引起轰动。有一则谈论"拉弗曲线"的趣闻。据传，为了说服当时福特总统的白宫助理切尼，让他明白只有通过减税才能让美国摆脱"滞胀"，在一个晚餐会上，拉弗即兴在餐巾纸上画了一条抛物线，以此描述高税率的弊端。他解释说：当税率高到一定程度后，不仅不能增加税收，反而会与刺激生产的初衷适得其反，最终还可能加剧"滞胀"。

拉弗的观点，得到了同来赴宴的《华尔街日报》副主编贾德·万尼斯基的赞赏，他利用自己的记者身份，在报纸上大肆宣传。很快，拉弗的减税主张便博得了社会各界的认同，"拉弗曲线"的影响，从此遍及欧美大陆。

拉弗全面否定了凯恩斯的需求管理。他指出，正是由于人为地、经常地刺激需求，使物价不断上涨，这一方面带来了严重的通胀；另一方面，又削弱了社会购买力，致使经济下行甚至停滞。因此，他认为，应该刺激的不是"需求"，而是"供给"。企业家之所以扩大生产规模，主要诱因是利润，特别是除去税费之后的净利润。税率高低，对企业是否扩大投资规模，是一个关键因素。所以，政府应该确定一个合理的税率，使其既刺激企业主投资，又不会减少政府太多的收入。

"拉弗曲线"具体含义是什么呢？其实很简单。若在纸上画一个开口朝下的抛物线，用抛物线的高度表示"税收"，两个底端的连接线表示"税率"，再把这横竖两条直线交叉成一个直角坐标，这便构成了一个标准的"拉弗曲线"。

"拉弗曲线"所要表明的是税收与税率间的关系：当税率为零时，税收自然也为零。而当税率上升时，税收额也逐渐增加。当税率增加到一定点时，税收额达到抛物线的顶点，此时的税率为最佳税率。

到达抛物线顶点后，若再进一步提高税率，则税收额将会减少，因为税率过高使企业只有微利甚至无利，于是他们便会心灰意冷，纷纷缩减生产，使企业收入降低，从而削减了课税的基础，使税源萎缩。当税率达到100%时，将没有人再愿意投资，政府税收也降为零（见图1）。

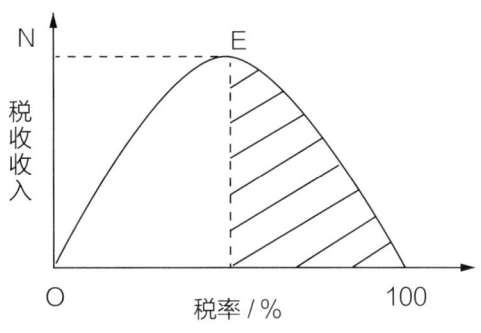

图1　拉弗曲线

由此可见，税收并不是随着税率的增高而增高，当税率高过一定点后，税收总额不仅不会增加，反而会下降。因为决定税收的因素，不仅是税率高低，还有课税的基础（企业收入大小）。过高的税率会削弱经济主体的活力，缩减了课税的基础，最终导致税收总额的减少。因此，高税率不一定有高税收，而较低的税率反而可以获得最大的税收。

拉弗将"超过最佳税率点"的部分（图1中画斜线的部分）称为"税收禁区"，认为当税率进入禁区后，降低税率是政府刺激生产、鼓励投资，从而增加税收的唯一可行政策。而且他还指出，美国当时的税率，已高到使企业只能削减生产的程度；而政府要扩大开支，又不得不提高税率，可事实上，税率提高后，政府税收不但没增加，反而不断减少。

对此现象，拉弗给出的解释是，一方面，高税率使商品生产成本增加，净利润减少，从而严重挫伤了人们的生产热情；另一方面，高税率致使储蓄下降，而储蓄减少将使利率上升，于是又使企业融资成本上升、投资萎缩，进而导致生产率增长缓慢。若此时再人为扩大需求，通胀必因此加剧，使投资进一步萎缩，生产更加停滞。

拉弗认为，解决"滞胀"的根本出路，是削减政府开支，用大幅度减税代替刺激需求政策。这样，经过一定时间阵痛后，政府税收便会有较大程度的增长。因为税率降低，可使私人企业利润增加，这不仅可以鼓励私人投资，还可以提高企业的投资能力。当"经济供给面"受到刺激，生产增加，征税面扩大，税源会更充足。就单项产品而论，税收看似减少了，但由于征税的产品数量大大增加，政府税收总额将远比减税前大得多。

这一在餐桌上画出的曲线，得到了里根的赏识和支持。在1980年总统竞选中，里根将"拉弗曲线"作为"里根经济复兴计划"的重要支撑，并提出了一套以减少税收、减少政府开支为主要内容的经济纲领。里根执政后，又任命了一些主张减税的人士进入他的经济管理班子，而其减税的幅度，在美国历史上实为罕见。

1984年12月31日24点，当华盛顿的大钟敲响时，美国政府在回顾以往四年的通胀率连连下降、经济出现当时少有的景气时，不少人认为"拉弗曲线"立下了汗马功劳。而以拉弗为代表的、主张以大幅度减税刺激供给的学者群体，被经济学界称为"供给学派"。

税负转嫁：谁最后买单

假若你与一位朋友到饭店共进晚餐，最后他结了饭费，我们通常会说，他是买单者。不过请注意，如果你的这位朋友有一定的神通，可以将饭费拿到别处——比如国有公司去报销，于是他将这笔支出转嫁给了国家。这样，最后的买单者并不是他，而是全体公民。

明白了这一点，有助于让我们保持清醒的头脑。如果一个人在你面前一掷千金，你不要被他的假象所迷惑，简单地认为这个人很大方或是腰缠万贯，实际上，他很可能是个穷光蛋+吝啬鬼，他请你吃饭，其实是慷公家之慨，做了个顺水人情。

既然日常生活中的现象都如此复杂，在经济学领域就更是自不待言了。比如国家对某种商品的生产征税，从表面上看是这种商品的生产者缴纳了税金，实际上，他可能并没有承担所有的税负，或者只承担了其中一部分，而将其余的部分转嫁给了别人，这就是税收的转嫁和归宿问题，是财政理论中一个非常重要的课题。

如果你要进一步了解，纳税人是怎样将税负转嫁给别人的？他转嫁了税负的多大一部分？要回答这些问题，我们就得首先理解一个经济学概念——弹性。弹性的数学含义，是两个变量的变化率之比。一种商品，比如说面包，如果它的市场售价增加了10%，供给相应地增加了15%，那么面包的供给弹性就是1.5；同时，如果面包的价格上涨以后，居民转而消费更多的米饭，对面包的需求减少了，减少的比例是5%，那么面包的需求弹性则为0.5。

不论供给弹性还是需求弹性，只要弹性系数小于1，经济学就认为缺乏弹性；相反，如果大于1，则是富有弹性。一般来说，如果一种商品的供给弹性很大而需求弹性很小，国家对这种商品课税，税负将更多地由消费者承担。反过来，如果供给弹性小而需求弹性大，那么这种商品的税负将更多地落在供给者的身上。

这个结论尽管看起来有点复杂，但却跟我们在日常生活中的感受是一致的。比如你要参加一个非常重要的会议，急需买一套像样的西装，在买与不买之间回旋余地很小，也就是需求缺乏弹性。那么，如果你的这种心思被服装店的店主摸透了，他就会乘机抬高价格，"宰"你一刀，而你别无选择，情急之下也只好任"宰"。

要是抬高的这部分价格，比作一种"税"，那么，相应的税负就由你承担很大一部分。所以，那些善于杀价的人，总是力图掩饰他的真实想法。一种商品，即使非常喜欢，他也表现出可买可不买，一副无所谓的样子，甚至磨磨蹭蹭地假装离去，心里却希望摊主将他叫回来。用经济学术语来描述这种状态，就是他的需求表现得很有弹性，面对这样的买主，摊主只好忍痛割爱，降低售价。

为了让读者深入理解弹性与税负转嫁的关系，我们不妨看一个对面包征税的例子。假定在政府对面包课税之前，面包市场供求平衡的销售量是100吨，均衡价格是每袋2元；在这2元中，既包含了供给者生产面包的成本，也包含了正常的利润。现在，政府决定对面包征销售税，每袋的税额是1元，那么要保持和原来一样的利润，供给者就得把面包的售价提高到3元。

现在假定，若消费者对面包需求完全没有弹性，也就是说，不论面包的价格多高，居民的需求量总是100吨，那么，他们就得被迫接受每袋3元的售价，纳税人将税负完全地转嫁给了消费者。另一种极端的情况，是供给完全没有弹性，生产者在短期内无法将面包的产量迅速地降下来，但需求却非常有弹性，售价稍高于2元，居民的需求会迅速地从100吨降为零。

这样一来，生产者为了将面包卖出去，就不能维持每袋3元的高价，而只好把价格降下来，并一直降到原来每袋2元的水平，这时的税负一点都没有转嫁出去，全部由生产者自己来承担了。大多数的情况则介于两者之间，政府课税一方面提高了面包的价格，另一方面又降低了面包的产量。

假设在销售70吨和售价2.6元时达到了新的平衡，这时消费者买面包要比以前多花0.6元，承担了税负的60%。而生产者虽然在名义上缴纳了1元税金，但在扣除了这部分税金之后，每袋面包只比以前少卖了0.4元，因而他并没有承担所有的税负，而只是承担了其中的40%。

如果把政府提供的补贴看作是一种反向的税收，转嫁也依然存在，而且，利用上面的分析方法，同样可以分析出这些补贴最终转嫁给了谁。比如，在政府向农民提供补贴之前，小麦的市场售价是每公斤3元。现在为了调动农民生产小麦的积极性，政府决定对每公斤小麦提供1元的补贴，结果当年的小麦大幅度地增产了。

我们知道，小麦是一种生活必需品，它的一个重要特点就是需求弹性很小，当人们消费了一定的面粉之后，小麦的价格再低，人们也不会大量地增加自己的消费。这样一来，小麦增产以后，就无法维持原来每公斤3元的价格，而被迫大幅度降低售价。假设在每公斤2.2元时实现了供求平衡，此时农民只得到了政府补贴的20%，其余80%转移给了消费者。

在这里，政府对小麦种植者提供补贴，本来是想保护农民的利益，但由于存在补贴的转移，农民只得到了一小部分好处，这无疑削弱了政府扶持政策的力度。如此看来，单纯依靠补贴，无法有效地调动农民的生产积极性，所以西方国家常常在提供补贴的同时，还要辅之以其他政策，比如限额。

经济学之所以重视税负的转嫁与归宿，是因为其中蕴含着明确的政策含义。谁最后买单对公平和效率的影响很大，如果税负转嫁过多地损害了富人的利益，就会影响他们的积极性，带来效率损失；反过来，如果将税负过多地转嫁给了穷人，减少了他们的收入，就会有碍于社会公平。因此为了兼顾公平和效率，在设计税收结构时必须要统筹考虑税负的转嫁与归宿问题。

同时，上面的讨论还有助于我们理解，为何西方国家在总统选举时，各候选人在税收问题上会持有不同的主张。原因在于，为了争取不同的选民，他们总是力图避免税负转嫁损害这类人的利益，或是通过补贴，间接地为这些人提供好处。在这种情况下，那些分布特别分散，组织起来特别困难群体的利益往往要受损，而获益的则是那些活动能力强，比较容易组织在一起的群体。

乘数原理：需求放大效应

每个懂得半导体收音机原理的读者都会知道，三极管具有放大电信号的功能，当三极之一的基极电流增加时，会使另外两极，即发射极和集电极的电流出现数倍的增加。发射极和集电极的电流变化量与基极电流变化量之比，称之为"电流放大系数"。

在经济生活中，也有着类似三极管的现象，说明这种现象的理论叫"乘数原理"。"乘数"这一名词，最初是来自人们对增加支出引致需求扩张现象的发现，即增加某些支出通常要引起一倍或多倍的产量和就业量的变化。这种具有因果关系的扩展效应出现在投资、税赋和信贷领域，其所产生的经济结果分别被称为"投资乘数""税赋乘数"和"货币乘数"。

当社会存在着闲置资源、闲置设备时，新注入的一定量投资能带来几倍于这个投资的社会总需求和国民收入，这个倍数，即为"投资乘数"。例如，某机械公司孙老板对该行业前景看好，他将投资增加了10万元，这家公司的第一级投资，会引起一系列的投资增加。首先是投资品生产部门，其次是消费品生产部门。假如两个部门的投资共增加了30万元，这样，社会总投资就增加了40万元，实际上，这40万元通过购买成了两个部门企业家和工人所增加的收入，就是说，国民收入增加了40万元，40万与10万之比为4，则投资乘数为4。

为何会出现这种乘数效应呢？这与全社会的边际消费倾向与边际储蓄倾向有关。假定人们的边际消费倾向是80%，那么，边际储蓄倾向自然便是20%。孙老板用10万元来购买设备和增雇工人，这10万元也就构成了投资品部门工人和企业家的收入。得到收入的人们自然会去消费，消费需求上升的结果是引起若干倍数的社会总收益的上升。

再举个例子。假如工人小李花了50元钱买了10斤苹果，这样卖水果的小贩收益便增加了50元。小贩收到50元后，留下20%即10元钱去储蓄，拿其余的80%即40元去购买蔬菜，这又会令卖蔬菜的菜农收益增加40元。这时，全社会的收益共增加了90元。但是，这个过程不会结束，菜农也可以留下20%即8元去储蓄，其余80%即32元去买大米，这样，卖大米的农户又增加了32元的收益……如此连锁循环下去，社会最后的总收益为：$50+50×80\%+50×80\%×80\%+50×80\%×80\%×80\%+\cdots$

通过数学上的极限求和，我们可以计算出其结果是250元。也就是说，在最初需求增加量50元的带动下，最终社会的总收益上升了250元，是最初需求增加量的5倍，这就是乘数效应的结果，5就是乘数。

把这个例子扩大到机械行业每一位新增收入的人员身

上，那么，孙老板最初的10万元投资，就会导致一系列次级的消费再支出。尽管这一系列的再支出是永无止境的，但其数值却一次比一次减少，其最终总和为一个有限的数量。这个数量的大小取决于社会边际消费倾向。具体讲：投资乘数=1÷（1－边际消费倾向）。如果边际消费倾向是1/2，则可计算出整个消费资料生产部门的总收入增加了10万元，结果社会总投资为20万元，是最初投资的2倍，投资乘数为2。

如果社会边际消费倾向不是1/2，而是4/5，就像上面的例子，那么相同的演算会得出乘数是5；如果社会边际消费倾向等于3/4，则乘数为4。简单说，乘数其实就是边际储蓄倾向的倒数。如果边际储蓄倾向为1/X，则乘数为X。由此便可看出，增加的消费支出越多，投资乘数也就越大。

需要指出的是，乘数是一把"双刃剑"，既能从正面起作用，也能从反面起作用。当投资减少时，国民收入便会加倍收缩。所以，通过乘数这个指标，就可以判断投资的变动所引起的社会总需求的变动，对国民收入和就业量增加或减少的影响到底有多大。原因是，当投资增加后，国民收入的增量就等于投资的增量乘以投资乘数。

政府开支是一种与投资的作用十分相似的高能支出，因此，它对于国民产出量也具有乘数效应。政府在商品和劳务上的一笔最初购买量，将会启动一连串的再支出：如果政府修一条铁路，修路工人将会用其收入的一部分购买消费品，这又会接着引起收入的增加，而这些增加的收入的一部分又会被花掉，过程如此反复，其最终效果与每增加一笔投资的效果是一样的。

政府支出的扩大，会引起国民收入加倍扩大，而这一扩大的倍数，也是边际储蓄倾向的倒数。所以，"政府开支乘数"与"投资乘数"完全是同一个数字。同样，这匹马也可以反方向来骑。如果政府开支下降，那么，国民收入的下降幅度将等于政府支出的下降量乘以政府开支乘数。于是，政府在商品和劳务上的开支，便成为决定产量和就业的重要力量。

税收的变动对国民收入也有加倍扩大或收缩的作用，这是因为，税收影响消费量，消费量影响投资量，投资量通过投资乘数对国民收入产生影响。由于这个传导机制，"税赋乘数"的数值比"投资乘数"要小，小的幅度恰为一个边际消费倾向因子。即：税赋乘数＝边际消费倾向 × 投资乘数。

例如，政府决策者希望通过税收，以抵消新增加2000亿元国防开支对经济的影响，那么税收应该增加多少呢？假定社会的边际消费倾向是2/3，那么，不难计算出，要令社会的可支配收入下降2000亿元，税收就必须增加3000亿元。换言之，要抵消国防开支增加所产生的经济扩展效应，就需要税收比政府支出有更大幅度增加。由于税赋乘数的作用，在对付失业和通胀时，税收数量的变动几乎与政府支出数量的变动一样，同样是有力的工具。

在货币政策调节经济的过程中，商业银行体系创造货币的机制有十分重要的作用。由于商业银行的活期存款本身就是一种货币，客户在得到商业银行的贷款后，一般并不取得现金，而是把所得到的贷款作为活期存款存入与自己有业务往来的商业银行，而这种活期存款就可以用支票在市场上流通。所以，银行贷款的增加，就意味着活期存款增加，从而也意味着货币供应量增加。

这样，商业银行的存款与贷款活动就会创造货币，在中央银行货币发行量并未增加的情况下，使流通中的货币量增加。而商业银行创造货币的能力大小，取决于法定准备金率的高低。

让我们再看一个实例。假设法定准备金率为20%，最初某家银行吸收存款1000万元，那么它必须保留200万元作为准备金，其余的800万元则可以作为贷款放出去。得到这800万元贷款的企业将它作为活期存款，存入与自己有业务往来的另一家银行，该银行又留下其中的20%即160万元作为准备金，把其余640万元作为贷款放出去。如此下去，各个银行的存款总和便为：1000+800+640+512+⋯=5000（万元）。而银行的贷款总和则为：800+640+512+⋯=4000（万元）。

可见，银行通过存款和贷款活动，"创造"了几倍于最初存款和贷款的货币，这个倍数被称为"货币创造乘数"或"货币乘数"，即：存款（贷款）总额=最初存款（贷款）×货币乘数。不难看出，货币乘数是法定准备金率的倒数。

与投资乘数一样，货币乘数也从两个方面起作用。它既可以使银行存款与放款多倍地扩大，也能够令银行存款与贷款多倍地收缩。因此，中央银行调整法定准备金率对货币供应会产生重大的影响，从而可以直接促进经济稳定或者导致经济波动。

经济内在稳定器

任何一个国家都会有一定的公共开支，如基础设施、文教科卫、政法国防、环境保护等，相应地政府就会筹措一笔收入来应付这些开支。正如一个家庭的收支安排需要理财人精打细算一样，国家的收入和花费也必须经过严密的计划，以尽可能满足公共需要和维持经济稳定，而这一经济活动的担当者便是政府预算。在经济学中，公共财政的含义就等同于政府预算。

所谓政府预算，实际上是一个收支表，它表明的是一年中政府各项计划的预计支出与可望从税收取得的收入。收大于支是"预算盈余"，收小于支是"预算赤字"；而当税款收入与政府开支大体相等，那么，我们便说财政达到了预算平衡。

至于政府如何做好财政年度预算，一直是经济学家们争论不休的问题。在资本主义初期，经济发展的道路上充满阳光。在这条金光大道上，凭借着个人自由的营利活动，积累或储蓄起来的财富都转化成了资本。所以人们认为，政府的职责只是在生产之外为国民提供安全保障和公共福利，由此国家的财政活动也仅仅局限于单纯维持政府运转，是社会财富的一种纯耗费。

基于这种认识，以威廉·配第和亚当·斯密为代表的古典经济学家，几乎一致反对赤字预算，认为赤字预算使政府公共活动扩大，会导致私人经济部门相对萎缩，并引起通货膨胀。他们坚信预算平衡才是理财正确的标志，而且只有平衡的预算才是稳健的财政，才有利于市场经济健康均衡地发展。

在政策层面，他们主张要尽可能减少税收负担，并将此作为经济发展所必要的前提。同时强调，每年财政预算都应该保持平衡，使收支大致相抵。预算的数额不应当太大，花钱应很谨慎，支出的目的应当有严格的限制，坚决节制铺张浪费，等等。这种认识在经济学上被称为"廉价政府"和"中立税收"。而在古典经济学里，这一套政府理财方针被称作为"健全财政原则"。

然而，从20世纪30年代大危机以后，财政政策具有了前所未有的革命性作用。为了救济成千上万的失业者而投入的大量政府支出，带来了经济的复苏；依靠累进所得税和遗产税等推行的税收政策，无形中起到了调整收入分配的作用；而其中具有重要意义的是，政府通过财政政策实现了保证生产要素全面利用的目标。这样，人们开始意识到，政府的作用不仅仅在于维持国内外和平，而且还可作为一国经济的公共部门进入生产领域，利用财政工具来保证经济稳定增长。

最具代表性的当然是凯恩斯学派。他们认为，政府可通过扩展或收缩公共部门的经济活动来弥补私营部门的投资不足或膨胀。比如用较高的赤字来对付衰退，用较低的赤字甚至是盈余来抑制通胀等。自此，人们开始丢弃政府预算必须逐年平衡的观念，认为这种平衡可以在经过一个经济周期后达到，即可以用繁荣时期的盈余来弥补萧条时期的赤字，这就是凯恩斯"赤字财政政策"和汉森"补偿性财政政策"所主张的内容。

20世纪30年代，为了把西方国家从大萧条中"拯救"出来，凯恩斯投入了对国家预算问题的争论。他认为，可以利用财政预算赤字向经济注入额外购买力，从而增加产量和就业，刺激整个社会的投资欲。他批评力求预算平衡的"健全财政"政策，指出，在经济萧条时期，财政收入显著减少，如果这时仍压低支出，以求预算保持平衡的话，势必使财政收入继续下降，经济进一步恶化，到头来仍然无法平衡预算。如果不死守教条，扩大支出，实行赤字预算，反倒可以带来经济"繁荣"，并增加财政收入，取得预算的平衡。

这种借助有意的不平衡政府预算来稳定国民收入的主张，被凯恩斯主义在美国最得力的传播者、新古典综合派的先驱汉森进行了强调和重新阐述。他的《财政政策与经济周期》一书，是美国著名经济学家支持凯恩斯主张"财政赤字预算"的第一部代表性著作。

汉森指出，由于财政政策是涉及税收和开支的政策，因此，它本身就是现代经济重要的"内在稳定器"。一方面，在经济繁荣时期，个人和企业的收入都得到增加，税收自然增加；另一方面，随着失业减少，低收入者人数减少，失业保险支出和各种福利支出自动减少，收多支少自然会使财政预算出现盈余。

在经济衰退时期，个人和企业收入都减少了，税收当然也会减少；与此同时，失业保险和各种福利支出会随之增加，收少支多，财政预算便会呈现赤字。但赤字并不可怕，因为从一个经济周期来看，萧条时期的赤字可以用繁荣时期的盈余进行抵补。这样，在一个较长的时期内，财政仍然可保持预算的平衡——这便是可以实行"赤字预算"的理由，因为"内在稳定器"能够熨平经济周期性波动，保护国民收入稳定增长。

虽然汉森阐释了"赤字预算"的理由,但他并不赞同持续的"赤字财政"。他认为,资本主义经济并不是永远处于危机之中,而是时而繁荣,时而萧条。因此,经济政策就不应以扩张为基调,而应根据经济繁荣与萧条的更迭,交替地实行紧缩与扩张的政策。

具体讲:如果经济中存在通胀压力,政府就增加税收,减少开支,以此抑制物价上升,缓冲过热需求。如果经济中的失业率增高,私营部门投资不足,仓库和零售店的存货渐渐堆积,政府就减少税收,增加福利支付,推进计划中的基建项目,以此刺激经济,提高社会的总需求水平。

由此,汉森提出了著名的"补偿性财政政策":在经济萧条时期,政府要增加预算开支,降低税率,提高社会总需求,造成赤字预算;而在经济繁荣时期,政府要压缩预算开支,提高税率,缩小社会总需求,形成盈余预算。按照这种政策,预算不必年年平衡,可以在萧条时期实行赤字预算,在繁荣时期实行盈余预算,做到整个经济周期内盈亏相抵。

汉森的不平衡预算原则,对西方各国财政政策产生了极为深刻的影响。在整个20世纪50年代,美国基本上奉行的是补偿性财政政策。与单纯的扩张性财政政策相比,这种政策最突出的优点是不会产生严重的财政赤字与通胀。而汉森的这一财政思想,通过他的"哈佛财政政策研讨班",足足影响了一代学生,其中就有后来执西方经济学之牛耳的萨缪尔森、加尔布雷斯和托宾等人。

原理解析

第11章
货币理论与政策

货币中性与非中性

失业与通胀：菲利普斯曲线

持久收入假说

"单一规则"货币政策

通货膨胀谁之过

第11章
货币理论与政策

在现代市场经济条件下，金融已成为社会经济活动的"枢纽"，而且在整个经济学理论体系中，货币理论也具有举足轻重的地位，所以读者阅读这一章时需特别用心。下面我先介绍几个重要的货币理论，然后再转入操作层面讨论货币政策。

货币中性与非中性

自萨伊开始，西方经济学者一度把人类社会看成是以物物交换为主的经济世界。在他们眼里，货币在交换中只是一种润滑剂，它既不是机器的一部分，也不是原动力。不过是给机器涂上一点油而已。对货币作用的这种估价，使他们得出荒谬的结论：商品的供给恒等于生产者的货币收入；生产者的货币收入恒等于他们的货币支出；货币支出必然引出商品需求。这样，供给能自动创造需求，国民经济会自行均衡。

由于货币仅仅被视为一种交换媒介，对经济活动没有任何影响，所以，从萨伊到马歇尔，在他们的理论体系里，价格理论和货币理论是互相独立的两张皮。在论述价格形成时，只分析商品的需求和供给，货币只是一件外衣，在价格形成过程中不起任何作用。在论述货币的时候，货币数量的增减被视为价格涨跌的主要原因，而商品价格在这种情况下同比例涨落，并不影响相对价格体系，改变的仅是物价总水平的高低。

这个时期，有一位不被人注目的瑞典学者克尼特·维克塞尔，提出了与以往学者截然不同的关于货币的新理论——"非中性货币论"。他认为，必须对货币的作用进行再认识。在静态分析中，如果有必要用货币单位进行表现时，人们往往假定它只具有交换手段的职能，货币对经济不产生影响，故它的性质是中性的，称为"中性货币"。

但是，在现实的商品交换中，货币除了作为流通媒介外，还有贮藏手段和支付手段的职能。有的人卖出货物，并不想买进，而只想把货币积攒起来；有的人在买入一批货物后，经过相当一段时间才卖出。因此，货币实际上与一般财货相对等，并且是交换中一个十分重要的因素。从货币和银行信用对经济的深刻影响看，货币其实是"非中性的"。

这样，维克塞尔第一次将经济学的价值分析和货币分析连接起来，并把时间因素引入经济理论，使经济学的分析不再停留在斯密或瓦尔拉斯的静态分析上，而是转向了动态分析。仅此这一点，维克塞尔的名字就足以载入经济学的史册。后来，经济学家熊彼特在《经济分析史》中，把开创了经济学新时代的这位了不起的先驱，称为"瑞典的马歇尔""第一流的权威"，是"北欧经济学派的顶峰"。

由于货币是非中性的，因此，购买过程和销售过程被分隔成了两个独立的阶段，大多都不同时进行，这样，供求均衡便很难自动实现。那么，怎样才能实现经济的均衡呢？维克塞尔主张用利率来调节商品的价格，使不能自动均衡的经济恢复均衡。他从庞巴维克的"资本利息理论"中搬来了两个概念——"自然利率"和"实际利率"，以说明利率是怎样影响商品价格的。

所谓"自然利率"，维克塞尔认为，是一种既不会使商品价格上涨，也不会使之下跌的利率。说得直白些，是指在不使用货币，一切借贷均以实物资本形态进行的情况下，由借贷资本供求所决定的利率。让我们暂且置身于一个没有货币的实物经济社会，可以想象，企业家从资本家那里以实物形式借入资本，并以实物形式支付工资、地租等，生产结束时，他要用产品偿还原先的借款，并支付利息。

企业家以实物资本获得的收益，是最初利息。若所得利息大于当初向资本家借入实物资本时商定的利息，其差额便是企业家的利润。可由于企业家之间存在着激烈竞争，会使得最初利息与商定利息相一致，则利润消失。换言之，若通过实物资本而获得的实物利息与商定利息完全相等，便是维克塞尔所指的"自然利率"，实际上，也是新形成资本的"预期收益率"。

解释了"自然利率"的定义后，维克塞尔根据庞巴维克关于金融市场的借贷利率（即"实际利率"）与自然利率往往背离的论断作了扩展，并提出了以下推论：

当实际利率低于自然利率时，企业主认为有利可图，于是增加贷款，扩大投资，积极购买原料、劳动力和土地。由于竞争，他们必然要出较高的价格购买，结果使原料生产者、劳动者及土地所有者的收入增加。由于这些人对消费品的需求增加，必然造成物价上涨，而且这一过程是累积的。

物价上涨后，人们预期还要进一步上涨，于是销售者索取高价，购买者以预计上涨的物价为标准进行计算，仍愿意购买，这个时候，单靠银行把利率恢复到原来水平，还是不能阻止价格上涨。如果银行继续降低利率，则会同时有两种势力在活动，促使价格上涨得更为迅速。

相反，假如实际利率高于自然利率，则一切会向相反的方向进行，也就是说，将形成一种物价下降、经济活动衰退的累积过程。

维克塞尔进一步分析说：利率和物价之间有一种必然的因果关系。只要在市场其他条件不变的情况下，银行持久地降低利率，哪怕十分微小，也会使物价持续地、无限制地上涨；反过来，若将利率稍稍提高，并提高到足够长的时期，则一切商品和劳务的价格都将持续地、无限制地下落。这一描述经济变动过程的理论，便是后来常被经济学家引用的"维克塞尔累积过程"。

那么，怎样才能遏制物价上涨呢？维克塞尔认为，只有银行持续地大幅度提高利率，使其接近甚至超过自然利率。在此基础上，维克塞尔提出了他著名的"货币均衡原理"。该理论的中心意思是，经济波动的原因是在货币方面，而不在生产方面。在没有货币的实物经济中，自然利率归根结底取决于资本边际生产力，而且储蓄与投资始终会相等。

维克塞尔指出，要想让经济平稳运行，必须使货币利率趋于自然利率。他将这种与自然利率相一致的货币利率，称为"正常利率"。他认为，只有实际利率与正常利率相等，物价才会稳定。而其背后的政策含义是，在现代市场经济下，资金借贷利率的确定，要像没有货币时一样，以自然利率为基准。

失业与通胀：菲利普斯曲线

失业与通胀，如同两把寒光闪闪的利剑，自1929—1933年经济大危机后就一直高悬在西方国家政府头上，令政府当局深为苦恼和不安。自凯恩斯开始，保持充分就业和物价稳定，实现既无通胀又无失业的理想境界，一直是西方国家所追求的梦想。

不幸的是，无论经济学家如何煞费苦心，他们也没能帮助政府梦想成真：失业和通胀就像"跷跷板"，按下这端，另一端便跷得老高；抚平那头，这头又高居不下。政府手足无措，到处访医求药，可似乎也不见有什么效果。难道他们孜孜以求的理想境界真的只是镜中花、水中月？

不甘心归不甘心，但问题的答案却十分令人沮丧。1958年，一篇发表在英国《经济学》上的文章给这一梦想判了死刑。这位严谨而深刻的作者，是伦敦经济学院的教授菲利普斯。他在其《1861—1957年英国失业率和货币工资变动率之间的关系》一文中，根据英国1861—1957年的统计资料，利用数理统计方法计算出一条货币工资变动率与失业率的依存关系的曲线，此曲线后来被经济学家认为替政府提供了"一张政策选择菜单"。

"菲利普斯曲线"其实很简单，在由纵坐标代表货币工资变动率、横坐标代表失业率的平面直角坐标系上，标准的

"菲利普斯曲线"表示为一条从左上方向右下方倾斜、凸向原点、凹口朝上的光滑曲线（见图2）。

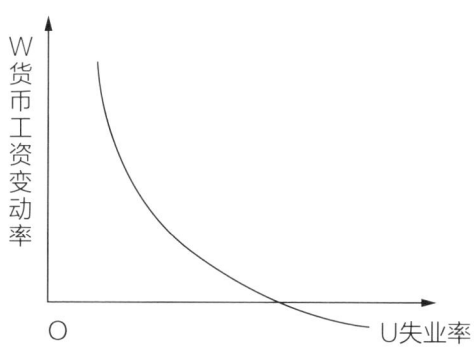

图2　菲利普斯曲线

这条曲线表明，货币工资变动率与失业率的变化之间存在一种此消彼长、互为替代的逆向变换关系。在一定限度内，当失业率较低时，货币工资变动率的增长就变得较高；失业率较高时，货币工资变动率的增长就变得较低，甚至成为负数。

菲利普斯根据他的研究得出的结论是：在英国，要是能保持5%的失业率，货币工资水平就会稳定；而如果保持2.5%的失业率，货币工资增长率就会超过劳动生产率的增长率。

由于货币工资变动率与物价上涨率相关，而通货膨胀率又用物价上涨率来表示，因此，菲利普斯曲线事实上描绘了通胀与失业的关系：当失业率较高时，通胀率便较低；而当失业率上升时，通胀率便会下降。失业和通胀的"跷跷板"关系是与生俱来、无法克服的，政府必须认清现实，做自己力所能及的工作，即努力使两个"痛苦指数"均保持在社会可接受的范围之内。

问题是通胀与失业为何会此消彼长呢？对此经济学的解释是：假定劳动生产率每年递增2%，当工资也增加2%时，不会使产品生产成本增加，从而不会推动物价上涨，即年物价变动率为零。但当工资变动率超过2%以后，就会引起物价相应上涨，即工资增加3%，物价上涨1%；工资增加4%，物价上涨2%，而工资上涨，就意味着对劳动力需求的增加，失业率减少；反之则相反。因此物价的变动率与失业率之间存在此消彼长的"交替"关系。这就好像是一个人同时患上肝病和糖尿病，若用糖来护肝，糖尿病会加重；而若服用医治糖尿病的药，则肝的功能又会被损害。因此，最好的办法，就是在肝病和糖尿病之间寻求一个平衡点，使两种病都能得到力所能及的控制。

为此，美国经济学家萨缪尔森和索洛曾合作做过一个尝试，他们对美国20世纪60年代以前的有关统计资料进行分析后得出结论：在美国经济生活中，要实现充分就业，即把失业率保持在3%或以下，那么，就必须将通货膨胀率控制在4%—5%的水平。

由此看来,"菲利普斯曲线"似乎是一个有用的工具,根据它所反映的失业率与通胀率之间的关系,政府可以有意识地运用财政金融政策和收入政策,在失业率、工资变动率和通货膨胀率三者之间寻找平衡点,从而在一定范围内选择社会经济可以接受的通胀率与失业率的组合。

寻求通胀与失业的平衡组合,关键是首先要确定通胀率和失业率的最高临界值,而这两个临界值通常都是由各国政府根据本国具体情况确定的。在20世纪60年代的美国,经济学家一般认为3%—4%的通胀率和3%—4%的失业率就是"社会可以接受"的临界值。在这个界限之内,政府可以不管;但若超过了这个界限,政府就必须立即运用财政政策和货币政策予以调节。

举个例子。假定3%的失业率和3%的通货膨胀率是临界值,当失业率为5%,便被认为是出现了"社会不能接受"的失业,需立即实行宽松的财政政策和货币政策,以扩大需求,增加就业;当通货膨胀率为5%,又被认为是出现了"社会不能接受"的通胀,需立即实行紧缩的财政政策和货币政策。

回到政策层面,若用"菲利普斯曲线"指导政府的宏观调控,那么就要求政府运用财政金融政策,以临界值为中心调节社会总供求,并在两难中权衡利弊、作出选择:或以较高失业率去换取较低的通胀率,或以较高的通胀率换取较低的失业率。

20世纪70年代以后,"菲利普斯曲线"所表现出来的交替关系开始恶化。曲线的位置向右上方移动,这种上移的"菲利普斯曲线"表明:要压低失业率,必须付出比以前更大的通胀代价。另外,随着西方经济陷入"滞胀","菲利普斯曲线"又出现了失灵的情况,即曲线并不是向右上方移动,而是与横轴垂直,即无论通胀率提高到什么程度,失业率也不下降。这一新情况的出现,说明"菲利普斯曲线"面临严峻的挑战。

持久收入假说

经济学家在分析、解释某个经济现象时,通常都需要作出一些必要的假设,然后以此为前提,进行符合逻辑的推理,提出自己新的理论主张和政策建议。货币学派的领袖人物弗里德曼提出的"持久收入假说",就是其中一个极具代表性的例子。

经济学家研究收入问题,最终目的是要探讨人们的收入与货币需求之间的关系。其实,在弗里德曼之前的经济学家也早已认识到,人们的收入与货币需求是一种联动的因果关系,然而他们注意的只是现期收入,并没有对收入作更深层次的研究。

弗里德曼认为，要正确分析人们的消费行为对社会经济生活的影响，必须严格区分两种收入：一种是一时性收入，另一种是持久性收入。与之相适应，消费也应该区分为一时性消费和持久性消费。一时性收入，是指瞬间的、非连续性的、带有偶然性质的现期收入，如工资、奖金、遗产、馈赠、意外所得等；而持久性收入是与一时的或现期的收入相对应的、消费者可以预期到的长期收入，它实际上是每个家庭或个人长期收入的一个平均值，是消费者使其消费行为与之相一致的稳定性收入。至于持久期限究竟要多长，弗里德曼认为最少应是3年。

让我们一起看一个极端的例子：假设有7个人，他们的周薪都是100元，且发薪的日子并不确定，有可能是除星期天外的任何一天。若以这7个人为对象，并随机地选取一天来调查他们的现期收入和现期消费，也许星期三这天只有1个人的收入为100元，其余6个人的收入为零；若现期收入即为现期消费，则记录上收入100元的人，当天的即期消费为100元，其余6个人的消费支出为零。

可真实的情况是怎样的呢？事实上，另外6个人也有消费，某些人在当天的消费支出甚至超过了100元。而且同样的情况也会出现在星期天，在这一天中，7个人的收入都为零，但他们消费的平均值却可能是一个正数。

据此，弗里德曼对运用"现期收入"进行短期静态分析的方法提出了诘难。他指出：该方法由于不恰当地使用了收入和消费概念，所导出的结果可能是毫无意义的。因为，人们并不一定要使他们在消费方面的现金支出与他们的现金所得相适应，当人们认为可以动用预计到的未来收入时，那么在一定时期内消费者的预期支出可能会大大超过他的现期收入。

现实生活中这样的例子屡见不鲜。比如汽车分期付款、住房按揭等，而且，人们在短期内的现金支出也无法显示出他们所消费掉的劳务价值。可见，一时性收入与一时性消费之间，并没有固定的比例关系。但如果从一个长期的时间来看，人们消费支出的平均值却与他们总收入的平均值大体一致，即在持久收入与持久消费之间有固定的比例关系。于是，弗里德曼便把"持久收入假说"作为了自己理论的基石。

为何要用"持久收入"分析货币需求量呢？弗里德曼所遵循的逻辑是：货币需求主要取决于总财富，但总财富无法测量，只能用收入来代表。然而现期收入很不稳定，不能确切地代表财富，若用"持久收入"代表总财富，则基本上可反映总财富状况。因此，可以认为，货币需求主要取决于持久收入，货币需求的变动主要受持久收入变动的支配。

弗里德曼指出，从长期趋势来看，持久收入是稳定增长的，因此人们对货币的需求也会稳定增加。也正因如此，在货币供应量一定的条件下,货币流通速度就会在长期中呈现出递减的趋势。为了保证货币流通的正常速度,以满足人们对货币需求逐步稳定增长的需要,有必要实行一种与经济增长速度相配合的、稳定增长货币供应量的货币政策,弗里德曼称之为"单一规则"货币政策。

事实上,"持久收入假说"对弗里德曼整个经济理论的意义还不仅仅在此。想深一层,若按"持久收入假说",凯恩斯提出的"边际消费倾向递减规律"就不一定存在,因为人们一旦愿意预支未来收入作为现期消费支出,消费倾向就会发生不规则的变化,而不一定是递减的。所以,政府如果以此"规律"为根据,用刺激需求的办法来刺激消费,则很可能会带来"滞胀"的恶果。

由此再往深处想,若政府出于应对经济萧条的需要,采取临时性的减税措施,以便增加居民可支配收入和刺激消费,那么,按照"持久收入假说",这一临时性的减税措施是无效的,因为居民这种临时性的额外收入只有很少一部分作为实际消费,其余全部转化为储蓄,因此,政府减税不可能达到刺激消费的预期目的。

反之,若政府出于应对通胀的需要,采取临时性的增税措施,以便减少居民的可支配收入和抑制消费,按照"持久收入假说",这一临时性的增税措施也是无效的,因为临时性增税将会减少居民一生的预期收入总额,而当年的实际消费只占其中一小部分，增税所减少的大多是储蓄，所以政府增税也不能抑制消费。

综上分析，弗里德曼最后的结论是，只要家庭消费主要与预期的未来收入、一生收入相联系，而不是与同期收入相联系，那么，凯恩斯主义的相机调节税收（增税或减税）的政策，对现期消费只会产生很小的影响。

"单一规则"货币政策

我在前面已提到"单一规则"货币政策。在经济学学说史上，关于货币政策的"规则"与"权变"之争曾轰动一时。以国家干预经济为基调的凯恩斯主义，倡导"相机抉择"的所谓"权变"政策。在他们看来，经济生活如一条有着荣枯周期的河流，而货币供应就是一道闸门，政府作为"守闸人"，应时刻根据"河流"的荣枯状况，相应地关闭或开启"闸门"。当经济繁荣时，中央银行应适当收紧银根；当经济萧条时，中央银行便应适当放松银根，从而达到平衡货币供求、缓解经济波动的目的。

由于凯恩斯主义一直是战后经济学领域的"正统"和"主流"，"权变"货币政策自然在西方各国得到大力推行。但是，自20世纪50年代后期开始，一股反对"权变"理论的旋风从美国东部刮起，高举这杆反旗的领袖是弗里德曼。

这位个头矮小但思想超卓的经济学家，雄辩滔滔地对凯恩斯的"权变"政策进行了批判。

弗里德曼指出，"权变"政策不仅事实上很难收到预期效果，甚至会适得其反，造成经济的大起大落。据此，他力主政府放弃传统的"权变"政策，而建议用一种预先制定的对货币投放有约束力的"规则"取而代之，比如，把货币供应的年增长率，长期地固定在与经济增长速度以及劳动力增长率大体一致的水平上。这就是著名的"单一规则"货币政策。

在"宁要单一规则，不要相机抉择"的双方争论中，弗里德曼搬出的第一个致命"武器"：用铁证如山的事实说明，"相机抉择"货币政策往往会使经济更不稳定。他通过对大量历史统计资料的考察和实证研究，指出货币政策只有在经历了一个易变的、长期的"时滞期"后才能够作用于经济。

具体说，从中央银行货币供应的变化到经济生活中反映出这种变化之间，存在着两个"时滞"：货币增长率的变化平均需在6—9个月以后才能引起名义收入增长率的变化；在名义收入和产量受到影响之后，平均要再过6—9个月价格才会受到影响，因此，货币政策生效的时间往往要经过一年或一年以上。

正是这12—18个月的时滞，令中央银行难以掌握实施"权变"政策所需的必要信息，无法准确预测经济的未来走向，更不用说去把握现实社会对货币政策作出反应的时间和程度。这样，政府在扩大和收缩货币供应量时就难免做过了头或做不到位：要么对经济刺激过度，要么紧缩过度，最终的结果往往是事与愿违，促成经济更大波动和更不稳定。

这一枪可谓击中了"权变"论的要害。但这还不够，弗里德曼未等凯恩斯主义者回过神来，紧接着又使出了另一个杀手锏，批驳"权变"政策只能在很有限的时期内控制利率和失业率，等到这一短暂的时间一过，利率和失业率便会迅速反弹，货币政策非但难以收到预期效果，反而会引发物价上涨和失业增加的恶性循环。

弗里德曼分析道：政府通过调整贴现率，变动法定准备金率，或者在公开市场上买进政府债券来增加货币供应量，虽能在短期内压低利率、刺激投资，但经过一年半载，至多两年，随着厂商和居民开支扩大，人们的收入也相应增加，这不仅会使人们对货币的需求增加，而且对商品的需求也大大增加。一旦需求大于供给，必然拉动物价水平上涨，结果会使原来下降的利率重新上升。

特别是当人们预料物价将继续上涨时，贷款人会提高利率，借款人也愿意支付较高利率，于是利率回升，甚至超过原来水平。随着通胀愈发严重，利率上升会越快，而高利率会降低厂商的投资热情，导致经济萧条，失业率上升。

面对巨大的就业压力，政府又不得不增加货币供应量来压低利率、刺激投资和扩大失业，结果又会在奏效于一时之后重回老路，形成"货币供应量扩大——利率下降——收入增加——物价上涨——利率反弹——投资收缩——失业增加——货币供应量再扩大"等一连串的恶性循环。

要打破上面的循环，弗里德曼认为，政府与其手忙脚乱不讨好，还不如以静制动，即由政府制定一个长期不变的货币投放增长的比例规则，以不变应万变，反而可使物价水平趋于稳定，使经济的大幅度波动得到抑制。

那么，货币投放增长的比例如何确定呢？弗里德曼的观点是，现实中货币量增长的比例应当适应两方面的要求：一是适应物价上涨的需要；二是使货币量和劳动生产率保持同比例增长。这样，货币当局在确定货币供应量时，只需盯住两个指标：一是经济增长率，二是劳动力增长率，并把货币供应的年增长率控制在这两个指标之内。

弗里德曼根据自己的估算提出，美国每年需要增加货币1%或2%以配合劳动力的增长，再加上该国的年产量平均增长约为3%，若再考虑到劳动力的增加和货币流通速度会随着实际收入增加而有下降趋势等因素，美国货币供应的年增长率，可定在4%—5%。

弗里德曼认为，这种"单一规则"货币政策，实际上是政府为货币供应确立的一条稳定航线，只要货币当局始终遵循这条航线，经济的持续增长就有可能成为现实，经济活动的大幅度波动才可能得以避免，有利于各种市场力量发挥作用的货币环境也才能得以建立。

事实也确实如此。由于凯恩斯"权变"政策无法摆脱"滞胀"，从1975年起，西方工业七国中有五个实施"单一规则"货币政策，瑞士、西德、日本则被认为是实施该政策而"成功控制通胀"的国家；英国时任首相撒切尔夫人更是唯"单一规则"马首是瞻，当年里根总统推行"经济复兴计划"，也把控制货币供给作为主要手段，而且今天大多国家也都在按"单一规则"制定货币政策。

通货膨胀谁之过

每一次高通胀，留给人们的都是惊心动魄的回忆。在1922年的德国，若某人持有3亿元的债券，两年之后，他用这些钱却买不到一块糖果。甚至到了今天，不少国家仍在遭到这个恶魔的侵袭，在莫斯科、南美和东南亚，都曾经发生过这样的事情：人们排队购买食品，有时一个人从队伍的后面移到一半时，价格已上涨1倍，而轮到他购买时，价格已上涨3倍。

虽然这只是一些较为极端的例子，但通胀的确就像一个惯偷，时时刻刻觊觎着人们的腰包，并神不知鬼不觉地掠走人们好不容易积攒起来的财富，不仅削弱了固定收入者、退休者、家庭主妇、领取抚恤金和养老金的人的货币购买力，而且也使债权人的利益受到极大的损害。

其实，遭到经济学家同声谴责的还不止这些，未可预见的通胀不仅使价格和收入分配发生扭曲，同时还会导致错误的投资，甚至引起混乱的、无规则的财产再分配，而且，当社会决定采取步骤去减轻通胀时，还会付出令人痛苦的经济萧条和加大失业的巨大代价。

为防止通胀给社会造成危害，经济学家一直寻找有效的对策，为此，必须先弄清楚发生通货膨胀的原因。关于这个问题，数十年来学界的看法莫衷一是，至今未形成一致的意见。

归结起来，大致有以下几种类型：

第一种类型："需求拉动型通胀"。持此观点的学者认为，由于总需求超过了总供给，必然会拉开"膨胀性缺口"。具体讲，当一国经济实现充分就业时，表明资源已得到充分利用，在此条件下，若总需求继续增加，过度的需求不仅不会促使产量增加，反而会引起物价上涨。

第二种类型："成本推动型通胀"。持此观点的学者不赞成从需求方面解释通胀，认为生产费用增加，特别是生产和劳工成本增加，才是造成物价上涨的真正原因。

而且在具体解释到底是哪种成本"推进"通胀的问题上，又有三个不同的说法。

一种说法，是"工资推进"。此说法的理由是，由于工资提高引起了成本增加，从而导致物价上涨；物价上涨后，工人又会进一步要求提高工资，从而再度引起物价进一步上涨。如此循环往复，便形成了"工资—物价"的螺旋上升或轮番上涨。

再一种说法，是"利润推进"。此说法的理由是，由于垄断企业为了追求更大利润，常常通过"操纵价格"将利润抬高到补偿提高了的工资水平之上，使商品价格以快于成本增加的幅度上升。由于利润也被认为是成本的一部分，因此，通胀可看作是由成本推动的。

另外还有一种说法，即"进口成本推进"。此说法的理由是，由于进口的原材料、燃料等价格上涨，也会推动国内生产成本上升，进而引起通胀。并且，在此情况下一国通胀还会通过国际贸易渠道和国际货币体系传导到其他国家。20世纪70年代初，西方国家发生普遍严重的通胀，一个重要的原因是世界市场石油价格大幅度上升。

回头再说通胀类型。正当人们对通胀是需求拉动还是成本推动吵得不可开交时，有经济学家又提出了第三种类型的通胀，即通胀既不是单纯由需求方面引起，也不是单纯由供给方面引起，而是双方共同起作用，形成了"供求混合推进型的通胀"。他们的解释是，工资上升，既提高了成本，也增加了需求，因为工资上升不仅增加了成本的压力，同时产生了较高的收入使需求上升。

持上述观点的学者指出，正是这种双重作用的影响，说明收入政策具有一定的合理性，货币工资率只有按劳动生产率进行调整，才能避免收入膨胀和利润膨胀。另外，若只有"成本推进"，而没有"需求拉动"，物价不可能持续上升。若没有需求和货币收入水平增加，工资上升引起物价上涨，势必使大量商品卖不出去，从而会迫使生产紧缩，工人被解雇，最后使成本推进的通胀终止。

通胀的第四种类型："结构性通货膨胀"。顾名思义，这是想从结构方面解释通胀。此观点认为，社会经济各部门具有不同的特点，而正是这些特点的变动会引起物价的普遍、持续上涨。

举个例子，朝阳产业部门与夕阳产业部门的增长速度与劳动生产率皆存在较大差别，但这两个部门的名义工资却有一致增长的趋势。其实，名义工资增长率是由生产增长较快或劳动生产率较高的朝阳产业部门决定的，可生产增长较慢或劳动生产率较低的夕阳产业部门的工人便会由于攀比行为而向高工资看齐，最后使整个社会的工资增长率超过了劳动生产率或经济增长率。

通胀的第五种类型："惯性通货膨胀"。此观点认为，无论是何种原因引起通胀，即使当初引起通胀的原因消失，通胀也会由于其本身的"惯性"而持续下去。而造成这种惯性的，是政府财政政策与货币政策以及人们在决定工资水平时相互参照攀比的心态。一方面，政府决策者在制定财政政策和货币政策时必须考虑此前的价格上涨因素；另一方面，一旦一部分人的工资由于通胀上升了10%，那么另一部分工人和企业在决定自己的工资时，就会参照这种工资的上升而上升。

对"惯性通货膨胀"，理性预期学派则从另一角度作了解释。他们认为，造成这种通货膨胀惯性的，是人们在心理上对通胀的预期。因为预期对人们的经济行为有着重要的影响，而预期又往往是根据过去的经验形成的。在已产生了通胀的情况下，人们常会根据过去的通胀率来预期未来通胀率，并以此来作为指导未来经济行为的依据。

比如，若上一年通胀率是10%，人们便会据此预期下一年通胀率不会低于10%，并以此作为下一年工资谈判的基础，要求下一年的货币工资增长率不能低于10%。下一年的货币工资增长率为10%，就会使下一年的通胀率起码会由于工资的增加而在10%的水平上。于是，由于预期的原因，即使引起上一年通胀率为10%的原因消失了，下一年的通胀率也会在10%以上。

写到这里，不知读者怎么看。而现代货币学派领袖弗里德曼对上述观点却一概加以否定。他坚持说，无论是供给还是需求，抑或是供给与需求的综合力量以及经济结构等方面的原因，它们都只会引起局部暂时的物价上升，但并不足以引起普遍而持续的通胀。通货膨胀的唯一根源是货币供给量过多，这就是人们早已熟悉的"货币供给过量的通货膨胀"。

弗里德曼指出，历史上的每一次通胀，总是伴随着货币供给量的增加而发生，当货币供给量明显增加，并且其增加速度超过产量的增加速度时，通货膨胀就必然会发生。因此他得出的结论是：通货膨胀时时处处都是一种货币现象。

原理解析

第12章
国际分工原理

国际贸易的基础

赫克歇尔—俄林定理

里昂惕夫之谜

贸易利益的共享机制

幼稚工业保护论

第12章
国际分工原理

我在第1章讲过,国际分工原理最早是由亚当·斯密在《国富论》中提出的,后来李嘉图做了进一步拓展。再后来,又受到俄林、里昂惕夫等学者的质疑,甚至遭到德国经济学家李斯特的强烈反对。究竟是怎么回事?本章将对这些经济学家的观点作介绍。

国际贸易的基础

从前有个地主,是个十足的拜金主义者,每次下乡收取地租,他都只收金币,不收任何实物。后来沿途的人们就联合起来,只给他金币,不给他任何吃喝的东西。结果这个贪心的地主在火辣辣的太阳下奔波了一天,又渴又饿,守着满满一车金币却差点死掉。

17世纪的重商主义者，普遍持有这种"金迷心窍"的心态。他们认为，一切经济活动的最终目的，都是得到金银货币，而要达到这一目的，除了开采金矿，只有从事贸易，通过一手低价买入、一手高价卖出来积累金银。他们认为，国内贸易只会使一部分人获利，另一部分人受损，不能增加金银总量，而只有发展对外贸易，金银财富才能源源不断流入国内。

基于这样的观念，16—17世纪的西方国家，无不对国际贸易实行管制，鼓励出口，限制进口，鼓励金银流入，严禁金银流出。当时西班牙国王就明文规定，外国商人在西班牙出售货物所得的金银，必须全部用于购买西班牙的商品。国王有权指派特别"监督"，甚至是派出密探。对私自将金银运到国外者，将一律判处死刑。

18世纪中叶，蒸汽机和大工业时代的到来显示了巨大的创造力，也引导人们开始从生产角度去看待国际贸易，英国经济学家亚当·斯密，首先就一个国家应按照什么样的原则来进行国际贸易提出了完整的命题，这个命题就叫作"绝对优势说"。

斯密认为，不能把金银和财富混为一谈。对一个国家来说，真正的财富不是金银，而是生产创造的商品和劳务。作为扩大生产的手段之一，社会分工可以提高劳动生产率，促进生产发展和产量增加，从而实现国民财富增长。那么，分工的原则是什么？斯密指出，自己生产某种物品，若比购买该物品的花费还多，就应该去购买而不应该自己生产，这是每一个精明的人都明白的格言。

现实生活中，裁缝不自己做鞋子，而要向鞋匠购买；鞋匠不自己做衣服，而雇佣裁缝制作；乡村农民，自己不做鞋子和衣服，而专门种粮食，然后用粮食去交换鞋子和衣服。斯密认为，这种个人间的分工原则，也适用于国家之间。在1776年出版的《国富论》中斯密写道："如果其他国家提供的某种商品，比我们自己生产更便宜，那么，与其我们自己来生产它，还不如输出我们最擅长生产的商品，去跟外国交换。"

斯密举证分析说：苏格兰可以在暖房中种植葡萄，酿造出上等的美酒，但它的成本比国外要贵30倍。在这种情况下，如果为了鼓励在苏格兰生产酒类，而禁止所有外国酒的进口，显然是愚蠢的。一个国家应该出口那些在本国生产更有效率的商品，进口那些在国外生产更有效率的商品。若按照这样一种原则进行国际分工和自由贸易，参与分工等各方可以共赢。

不过，斯密的"绝对优势说"暗含一个重要假设，即参与贸易的双方，至少各有一种具有优势的商品，能在国际销售。但如果一个国家所有的商品，相对于另一个国家都处于劣势，那么，这两个国家之间还会有分工和贸易吗？为了回答这个问题，大卫·李嘉图于1817年提出了他的"比较优势说"。迄今为止，这一理论仍然为世界各国的经济学家所普遍接受，萨缪尔森在他那本风靡全球的《经济学》中，称它为"国际贸易不可动摇的基础"。

"比较优势说"的推演过程稍复杂些，为便于理解，我结合一个例子解释：有兄弟俩，都已结婚成家，另立了门户。哥哥家养着一头牛，弟弟家有一台拖拉机。若用牛来耕地，一天可以赚40元，搞运输能赚60元；拖拉机干活比牛强，耕一天地可以赚50元，搞运输能赚100元。刚开始，兄弟俩都是上午耕地，下午跑运输，一天下来，哥哥收入是50元，弟弟收入是75元。

几天过后，聪明的弟弟发现了一个问题，哥俩一天干两种活，不如分一下工，于是就找哥哥商量：从今以后，你替我耕地，我专门跑运输，每天除了你耕地得到40元外，我再给你20元作为你替我耕了半天地的报酬，这样，你就可以得到60元，比以前多得10元，我在支付了给你的报酬之后，还能得到80元，比以前多得5元，对我们两个都有好处。

哥哥起初将信将疑，心里反复盘算，始终不知道这多出的15元是哪里来的，还以为是精明的弟弟在骗他，便支支吾吾，不置可否。后来经弟弟解释，才明白这15元是哥俩分工创造的，于是欣然应允。

上面的例子说明，和牛相比，虽然拖拉机在耕地和跑运输方面都有优势，但占优势的程度并不相同，相对于耕地而言，跑运输的优势更大，这就是"比较优势"的含义。反过来，虽然牛在耕地和跑运输方面都处于劣势，但在耕地方面的劣势更小一些，与跑运输相比，也是一种比较优势。按照比较优势分工，兄弟两个当然都能从分工中得到好处。

把这个原理扩展到任何两个国家的任何两种产品，也同样适用。一个国家不论处于什么发展阶段，不论经济力量是强还是弱，自己与自己比，总存在比较优势，即使与别人比处于劣势，也可以从自己的劣势中找到相对优势。各国只要都按照自己的比较优势分工，让优势国生产优势更大的产品，劣势国生产劣势较小的产品，然后两国开展贸易，贸易双方便可用较小的消耗，创造更多的财富。

赫克歇尔—俄林定理

中国有句古话叫："靠山吃山，靠水吃水。"意思是说，一个地区应根据自己的资源特点来安排生产，比如大兴安岭地区的木材加工业比较发达，而胶东沿海地区的水产养殖业在全国领先。依据这个简单的道理，20世纪30年代出现了一个轰动一时的国际贸易理论——"要素禀赋理论"。

要素禀赋理论的初创者，是瑞典的伯蒂尔·俄林。此人不仅是一位功底深厚的经济学家，而且是一位出色的政治家。他曾长期担任国会议员和自由党领袖，并一度出任瑞典商业大臣。1933年，俄林出版了他的《区际贸易与国际贸易》一书，提出了完整的要素禀赋理论，该书被认为是现代国际贸易理论的最重要的著作。由于在这方面所作的开创性研究，1977年俄林被授予诺贝尔经济学奖。

要素禀赋理论的基本原理包括两方面：一是国际贸易的起因；二是国际贸易的影响。关于国际贸易的起因，俄林认为："贸易的首要条件是有些商品在某一地区比在其他地区能够更便宜地生产出来。"如果英国和法国都生产葡萄酒和毛呢，毛呢在英国的价格比较便宜，葡萄酒在法国的价格则更为低廉，那么，必定会发生英国向法国出口毛呢，并进口葡萄酒的贸易行为。

在不同国家生产同一种商品，之所以会出现不同的价格，原因是资本、土地和劳动等生产要素的价格存在差异，而这一点又主要是由这些生产要素的丰裕程度不同，即生产要素的禀赋差异引起的。因此，如果有一种产品，在生产中较多地使用了本国比较丰富的生产要素，其价格必定比较便宜，因而会成为出口品；反之，进口品则是那些较多地使用了本国比较稀缺的生产要素的产品。

由于各种生产要素彼此不能完全替代，所以在生产不同商品时，必须使用不同生产要素。根据要素的密集程度不同，可以把国际贸易商品大致分成五个类别：劳动密集型、资本密集型、土地密集型、资源密集型和技术密集型。而根据俄林的理论，劳动力丰富的国家就应集中生产劳动密集型产品。20世纪30年代日本蚕丝和丝织品大量出口是典型例子。加拿大、澳大利亚和阿根廷等地广人稀的国家，应集中生产谷物、畜产品等土地密集型产品；美国则应集中生产资本密集型产品。

关于国际贸易的影响，俄林认为，国际交换可以消除不同国家间的商品价格差异，进而消除生产要素的价格差异。比如，一个劳动力丰富而资本相对短缺的国家，在闭关自守的情况下，肯定是劳动力的价格低，资本的价格高。但若该国按照要素禀赋开展国际贸易，大量出口劳动密集型的产品，就会增加对劳动力的需求而减少对资本的需求，于是劳动力价格会上升，资本报酬会下降。

国际商品流动，还可在很大程度上弥补生产要素难以流通的不足（土地这种生产要素就是不能流动的），逐步消除生产要素的价格差异，令要素价格最终均等化。不过俄林也指出，要素价格均等化只是一种趋势。而萨缪尔森在1949年发表的《再论国际要素价格均等》一文中，通过严格数学推导证明：在某些特定的条件下，"国际要素价格均等"不单是一种趋势，而且是一种必然。

俄林还分析说：按照要素禀赋进行分工，可以使各种生产要素得到更有效的利用，逐步提高丰裕要素的利用效率，减轻稀缺要素的瓶颈制约，从而提高生产率。在俄林看来，依靠市场的自动调节机制，让商品和生产要素自由流动，会给所有国家带来最大的福利，因此，他主张世界各国都应放宽贸易限制，推行贸易自由化，否则，国际分工的利益将无法实现。

国际经济学界对俄林的评价极高，认为他是现代国际经济学研究的开拓者和现代国际贸易理论的奠基人。他的要素禀赋理论，观点鲜明，逻辑严密，几乎每一步都可以进行数学推导，并且非常实用，已经成为指导各国贸易政策的理论依据。

二战后，国际金融和贸易秩序紊乱，西方各国迫切需要调整国际经济关系、恢复自由贸易的理论支持，俄林的要素禀赋理论，正好迎合了这一需求；同时他关于生产要素在国际优化配置的思想，对讨论西欧经济共同体的发展也具有很强的说服力。无怪乎1977年瑞典皇家科学院在评价俄林的贡献时说：早在20世纪30年代就问世的著作，"其理论的深广和重要性，直到战后数十年来世界贸易获得了迅速增长后，才被人们认识清楚"。

应该指出的是，要素禀赋理论并非俄林的首创。早在1919年，俄林在瑞典商学院读书的时候，他的老师赫克歇尔就发表了《对外贸易对国民收入之影响》一文，提出了一些基本思想。后来的要素禀赋理论，是俄林在继承这些思想的基础上发展而来的。因此在经济学文献中，人们往往将此理论称作"赫克歇尔—俄林定理"。

里昂惕夫之谜

20世纪30年代，俄林的"要素禀赋理论"得到了西方经济学者的普遍接受。然而美国经济学家里昂惕夫利用统计资料，对美国贸易结构进行考察，却得出了完全相反的结论。理论和现实间的这个矛盾，一时震惊了整个经济学界，人们称之为"里昂惕夫之谜"。

里昂惕夫出生在俄国，15岁上大学时，就读遍了列宁格勒各大图书馆的所有经济学著作，成为一名"优秀经济学家"。1927年由于被指控"参加反政府的阴谋活动"，被迫离开苏联，辗转来到美国，任哈佛大学经济学教授，后来凭借在投入产出分析方面的杰出贡献，获得诺贝尔经济学奖。

其实，里昂惕夫起先对俄林的理论是深信不疑的。20世纪50年代初，他利用1947年美国对外贸易的统计资料，分别计算了每100万美元出口品和进口品中包含的资本和劳动，本意是想对这个理论加以验证，然而计算的结果让他大吃一惊：美国出口品中的资本含量比进口品少30%，这意味着，美国出口的是劳动密集型产品，进口的却是资本密集型产品。

这个研究结果公布后，引起了轩然大波，有人指责里昂惕夫用1947年的贸易数据不够典型，因为当时二战刚结束不久，被扭曲的贸易格局尚未恢复。于是，里昂惕夫又用1951年的贸易数据计算了一次，结论仍然相同。后来另一学者鲍德温再用1958年和1962年的数据检验，结论还是相同。

不仅如此，经济学家又纷纷检验其他国家的贸易结构，结果有的符合俄林的理论，有的则存在"里昂惕夫之谜"。这样，里昂惕夫之谜时隐时现，此有彼无，西方经济学界为此大伤脑筋，并开始了20多年旷日持久的探讨和辩论，许多人都试图解开这个"谜"。

里昂惕夫自己最早做了一种解释。他认为，这可能是由于美国劳动生产率较高造成的。根据他的计算，美国工人的劳动生产率约为外国工人的3倍，运用同样数量的资本，美国工人的产出比较多。虽然从表面上看，美国资本丰富，劳动力短缺，但由于美国工人可以一当三，经过换算以后，实际上美国的劳动力丰富，资本相对短缺。因此，它应出口劳动密集型产品，进口资本密集型产品。

对于上面的解释，很多经济学家并不认同。1965年，兑雷宁研究跨国公司在美国本土和欧洲的劳动生产率，结果显示，美国工人的效率，最多比欧洲同行高1.2—1.25倍，而按照这样一个比例来测算，里昂惕夫之谜仍然存在。

另两名经济学家凯伍斯和琼斯则另辟蹊径，试图用人力资本的理论来解释。他们通过研究发现，美国出口部门中熟练劳动的比例大于进口部门，而非熟练劳动转化为熟练劳动，需要投入大量的教育和培训费用，这种投入也是一种资本投入。比如花钱让工人培训6个月，同样的钱也可以用来买机器、买设备、建厂房。

另外，机器、厂房等有形资本一旦形成，就可以重复取得收益，技术熟练的劳动者也能不断得到较高的收入，与有形资本完全是类似的，因此劳动者的技能也是一种人力资本。若在总资本中加入人力资本因素，再比较美国出口品和进口品的资本含量，他们发现，里昂惕夫之谜消失了。

受人力资本理论的启发，经济学家基杰宁提出了第三种解释——技术进展。他认为，技术和人力资本一样，能够改变土地、劳动和资本在生产中的相对比例关系。人力资本能够提高劳动生产率，而技术可以提高土地、劳动和资本的生产率。人力资本是过去对教育和培训投资的结果，而技术是对研究和开发投资的结果。因此，技术和人力资本一样，可以看作是一种资本或一种独立的生产要素。

基杰宁通过研究发现，美国运输、电器、工具、化学和机器制造等五个重点出口产业，同时又是出科研成果、推出新产品的重点产业。这些产业在产品设计、生产和销售过程中都投入了高水平的技术力量。这就是说,若把技术看作是生产要素,那些注重技术研发的行业,技术密集型产品就具有出口优势,由于技术创新来自对技术发明创造的投资,出口技术密集型产品的国家,一般都是资本相对丰裕的国家。

的确,在20世纪30年代前,投入生产的要素主要是土地、劳动力和机器设备,其他因素的作用并不明显,俄林的理论对当时的国际贸易能作出较好解释。然而二战后,科学技术已成为一种非常重要的生产要素,而这些并没有包含在俄林的理论中,"里昂惕夫之谜"所反映的,正是这种理论和现实的差距与背离。

贸易利益的共享机制

前面讲过,李嘉图的分工理论被萨缪尔森称为"国际贸易不可动摇的基础"。那么,双方在贸易利益中的分享比例怎样确定?是三七开,还是四六开?李嘉图本人并没有回答。由此留下的缺憾,最终由李嘉图的学生约翰·穆勒给予了弥补。

穆勒是位天才般的人物,他3岁学习希腊文,7岁熟读柏拉图对话,次年学习拉丁语,13岁时已对经济学有了相当的见解。穆勒一生著作等身,其中《政治经济学原理》一书获得极大成功,使他得以流芳百世。在这部书的第三篇第十八章中，穆勒提出了相互需求原理，第一次从理论上解决了两国之间贸易利益的共享机制问题。

在介绍穆勒的相互需求原理之前，先给读者讲一个古埃及的传说：在尼罗河的下游，居住着两个农夫，一个叫安第斯，一个叫布阿吉。安第斯擅长育种，不喜欢种地吃苦；布阿吉则勤劳肯干，种地是一把好手。为了发挥各自的优势，两人决定分工合作，由安第斯专门为布阿吉提供良种，秋收以后，布阿吉按一定的比例偿还稻谷。

现在假定：安第斯每消耗100斤稻谷，能选育出10斤良种，这些良种交给布阿吉种下，可以比一般的种子增产200斤，那么，增产的200斤稻谷应如何分配呢？这要取决于布阿吉的偿还比例。1∶10是安第斯能够容忍的下限，低于这个比例，安第斯的育种所得，不足以弥补他的消耗；1∶20是布阿吉愿意承受的上限，高于这个比例，增产的稻谷全都被安第斯拿走，布阿吉就无利可图。因此，偿还比例必定在1∶10和1∶20之间。

在这个范围之内，具体比例则由他们两人商定，若布阿吉特别需要安第斯的种子，他会支付较高的代价；若安第斯非常愿意与布阿吉合作，他将索取较少的稻谷。不管怎样，偿还比例越是靠近布阿吉的上限，利益分配越是对安第斯有利；反之，分配的天平将向布阿吉倾斜。

上面的例子，正是"相互需求原理"所要表达的内容。

穆勒认为，贸易利益的分配取决于贸易双方的商品交换比例，即贸易条件。若一国既定数量的出口品，可以换回更多的进口品，则意味着该国贸易条件的改善，它可以从国际贸易中获得更大的利益；反过来，若出口换回的进口品减少，则是贸易条件的恶化。

假如中国和日本都生产茶壶和茶杯品，在中国国内，1个茶壶的生产成本相当于2个茶杯，也就是说茶壶和茶杯的交换比例是1∶2；而在日本的比例却是1∶5。若中、日两国开展贸易，贸易条件就应该在1∶2和1∶5之间。假定按1∶3的比例，中国出口茶壶，日本出口茶杯，此时中国可用1个茶壶换取比国内更多的茶杯，而日本则可用较少的茶杯换取1个茶壶。这样，两国皆可分享国际贸易的利益。

这里的关键是，中国不可能允许贸易条件低于1∶2，低于这个比例，与其进口茶杯，不如自己生产，因为中国无法从国际贸易中得到好处，所有利益都被日本独占；反过来，日本也不可能允许贸易条件高于1∶5，将所有利益都拱手让给中国。因此，商品的国内交换比例，决定了贸易条件的上限和下限，在这个限度之内，贸易条件取决于两国的需求。

比如，中、日两国原来按照1∶3的比例交换茶壶和茶杯，后来日本对茶壶的需求增加，它只好用较多的茶杯来交换，贸易条件就有可能变成1∶4。按照这个比例，双方仍能分享贸易利益，但中国分享的份额增大了。同样的道理，如果中国对日本茶杯的需求增加，中国的贸易条件就会恶化，并牺牲掉一部分贸易利益。

在《政治经济学原理》中，穆勒用一段非常简练的话对贸易条件的决定作了总结。他说："可以提出的惟一的一般法则不外是这样：一个国家以它的产品和外国相交换的交换比例（贸易条件）取决于……它对这些国家的产品的需求和外国对它的产品需求的数量和需求的增加程度的比较……外国对它的商品需求愈是超过它对外国商品的需求……贸易条件对它愈是有利。这就是说，它的一定数量的商品将会换回更多的外国商品，它从国际贸易中获得了更大的利益。"

穆勒的相互需求原理，可以解释贸易条件如何确定，但也有其局限性。这个原理只能适用于经济规模相当、相互需求对市场价格有显著影响的两个国家。若两国经济规模相差悬殊，小国的需求相对于大国来说微不足道，那么大国的国内交换比例，也就是两国间的贸易条件。

在石油输出国组织成立以前，委内瑞拉和美国在汽车和石油方面的贸易关系就是这样。委内瑞拉是个小国，在美国市场所占的份额很小，它从美国进口汽车，对汽车的需求并不能因此而增加多少；它向美国出口石油，对美国石油市场的影响也不会很大。因此，委内瑞拉和美国进行贸易，只能按照美国的价格购买汽车或出售石油，两国之间的贸易条件，实际上是美国国内汽车与石油的交换比例决定的。

李嘉图的国际分工理论，只是证明了国际分工能给参与国带来红利，但具体能带来多少红利，或者这些红利在贸易双方怎样分配，这些问题李嘉图并没有解决。穆勒第一次用商品的国内交换比例，解释了贸易双方获利的范围，用相互需求原理，解释了贸易条件的决定，并利用贸易条件，说明了贸易利益在贸易双方的分配问题。因此，穆勒不仅是李嘉图的正位继承者，也是他那个时代最重要的经济学家之一。

幼稚工业保护论

当英国工业化的车轮滚滚向前时，德国仍然是个农业国家，停留在中世纪田园生活的时代。在这个国家，政治家和有识之士的最大愿望就是，使德国进入工业国家的行列，能与英国分庭抗礼。他们迫切地感到，德国必须有自己的经济学，没有别的理由，只因德国是个后进国家，因此德国经济学必须是后进国家的经济学。于是，幼稚工业保护论便应运而生，李斯特成为其当然的代表人物。

李斯特是亚当·斯密的批判者，不过，李斯特对抽象枯燥的纯理论并不感兴趣，他的大部分精力都集中在经济政策上，尤其是外贸政策。李斯特认为，斯密和李嘉图自由贸易的主张，代表着英国有产阶级的利益，他们不仅要求在国内开展自由竞争，而且在国际上也要开展自由竞争，这有利于英国发财致富，却会牺牲落后国家的经济发展。

他指出："在这种情况（自由贸易）下，整个英国就会发展成一个庞大的工业城市。……最上等的美酒就得供应英国，只有最下等的劣酒才能留给自己，法国至多只能干些小型女帽业那样的营生。德国看来对英国世界没有什么别的可以贡献，只有一些儿童玩具、木制钟、哲学书籍等。或者可以有一支补充队伍，他们为了替英国人服务，扩大英国的工商优势，传播英国文化，牺牲自己，长途跋涉到亚洲或非洲的沙漠地带，就在那里沦落一生。"李斯特为德意志民族发出抗议的呼声："德国人为英国砍伐木材、生产扫帚和牧羊已经够久了。"

1841年，李斯特出版了他一生最重要的著作——《政治经济学的国民体系》。该书着重分析了德国的历史和现实，比较系统地阐述了贸易保护的思想。作为贸易保护的立论基础，李斯特首先将人类社会发展阶段区分为五个时期，即未开化时期、畜牧时期、农业时期、农工时期和农工商时期。不同的时期，应当采取不同的贸易政策。

在李斯特看来，前三个时期皆属于贸易政策的第一阶段，对比较先进的国家实行自由贸易，并以此为手段，使自己脱离未开化状态，在农业上求得发展；第二阶段，则用商业限制政策，促进和保护工业、渔业、海运事业和国外贸易的发展；最后一个阶段，当财富和力量已经达到了最高度以后，再逐步恢复自由贸易原则，在国内外市场进行无限制的竞争，使从事农工商业的人们在精神上不致松懈，并且鼓励他们不断努力去保护既得的优势地位。

他认为，当时处于第一阶段的是西班牙、葡萄牙和那不勒斯王国；处于第二阶段的是德国和美国；法国显然是紧紧地靠在最后一个阶段的边缘，但实际达到了最后阶段的国家只有英国一个国家。

按照斯密的贸易理论，如果一种商品，在别国的生产费用较低，就无须在本国生产，因为花钱向别国购买更为合算和有利。李斯特反对这种说法，他认为，经济落后国家参与国际分工和交换的根本目的，是发展本国的生产力。而古典贸易理论只是强调落后国家可以花钱买到更便宜的商品，只是着眼于眼前使用价值的增加，而没有考虑到一个国家，尤其是经济落后国家生产力的进步。

他强调指出，财富和财富生产力完全不是一回事，"财富的生产力比之财富本身，不晓得要重要多少倍；它不但可以使已有和已经创造的财富获得保障，而且可以使已经消灭的财富获得补偿"。财富就好比果实，而生产力却是果树，财富是生产力的结果，唯有生产力才是财富的源泉。向别国购买廉价商品，虽然从表面上看要合算一些，但是这样做的结果是，德国等落后国家的生产力就不能获得发展，这些国家将永远处于落后和从属于外国的地位。

关于保护性关税，李斯特认为，保护性关税起初虽然会使工业品的价格提高，但经过一定阶段，生产力提高了，商品价格和生产费用就会跌落下来，甚至会跌到外国商品以下。因此，"保护性关税如果会使价值有所牺牲的话，它却使生产力有了增长，足以抵偿损失而有余"。也就是说，为了生产力的发展，即使暂时牺牲一些使用价值，对落后国家来说也是值得的。

李斯特认为，一个国家所具有的一切生产力中，没有一种比得上工业。在他看来，工业是资本和劳动岗位的创造者，一个国家若只从事农业生产，就好比一个人只用一只手进行工作。"一个国家所经营的假设仅仅是原始状态的农业，在那里普遍存在的现象必然是感觉迟钝，笨手笨脚，对于旧有的观念、风俗、习惯、方式方法顽固不化，缺乏文化、繁荣和自由。"

他持这种观点的理由是：工业比农业能更好地利用国家的物质资源，水利、风力、矿产和燃料都能得到更好的节约。工业能有力地促进农业的发展，因为从农产品需求的增加中，农场主可以获得较高的地租和利润，甚至比工厂主的收入更为丰厚。

同时他还提醒人们，在自由竞争的条件下，一个落后国家如果没有保护，要想成为新兴的工业国家是不可能的。因为这些国家的工业很多都是幼稚工业，还没有走向成熟，羽翼未丰，经不起先进国家廉价商品的冲击。只有对其中一些有前途的工业进行保护，才能使它们尽快地成熟起来，参与国际市场的激烈竞争，带动整个国家经济的发展。这就好比一只雏鹰，必须经过精心的哺育，才能展翅高飞，搏击风雨。

李斯特是位可敬的爱国者，他虽然屡遭当局迫害，以至于国内无容身之地，被迫流亡他乡，但他一生都在思念祖国，思念那块四分五裂、贫穷落后的土地，并为祖国的强盛奔走呼号。后来在他的贸易理论的指导下，德国最终实现了工业化，跃进世界发达国家的行列。但令人遗憾的是，李斯特并没有看到这一天，由于极度的绝望和贫病交加，他留下幼稚工业保护论这个当时为大多数人所误解的理论，以及他催人泪下的爱国故事，于1846年冬天开枪自杀了。

原理解析

第13章
国际金融理论

货币何以走出国门

谁为货币定价

变幻难测的汇率魔方

特里芬难题

读懂国际收支平衡表

第13章
国际金融理论

国际金融理论,不过是货币理论向国境外的延伸。主要涉及三个问题:一是一国货币成为国际货币应具备哪些条件?二是各国货币之间的交换比价(汇率)如何确定?三是汇率变动对一国的国际收支会产生怎样的影响?下面我对以上三个问题作介绍。

货币何以走出国门

世界各国都有自己的货币,这些货币在本国国内流通是有法律保障的,无论是在繁华的都市,还是在偏僻的边陲小镇,都可以畅通无阻地使用。但是,一旦越出国境,大多本国货币就会失去往日的威风,蜕变成印着阿拉伯数字的精美纸片。只有美元、欧元等为数不多的货币,能被世界各国普遍接受，可以在国际市场上计价和结算，故而称之为国际货币。

使本国货币成为国际货币，是许多国家梦寐以求的目标，一旦此目标得以实现，货币发行国就可从中获得巨大的利益。我们知道，对当今任何一个主权国家来说，私人造币是绝对禁止的，因为谁有权发行货币，谁就可以得到丰厚的"造币收入"。

所谓"造币收入"是指纸币的票面价值和印制成本之间的差额，比如一张钞票的面额是1000美元，而其印制成本只有5美分，那么，这张钞票的造币收入便是999.95美元。若你有权得到造币收入，便可"点纸成金"，这将意味着对别人劳动的不平等占有。

事实上，这种不平等现象在国际上司空见惯。无论哪个国家，只要它的货币成了国际货币，可以用于国际支付，该国就可以成为世界经济的"造币者"，名正言顺地享有造币的特权。此时只要它开动一下印钞机，其他国家辛辛苦苦生产的产品，就可以归到它的名下。这很像一个乞丐拿着一堆纸条到商店购物，付款的时候，只需在纸条上写几个阿拉伯数字，交给售货员，他就可以扬长而去，是件何等便宜的美事！

今天世界各国都储备外汇，目的是防止出现意外事件，以便用于应急支付。这笔外汇存在哪里？当然不可能存入本国国库，这就像一个企业，它不会将所有资金都存入自己的保险柜，因为这样既没有利息收入，也不利于对外支付，因此储备的大部分要存入国际货币发行国的银行。这样，其他国家省吃俭用节约下来的外汇，没有用于国内的经济建设，却为货币发行国的经济发展提供了充足的资金来源。

再有，在当今世界上，绝大多数跨越国境的货币收支，如国际贸易中的货款结算，国际金融市场上的资金借贷和本息偿还，跨国公司的利润汇出等，都是用国际货币来进行。这就使国际货币成为一种非常紧俏的资源，而要得到这种资源，必须与国际货币的发行国发展贸易往来，进行多方面的合作。因此，本国货币的国际化，有利于加强发行国的贸易地位，提高它在国际舞台上的影响力，包括经济上的和政治上的。

综上可见，努力使本国货币成为国际货币，既可以获得巨大的经济利益，又可以增强自己在国际事务中的影响力和发言权，的确是一件名利双收的好事。不过，本国货币走出国门绝非轻而易举，它最终要取决于本国的经济实力，具体地说，至少应包括以下几方面的因素：

一是庞大的经济总量。本币走出国门以后，将被世界各国所持有，因而形成对本国产品和劳务的潜在需求。这种需求独立于国内经济政策的引导范围之外，是很不稳定的，若没有庞大的经济总量作支撑，需求的不稳定很容易演化为对国内市场的冲击，进而影响货币发行国宏观经济的稳定。就好比一棵小树，一有微风吹来，便左右摇摆，而若是一棵参天大树，即使狂风大作，也会岿然不动。

二是与世界各国密切的贸易联系。国际货币发行国的生产效率，必须居于世界领先地位，只有这样，其他国家才愿意进口其先进技术和设备，愿意接受该国的货币，并形成一个相对稳定的贸易群体，群体内部才可能将该国货币用于计价和结算。反之，若缺乏与世界各国广泛而密切的贸易联系，本币"养在深闺人未识"，要走出国门，是毫无可能的。

三是有高度发达的资本市场。作为本币国际化的先决条件，货币发行国必须有一个高效率的资本市场，目的是为其他国家获得本币、用于国际支付提供便利。从国际经验看，世界三大主要的国际金融中心——伦敦、纽约和东京，都是与英镑、美元及日元作为国际货币的职能密不可分的。当然，一个对外开放的资本市场，会增加本国执行货币政策的难度，需要有完善的金融监控手段和强有力的货币调控工具，能够应对各种金融震荡和冲击。

回顾一下历史，读者会看得更清楚。19世纪30年代，英国率先完成了工业革命，经济实力大为增强。依靠其"世界工厂"的地位，英国人对外大肆扩张，"日不落帝国"的旗帜插遍了中国、印度和美洲，整个世界都变成了它的原料产地和产品倾销市场，亚洲的茶叶、非洲的黑奴、美洲的种植园，无不在殖民者庞大的国际贸易网中。于是，伦敦成了世界的金融中心，英镑在世界范围内获得了广泛使用。当时的国际贸易，有90%是使用英镑结算的，许多国家将黄金变卖成英镑，存入伦敦的各大银行，英镑成了举世无双的国际货币。

二战摧毁了英国人的梦想，但却没有妨碍美国人发财致富。到战争结束时，美国的对外贸易额占整个世界的30%，工业制成品占整个世界的一半以上，并且拥有价值250多亿美元的黄金，约为世界黄金储量的75%。于是美国爬上了世界经济霸主的地位，开始了美元统治世界的时代。在以后的30多年里，美元等同于黄金，其他国家的货币只有通过美元，才能与黄金挂钩。风水轮流转，美元成了居于中心地位的国际货币，独霸整个世界，没有哪种货币可与之抗衡。

不过，"盛极而衰"的公理同样没有放过美元，从20世纪70年代开始，美元的霸主地位受到挑战，逐渐形成了目前美元、日元、欧元、人民币四分天下的局面。这种局面的出现又一次说明，一部国际货币更迭的历史，就是各国经济实力对比变化的历史。

谁为货币定价

货币的职能之一，是为商品定价。比如，一台电脑的价格是5000元，一辆汽车值10万元，在这里，货币是一种定价手段，用经济学专业术语说，是价值尺度。其实，作为价值尺度的货币，本身也有价格，也需要定价。在国与国之间的交往中，为货币定价是经常出现的事情。

我们知道，在任何一个主权国家，外币都是禁止流通的。这是说，像美元这样的国际货币，尽管可以在国家之间流通，但在美国之外的大多数国家，美元却不能直接用来购物。因此，在国际货币收支的过程中，经常需要兑换货币。比如日本从美国波音公司进口飞机，若用日元支付货款，波音公司就得将日元兑换成美元后，才能在美国当作资金使用；反之，若用美元付款，日本的付款人就必须先把手中的日元兑换成美元。

若用第三国货币，比如用英镑来结算，则交易双方都得将本国货币与英镑进行兑换。在兑换的过程中，必须确定不同货币之间的兑换比率，经济学称之为"汇率"。汇率也可看作是用一种货币表示的另一种货币的价格，比如人民币兑美元的汇率是6.5∶1，这其实是说，你要买入1美元，必须按6.5元的价格支付人民币。由此看来，货币本身也是有价格的。

那么，货币的价格（汇率）是如何确定的呢？这是目前国际金融理论的一大难题。不过，在第一次世界大战爆发前，汇率的确定并不是问题。那时的货币都规定有"黄金含量"，持有货币可以自由兑换黄金。两国货币的汇率，就是货币的含金量之比，即铸币平价。比如，当时1英镑含黄金113格令，1美元含黄金23.3格令，两国货币的铸币平价就是4.9，因而英镑对美元的汇率就应该是1∶4.9。当然受市场行情的变化，汇率也会有所波动，但由于有黄金含量作保证，汇率波动的幅度是很小的，那个时候的汇率称为固定汇率。

第一次世界大战期间，各国为了应付军费开支，大量地发行纸币，致使纸币的含金量无法保证，于是，纸币不兑换黄金，铸币平价也就失去了作用。从此以后，汇率决定成了国际金融理论的核心。1922年，瑞典学者卡塞尔出版了《1914年以后的货币与外汇》一书，提出了著名的"购买力平价理论"。

该理论认为，两种货币的汇率，取决于这两种货币的购买力之比，汇率的变动也决定于两国货币购买力的变动。比如一个同样的汉堡包，在美国花1美元可以买到，而在日本却需花150日元，那么，美元兑日元的汇率则为1∶150；如果由于某种原因，汉堡包的价格上升到了200日元，美元兑日元的汇率则为1∶200，这时我们就说，日元贬值了，或者说美元相对于日元升值了；反之，若汉堡包的价格上升到了1.5美元，而日本的售价仍为150日元，就说明日元升值了，美元兑日元的汇率变为1∶100。

当然，卡塞尔所说的货币的购买力，不只表现在汉堡包这一种商品上，而是就国内所有商品的平均水平而言的。因此，如果一个国家发生了通胀，物价水平出现了普遍上涨，那么，和以前相比，等额货币的购买力无疑是下降了，这时，该国货币就会随之贬值。

购买力平价理论可以解决长期汇率的确定问题，但对说明汇率的短期波动却无能为力。实际上，对于每天都在变动的汇率，一种最简单的解释就是：供求规律作用的结果。如果外币供给增加，会压低用本币表示的外币的价格，从而使外币贬值，本币升值；反之，外币供给减少，则会造成外币升值、本币贬值。

影响货币供求关系的因素很多，其中贸易收支和利率变动是最基本的，尤其是利率变动。与价格变动会影响商品流动一样，利率作为金融资产的"价格"，它的变动会影响资金的流动。若一国的利率水平相对于他国提高，就会刺激国外资金流入，抑制本国资金流出，从而使外汇供给增加，本币汇率上升。反之，则致使本国汇率下跌。

因此，要预测汇率的变动，分析各国金融政策的取向是必不可少的。如果有一天早上醒来，美联储主席担心美国的通货膨胀会有所抬头，因而提高了银行利率，美元汇率就会与利率作同向变动，表现为升值。这就是说，即使通货膨胀在长期中会使汇率下跌，但从短期看，利率提高反而会造成货币升值的压力。

1997年东南亚爆发的金融危机，给了人们一个提醒：国际金融投机也是影响汇率变动的一个重要因素。在当今的国际金融市场上，有一笔专门以投机为目的的短期资金，叫作游资，或者"热钱"，它们的数额很大。游资对各国政治、经济、军事等因素十分敏感，一有风吹草动，就到处乱窜，或为保值，或为攫取高额投机利润，常常给外汇市场造成很大冲击，引起汇率剧烈波动。

由于汇率波动对经济影响很大，大多数国家都会对汇率波动进行干预，这虽然无法从根本上改变汇率的长期走势，但在短期内，对汇率的走向会有所影响。比如某个国家由于某种原因，出现了外币升值、本币贬值，出于某种经济政策的需要，货币当局抛售外币，收回本币，就会抵消市场因素的作用，将汇率调节到一个合适的水平。二战后，各国货币当局就是用这种办法，将固定汇率维持了25年之久。

变幻难测的汇率魔方

1985年9月，美国财长詹姆斯·贝克邀请英国、德国、日本、法国等四国财长到纽约广场饭店开会，史称"广场会议"，会议的中心议题之一，就是要敦促日元升值。虽然经过一番唇枪舌剑，最终达成了协议，但日本人的不满之情也为世界所共知。

对于日元升值，美国政府为什么如此热心，而日本政府却为何如此无奈呢？原因是汇率变动会影响贸易收支。20世纪50年代至80年代，日本始终保持对美贸易的巨额顺差，致使美国对外贸易30年连续赤字，而且赤字额逐年扩大。于是美国政府就摆了一场"鸿门宴"，请日本财长到纽约开会，目的是敦促日元升值，因为日元兑美元升值以后，可以抑制日本向美国出口，刺激日本从美国进口，从而减少日本贸易盈余，改善美国的贸易收支。

举个例子。一个茶杯在日本国内卖200日元，若美元兑日元的汇率是1∶200，这个茶杯在美国的售价就是1美元，但若日元升值到1∶100的程度，这个茶杯出口到美国就得卖2美元。售价提高了，日本茶杯的竞争力就会减弱，从而达到抑制日本出口的目的。

与此同时，日元升值以后，原来在美国卖1美元的产品，在日本的售价却由200日元降为100日元，从而会刺激日本商人从美国进口产品。这样一方面是日本对美国出口减少，另一方面是从美国进口增加，两方面作用的结果，必然会减少美国对日本的贸易逆差。

"广场会议"之后，日元兑美元的汇率的确上升了。然而，按下葫芦起来瓢，随着日元的升值，日资又大举进军美国市场，到1990年，直接投资总额超过了200亿美元。当纽约的洛克菲勒中心被日本买下时，美国人才恍然大悟，惊呼"我们将变成日本的经济殖民地"。

为什么日元升值会促进日本对外投资呢？原因主要有两个：一是日元升值以后，日本企业产品出口受阻，它们必须绕过出口，寻找新的投资机会，发展对外投资就是一个比较好的途径；二是日元升值以后，1日元可以兑换的美元比以前多了，可以用较少的资金，搞较大的对外投资。比如一个项目，需要10万美元的资金，如果1美元可以兑换200日元，日本企业就得投入2000万日元，但若日元汇率上升到1美元兑100日元，同样是这个投资项目，则只需要投入1000万日元。

汇率变动与对外投资的关系，不仅适用于日元，同时也适用于所有货币。1994年，人民币曾大幅对外贬值，由原来的1美元兑换5.6元人民币，降为1美元兑换8.7元人民币。当时很多人担心，这会加剧国内膨胀。为此，我们需研究汇率变动对物价的影响。有三点：第一，本币升值将拉动物价走低，贬值则会造成大通胀；第二，本币升值会抑制出口，刺激进口，这无疑将增加一国国内的产品供给，引导物价回落；第三，本币升值后，进口原材料的国内售价将更为低廉，从而节约企业的生产开支，当然也会形成价格降低的压力。

明白了这个道理，照猫画虎，就不难推测出本币贬值确实会造成国内通胀压力。不过，经济学没有机械的定律，以上结论，仅在汇率缓和波动的情况下成立，一旦像东南亚那样由汇率的狂跌酿成了金融危机，其后果就得另当别论了。当时马哈蒂尔宣称，在东南亚金融危机中，马来西亚资本市场被蚕食掉1613亿美元，企业资产损失和人均收入减少10%，这势必会影响企业投资和个人消费。这样，一方面，货币贬值会推动物价上涨；另一方面，投资和消费不足会引起物价回落，至于哪种因素最终影响物价的走势，须作具体分析，不能一概而论。

对于汇率和股市的关系，只能作一个大致的把握。在通常情况下，本币升值，对股票市场是利好的消息；反之，贬值则是利空的消息。原因是本币升值后，国内发生通胀的可能性减小，在金融政策方面，将会出现利率下调的余地，而利率下调将刺激银行资金流入股市，致使行情看涨。例如20世纪80年代中后期，伴随着日元持续升值，东京股市也屡创新高，1986年日经指数还只有10000点，1987年闯过了

20000点大关，到1988年达到了30000点，并最终导致了日本的泡沫经济。

汇率对股市的影响，有时是通过一些非经济因素起作用，比如投资者的信心。1997年8月，国际投机资本冲击香港，虽然港币对美元的汇率波动并不大，但恒生指数却一度从16000点跌至9000点，一些中产阶层一夜之间变得一无所有，这与其说是汇率波动的直接后果，不如说是汇率的波动动摇了投资者的信心，并最终引发了股市下跌。

我曾有一个朋友告诉他儿子，开汽车并不难，关键是手和脚要配合好，只有手握住方向盘，脚踏好刹车板，才不会出什么大问题。这些话他曾跟儿子说过无数次，可他儿子至今仍不会开车。预测汇率变动的影响也如此，仅懂得以上几个方面的原理，你还不能包打天下。但可以肯定地说，在你眼里，汇率这个"魔方"已不再那么变幻难测了。

特里芬难题

天才无须制造。当有史以来第一个国际货币制度——布雷顿森林体系刚建立不久，并且正在给世界经济带来繁荣的时候，有学者竟神奇地指出了它的先天不足，并预言了它的"死期"，从而给全世界出了一个难题。这位学者就是美国耶鲁大学教授、著名国际金融专家特里芬。

二战结束时,美国不仅是军事上的战胜国,而且在经济上也以胜利者的姿态崭露头角。当时它拥有的黄金储备,约占世界总量的75%,成为国际上实力最雄厚的经济大国。这样,财大气粗的美国就"挟黄金以令诸侯",建立一个体现自己意志的国际货币合作协定——布雷顿森林体系。

该体系的核心内容之一,是美国以黄金储备为保证,向世界各国提供美元,由美元来充当唯一的国际货币。美国政府承诺,"美元和黄金一样可靠",各国可以按照1盎司黄金等于35美元的官方价格,随时用美元向美国兑换黄金。

这一揽子货币安排有什么问题吗?特里芬为何认为不可行呢?

为帮助读者理解,我先讲一个故事:从前有个媳妇,心灵手巧,贤淑能干,深得婆婆欢心。后来婆婆让她主持家务,负责给全家人煮粥。由于土地贫瘠,每年打的粮食很有限,然而这一家的香火却异常兴旺,年年添丁进口。为了让全家人都吃饱,媳妇只好不断往锅里加水,结果是粥越来越稀,家人的怨气越来越大,最后,婆婆怀疑她把粮食偷着背回了娘家,一气之下,将她赶出了家门。

这个故事可以很好说明"特里芬难题"。在布雷顿森林体系中,美国承担着两个基本职责:一是保证美元按固定官价兑换黄金,以维持各国对美元的信心;二是为国际贸易提供足够的国际清偿力,即美元。然而这两个职责,信心和清偿力却是矛盾的，美元过少会导致清偿力不足，美元过多则会出现信心危机。

的确，美国要持续不断地向其他国家提供美元，只能让自己的国际收支始终保持赤字，由此留下的"大窟窿"，唯一填补的办法就是开动印钞机。印制美元现钞，无异于往锅里加水，美元会越来越多；而收支赤字意味着美国的黄金储备不仅不能增加，反而会由于别国的兑换而减少。这样，一边是美元越来越多，一边是黄金越来越少，难免会造成"粥越来越稀"的局面。美元兑换黄金失去保证，美元出现信心危机。时间一长，布雷顿森林体系自然也就无法维持。

关于清偿力和信心之间的这种两难境地，最早是由特里芬提出的，因此被称为"特里芬难题"。实际上，由任何一种主权货币来充当唯一的国际货币，"特里芬难题"都会不可避免地存在。

事实不幸被特里芬言中。在二战结束后的最初几年里，欧亚各国百废待兴，需要从美国进口商品，但由于缺乏美元，所以形成了"美元荒"。从20世纪50年代开始，美国的赤字缓解了国际清偿力不足的矛盾，但在50年代中期之前，美元基本上还是比较紧缺，各国仍然愿意积累美元，没有出现美元的信心问题。

可是到1958年后，"美元荒"却变成了"美元灾"，美国持续的收支赤字引起了许多国家的不满。其中尤以法国总统戴高乐的言辞最为激烈,他认为,美元享有"过分的特权",它的国际收支赤字实际上无须纠正,可以用印制美钞的方式来弥补;而其他国家,一旦发生了赤字,只能采取调整措施,蒙受失业和经济增长下降的痛苦,甚至不得不勒紧裤带,省吃俭用地节省外汇。

面对这些不满情绪,美国始终置若罔闻,不愿意为此付出调整国内经济的代价,来减少国际收支的赤字,依然对发行美钞乐此不疲。其原因在于,美元可以用于国际支付,只要印钞机一转,不但能够轻而易举地抹平赤字,而且其他国家的商品和劳务也可以滚滚而来。

20世纪50年代末期,美国的黄金储备大量外流,对外短期债务激增。到1960年,美国的短期债务已经超过其黄金储备,美元的信用基础发生了动摇。当年10月,爆发了战后第一次大规模抛售美元、抢购黄金的美元危机。美国政府请求其他国家予以合作,共同稳定金融市场。各国虽然与美国有利害冲突和意见分歧,但美元危机直接影响国际货币制度,也关系到各自的切身利益,因而各国采取了协调冲突、缓解压力的态度。

除了国际合作性措施外,美国还运用政治压力,劝说外国政府,不要拿美元向美国财政部兑换黄金,并曾就此与当时的西德政府达成协议。但有些西方国家,比如法国政府就对美国的施压手法非常反感,丝毫不买美国的账,仍要求兑换黄金，带头冲击美元的霸主地位。

20世纪60年代中期，越南战争爆发，美国国际收支进一步恶化，到1968年3月，其黄金储备已降至120亿美元，只够偿付短期债务的1/3。结果在伦敦、巴黎和苏黎世黄金市场上，爆发了空前规模的美元危机。在短短半个月内，美国黄金储备又流失了14亿美元，巴黎市场金价一度涨至44美元/1盎司。

于是美国政府不得不要求英国关闭伦敦黄金市场，宣布实行"黄金双价制"，即各国中央银行之间的官方市场，仍维持35美元/1盎司的官价，私人黄金市场的价格则完全由供求力量自行决定。到1971年夏天，美国黄金储备已不足100亿美元，美元贬值的形势越来越明显，由此引发了一场资金外逃的狂潮，并于当年夏天达到了顶点。

面对各国要求兑换黄金的巨大压力，1971年8月15日，尼克松总统被迫宣布实行"新经济政策"，切断美元和黄金的联系。其他国家所拥有的700多亿美元，到底还值多少黄金，美国政府从此再也没有作出回答。

美元不再和黄金挂钩，实际上等于废止了布雷顿森林协议，宣告了布雷顿森林体系的崩溃。从此以后，美元不再兑换黄金，美国政府也不再承诺"美元和黄金一样可靠"，对美元的信心不存在了，信心和充足性之间的矛盾也最终消失了，历史终于以这样一种代价惨重的方式，破解了"特里芬难题"。

读懂国际收支平衡表

一个家庭或一个企业,每年每月都要核算收支,看看收入多少,支出多少。对一个国家来讲,核算收支的必要性依然存在,不过,与任何一个家庭或企业相比,国家的收支记录无疑要复杂得多,需要做一些专门的分类。一类是针对国内的经济活动而言的,另一类则反映与其他国家的经济交往,被称为国际收支。按照一种特定的格式,将所有的国际经济活动记录下来,形成一个账单,就叫作国际收支平衡表。

各国之间在经济、政治、文化等方面的交往,必然产生国家之间的债权债务关系,到期要进行结算,这就引起国家之间的外汇收支。从17世纪开始的200多年的时间里,人们就是从这个意义上定义国际收支的,把它等同外汇收支。

二战以后,情况发生了变化。没有外汇收支的交易,如无偿援助、补偿贸易等在国际经济中的重要性大大增强,为了便于一国当局掌握对外经济的全貌,国际收支的概念不再以支付为基础,而是以交易为基础。只要经济活动已经发生,不管付款与否,都计入当年的国际收支;如果实际的经济活动没有发生,即使已经预付了款项,也不能计入当年的国际收支。

由此可见,新的国际收支概念,并不是一国实际的外汇支付账目，而是一国经济活动的"统计表"或"系统记录"。用它来表示一国的国际经济交易，严格说来并不贴切。1945年，当时的国际联盟曾建议改为"国际交易账户"，但由于人们沿用国际收支这一名称已久，国联的建议并没有得到采纳。

一项经济活动只要发生在本国居民和非居民之间，就可以列入国际收支。但应注意的是，居民和公民是两个不同的范畴，公民以国籍为判断依据，居民则以居住地为判断标准。比如外国人创办的企业和团体，只要是在中国开展活动，就算中国的居民；在我国逗留1年以上的留学生、旅游者，也算我国的居民。但按照国际货币基金组织（IMF）的规定，官方外交使节、驻外军事人员一律算所在国的非居民，国际性机构如联合国、国际货币基金组织、世界银行等则是任何国家的非居民。

国际收支平衡表是一个不折不扣的"大杂烩"，从日常生活用品到导弹、飞机，从生猪、野兔到图书杂志，从有形的产品到无形的技术、劳务，以及资金借贷和本息偿还，只要是涉外的经济活动，都可以装进国际收支平衡表这个"百宝囊"中。

与生物界有门、纲、目、科、属、种的划分一样，国际收支平衡表也对各类交易进行了严格而细密的分类，因此，其中的信息虽然很杂，但却"杂而不乱"。按照国际货币基金组织的规定，国际收支平衡表主要由三个项目构成：

一是经常项目，包括进出口、各种劳务费、利息股息和利润等。如果你的外国朋友送给你一辆汽车，或者你向国外的慈善机构捐助了一批图书，作为无偿转让的交易，也应计入经常项目。1996年11月，中国人民银行行长戴相龙致函国际货币基金组织主席康德苏，承诺人民币实现经常项目下的自由兑换，实际上就是说，进口国外商品、劳务所需要的外汇，以及支付国外利息、利润和对外无偿转让所需要的外汇，可以凭人民币到银行自由购买，以上四个项目的外汇收入，可以兑换成人民币在国内使用。

二是资本项目，主要包括直接投资和资金借贷，如外商直接投资、我国政府对外提供的贷款等都属于这个项目，按照期限长短来分，则可以分成长期资本和短期资本。二战以后，特别是20世纪70年代以来，国际资本流动获得了长足的发展，资本项目已经取代经常项目，成为影响一国国际收支的首要因素。尤其是其中的短期资本，如果引导不好，可能会给国内经济造成很大的冲击。

东南亚金融危机有一个深刻的教训，在金融监管不力的情况下，盲目放开资本项目，使投机资本的恶意炒作有了可乘之机，致使各国货币大幅度贬值，给国内经济造成了沉重的打击。正因如此，我国政府一直对放开资本项目持谨慎态度。

第三个项目，是外汇储备，在国际收支平衡表中，它的作用是抹平经常项目和资本项目的收支差额，因此叫平衡项目。

国际收支平衡表是按照复式记账的原则编制的，每一笔交易都以相等的金额做两笔记录，一笔记作借，表示本国得到了什么东西，比如说进口了国外的商品；一笔记作贷，表示本国付出了多少代价（外汇）。复式记账的好处，是可以全面、系统地反映经济活动的过程，使有关记录保持平衡关系，便于检查账目是否正确，从而提高会计核算的质量。

这种记账方式，最早出现于意大利的米兰，当时米兰的金融业比较发达，金融资本家每获得一笔借款，就记为"借"，每发放一笔贷款，就记为"贷"。后来这两个词便脱离了原来的意思，演化成单纯的记账符号。比如我们向美国出口了一批商品，反映在国际收支平衡表中，一方面是借记资本项目，表示我们得到了美元；另一方面，我们得贷记商品，表示我们付出了商品。

如果美国政府赠予我国一批图书，并不需要支付外汇，但为了满足复式记账的要求，我们就凭空创造一个项目，叫"单方面转移"，在经常项目下借记商品，表示我们得到了图书，而在"单方面转移"记为贷，意思是我们欠了美国的"人情"。这样，由于每一笔交易都有一个借方和贷方，而且两方的金额相等，这样把所有交易汇总起来，借方总额就总是等于贷方总额。

也就是说,国际收支平衡表在账面上总是平衡的。如果经常项目和资本项目存在收支差额,国际收支平衡表就通过增减外汇储备的方式,将其中的差额抹平,因此,这种账面的平衡,仅是一种形式上的平衡。

对各国政府而言,真正关心的是国际收支是否在实质上平衡,即当年的外汇收入是否等于外汇支出。若收入大于支出,称为顺差,否则为逆差。不管是顺差还是逆差,若持续的时间过长,都是有害的。因此,各国政府都把追求国际收支平衡,与经济增长、充分就业、物价稳定一起,列为宏观调控的四大目标。

质疑反思

第14章
市场失灵之争

公有制可以产生交换

难以避免两极分化

逆选择的真实原因

消费者剩余来自何处

"搭便车"是个假问题

第14章
市场失灵之争

20世纪30年代经济大萧条之前,大多经济学家认为,市场经济是一台灵巧的机器,具有自我调节和修复功能,不会失灵。而那次大萧条之后,经济学家大多承认市场有可能失灵,并将市场失灵的原因归结于公有制、外部性、逆选择、"搭便车"行为等。我认为以上解释皆似是而非,没看到事物的本质。

公有制可以产生交换

西方经济学者有一种普遍的看法:市场经济只能在私有制基础上运行,在生产资料公有制基础上无法产生市场交换,而且认为在公有制经济领域,市场机制完全不能发挥作用。正因如此,所以西方不少国家至今不承认中国的市场经济地位。其实，这种看法是错的。持这种观点的学者没弄清楚，商品交换的前提是"产权"，与生产资料公有或私有无关。

从经济学角度讲，发展市场经济（商品交换）有两大前提：一是分工；二是产权保护。没有分工，大家生产的产品相同当然用不着交换；若产权不受法律保护，将别人产品无偿占为己有不受惩罚，这样弱肉强食也不会有交换。正因如此，经济学才将"产权保护"作为交换的前提性假设。

说分工决定交换是对的。可亚当·斯密的观点却相反，认为是交换决定分工。在他看来，交换的范围多大，分工才能在多大范围进行。斯密这样讲也不算错。然而从人类历史看，则是先有分工后有交换。原始社会末期就是先有部落内部分工，之后才出现部落间的零星交换；封建社会男耕女织（分工）已很普遍，可那时也没有普遍的交换。所以准确讲：是分工决定交换；交换促进分工。

这道理其实好理解，无须多解释。这里需要讨论的是：第一，从交换的角度看，保护产权是指保护财产私有权还是指产品私有权？第二，公有制基础上何以产生商品交换？第三，产品私有是否就是指某个人独自占有？

早在30多年前，邓小平在南方谈话时就指出："市场经济不等于资本主义，社会主义也有市场。"可当时国内就有学者提出质疑，说马克思明确讲"私有权是流通的前提"，中国以公有制为主体怎能产生商品交换呢？事实上，某些西方国家不承认中国市场经济地位，理由也是我们以公有制为主体。

难道公有制与市场经济真的水火不容？正本清源，还是从马克思说起吧。

不错，马克思在《政治经济学批判（1857—1858年手稿）》中确实讲过"私有权是流通的前提"；在《资本论》第一卷中马克思还说，交换双方"必须彼此承认对方是私有者"。有人推定马克思认为交换的前提是私有制大概就是根据以上论述，不过我要指出的是，此推定其实是对马克思的误读，并不符合马克思的原意。

何以见得？其依据有二：首先，马克思从未说过交换产生于私有制，相反他认为是产生于公有制。他在《政治经济学批判》第一分册中写道："商品交换过程最初不是在原始公社内部出现的，而是在它的尽头，在它的边界上，在它和其他公社接触的少数地点出现的。"在《资本论》中，他也表达过相同的观点。原始社会是公有制，这一点马克思怎会不清楚呢？

其次，马克思讲作为流通前提的"私有权"，也不是指生产资料私有权。比如他在《资本论》第一卷中说："商品不能自己到市场去，不能自己去交换。因此，我们必须找寻它的监护人，商品占有者。"而且还说："商品是物，……

为了使这些物作为商品彼此发生关系,……必须彼此承认对方是私有者。"显然,马克思这里讲的"私有"并非生产资料私有而是产品私有。

想深一层,生产资料私有与产品私有的确不是一回事。以英国的土地为例。土地作为重要的生产资料,英国法律规定土地归皇家所有,但土地上的房屋(产品)却可归居民私有。正因如此,所以房屋才可作为商品用于交换。这是说,产品能否交换与生产资料所有权无关,关键在产品是否私有。只要产品私有,生产资料无论归谁产品皆可交换。

读者若同意以上分析,我们便可讨论第二个问题:公有制基础上何以产生交换?上面说,商品交换的前提是产品私有。照此推理,公有制基础上的商品交换也同样要求产品私有。困难在于,生产资料公有,产品怎样才能私有呢?要说清这个问题,需要解释一下"产权"概念。

经济学说:产权不同于所有权,所有权是指财产的法定归属权;产权则是指财产的使用权、收益权与转让权。以银行为例。银行的信贷资金来自储户,从所有权看,信贷资金归储户所有;可银行通过支付利息从储户那里取得信贷资金产权后,资金如何使用,收益如何分享以及呆坏账如何处置,银行皆可独自决定。可见,信贷资金的所有权与产权是可以分离的。

也许有人问,所有权与产权分离怎能证明生产资料公有而产品可以私有呢？我的回答：产权的最终体现是产品占有权。所谓界定产权，说到底就是界定产品所有权。读者可以想想农村改革，当初将集体土地的产权承包给了农民，于是交足国家的、留足集体的，剩下的就是农民的。再比如国企，国企的厂房、设备等生产资料归国家所有，而企业之所以能将产品用于交换，也是因为国家将产权委托给了企业，让企业拥有了产品的所有权。

细心的读者也许会问，农村土地承包后产品归农民私有，可国有企业产品归全体职工所有怎能说私有呢？这正是我们要讨论的第三个问题。事实上，当年马克思讲"产品私有"并非指某人独自占有，而是说产品要有不同占有主体。占有主体可以是一个人，也可以是一群人。比如原始社会部落间的交换，占有主体就不是部落首领，而是部落的全体成员；合伙制企业的产品私有，也非某人独自占有，而是合伙人一起占有。

综上分析可见：第一，商品交换的前提不是生产资料私有，而是产品私有；第二，所有权不同于产权，两者可以分离；第三，产品是否私有与生产资料所有权无关，关键在产权如何界定。基于此，最后的结论是：只要明确界定产权，公有制与市场经济并无冲突。

难以避免两极分化

亚当·斯密1776年出版《国富论》后的100多年里，学界对自由市场一直推崇备至。不承想，20世纪初地球上出现了第一个计划经济体，跟着30年代西方又发生了经济大萧条，这两件事不得不让人们对市场进行反思。而1936年凯恩斯《就业、利息和货币通论》的出版，更是彻底动摇了人们的"市场信念"，很少再有人相信"市场万能"的神话。

市场并非万能，这一点今天经济学家大多都认可。目前大家的分歧是，市场为何会失灵？归纳起来，经济学者对此有三点解释：一是信息不充分；二是经济活动有外部性；三是社会需要提供公共品（服务）。说实话，我不完全同意以上解释，至少我认为信息不充分与外部性不是市场失灵的原因，公共品会令市场失灵，但除了公共品，市场失灵还有更深层的原因。

学界大费周章地证明市场失灵，无非是想说明政府的存在不可或缺；或政府可以弥补市场缺陷。也正因如此，所以我不赞成将信息不充分作为市场失灵的原因。理由简单，因为信息不充分政府也会失灵。我是经历过计划经济的，大学时期总听教授讲"计划经济是全国一盘棋"，可那时的重复建设却触目惊心。何故？请教过教授，教授说是由于政府信息不充分。

既然信息不充分政府也会失灵，我们怎能指望政府为市场纠错呢？事实上，在信息不充分的情况下，资源由市场配置比由计划配置的代价要小得多。恰恰是由于信息不充分，资源配置才需要通过市场（试错），若信息是充分（或者对称）的，资源便可由政府配置，用不着市场。从这个角度看，我们不能把市场失灵归咎于信息不充分。

再看经济的外部性。不能否认，许多经济活动会有外部性，造纸工厂排放废水废气给周边造成污染，就是经济的负外部性。问题是，经济有负外部性市场就一定失灵吗？20世纪60年代前经济学家大多是这样看，其中最具代表性的经济学家是庇古，他对解决负外部性提出的方案是，先由政府向排污企业征税，然后补偿给居民。此主张曾一度成为政府解决负外部性的经典方案。

当然也有学者不赞成庇古。1960年，科斯发表了《社会成本问题》一文。他在该文中指出，只要产权能够明确界定，市场就能解决负外部性问题。以上面的企业污染为例，科斯说：政府若对企业的排放权予以限制，或者明确赋予企业排放权，通过"排放权交易"一样可解决污染，市场不会失灵。

再看第三个原因，即公共品。经济学说，公共品有两个显著特点：一是消费不排他；二是公共品的消费增加而成本却不增加。我们知道，灯塔是典型的公共品，1848年穆勒在《政治经济学原理》中就是以灯塔为例解释市场失灵。他写道:"虽然海中船只都能从灯塔的指引中获益,但要向他们收费却办不到。除非政府强制收税,否则灯塔会因无利可图而无人建造。"

穆勒之后,公共品会导致市场失灵已成共识。可1974年科斯针对穆勒发表了《经济学的灯塔》,于是争论再起。科斯说,只要授权灯塔提供者可以向过往船只收费,市场就会有人提供灯塔。不过他的这一观点并未得到学界认同。萨缪尔森曾坦言,即便给灯塔提供者授权,收费也照样困难:由于对灯塔消费增加而成本不增加,灯塔服务无法定价;同时由于消费不排他,过往船只是否消费了灯塔难以判别,因而也无法收费。

萨缪尔森的分析是对的。想深一层,政府若授权灯塔提供者收费,可正如萨缪尔森所说,灯塔服务没有边际成本,怎么保证灯塔提供者不漫天要价?此其一。其二,退一步讲,即使灯塔服务能够合理定价,但如果有船主说他凭借经验就可安全通行,用不着看灯塔,灯塔提供者凭啥向他收费?这样看,有公共品存在,市场必失灵无疑。

前面我说,市场失灵不单因为存在公共品,除了公共品还有更深层的原因。这原因是什么呢?我认为是市场的分配机制。这并非我的新发现,当年马克思在分析资本积累趋势时就讲过。马克思说,资本主义市场分配呈现为两极:一极是财富积累；另一极是贫困积累。而且马克思断定，这种两极分化的结果必发展为阶级冲突，最后剥夺者要被剥夺。读者想想，这不是市场失灵是什么？

也许有人会说，马克思分析的是资本主义的市场分配，社会主义的市场分配不会两极分化。我可不赞成这看法。众所周知，市场分配的基本规则是"按要素分配"，只要要素占有或人们禀赋存在差别，收入分配就一定会出现差距，若差距过大就一定会产生社会矛盾。这是说，社会主义与资本主义的不同并不在于市场会否失灵，而在于政府能否主动调节并缩小收入差距。

将市场分配形成的"两极分化"看作市场失灵，理论上不应该错。今天中国政府提出实现共同富裕，目的其实就是要弥补市场分配缺陷。有一个事实值得我们思考：以往计划经济时期人们的收入差距并不大，可为何搞市场经济后收入差距就拉大了？原因有多方面，但主要是与市场分配机制有关。

市场失灵需要政府发挥作用，那么政府的作用为何？弗里德曼讲有四项：国家安全、社会公正、公共品与助弱扶贫。若从弥补市场失灵看，我认为政府的职能就两个：前三项为公共服务；第四项为调节分配。简言之：政府的作用一是提供公共服务，二是调节收入分配差距。

逆选择的真实原因

优胜劣汰是市场竞争的普遍法则,然而大千世界无奇不有,劣胜优汰的"逆选择"也随处可见,这是否属于市场失灵?对此经济学家作过大量研究。这里我想和读者讨论的是,导致市场出现逆选择的约束条件为何,并根据约束条件推出逆选择的真实原因,证明它并非市场失灵。

较早关注逆选择的学者是格雷欣。格雷欣是英国女王伊丽莎白一世的顾问,也是银行家。在他所处的时代,货币实行双本位制,黄金与白银皆作货币流通。格雷欣发现,当一种货币贬值时,另一价值较高的"良币"会被储藏;而价值较低的"劣币"却充斥市场。这种"劣币驱逐良币"现象,即为"逆选择"。

阿克洛夫的"旧车市场模型"是逆选择的又一著名例子。旧车市场上,由于买者与卖者信息不对称,卖者知道车的真实质量;买者却不清楚。买者为避免中计,往往只愿按旧车平均质量支付价格,可这样一来,卖者会将质量较差的车先沽出。结果是:质量差的车频频成交,而质量好的车却被挤出市场。

另一个例子是保险市场,原因也是信息不对称。不过与旧车市场不同,保险市场是卖方对买方的信息不充分。如医疗保险,保险公司(卖者)对购保者健康状况不清楚;而购保者自己却清楚。于是迫于无奈，保险公司只好按历史出险概率制定一个均价。而按均价卖保险，买者当然多是有病的人，没病的人往往不买保险。

再一个例子是就业市场。几年前一位在外企工作的朋友告诉我，外企裁员通常是先裁那些薪酬高的员工。赶上大裁员，薪酬越高被裁的可能越大。一般地讲，员工的薪酬高表明能力相对强，不然公司不会付给他比别人高的工资。问题就在这里，能力强的员工被裁减，能力弱的员工被留下，这样就业市场也出现了逆选择。

再一个例子是婚姻市场。国内为何会有剩女？不要以为是剩女的条件差，相反多数是因为条件好。沙普利曾研究过婚姻市场。他假定：（1）男女人数相等；（2）对每个异性的偏好可排序；（3）可自由选择。沙普利说，若满足以上三点不会有剩女。我可不这样看。如某女子对所有男性的偏好排了序，可她对排在第一的男子也不中意而又不肯降低标准，结果别人嫁了，她却成了剩女。

现实中类似的例子还有很多：如假冒商品挤正牌商品，走私商品挤进口商品，盗版软件挤正版软件等，举不胜举。既然举不胜举也就不用多举，接下来我要解释的是，市场为何会出现这类逆选择？对此学界有各种解释，但大多都是就事论事，理论上并没有找到通解。

在我看来，理论的魅力不在解释个别现象，而是要解释一类现象。这样掌握了理论,才能举一反三、触类旁通。那么导致逆选择的约束为何呢?我的答案是"价格锁定"。当然,这并不是说有"价格锁定"一定会出现逆选择;但反过来则可肯定,有逆选择就一定有价格锁定。换句话讲:若价格不被锁定,市场不可能有逆选择。

是这样吗?应该是。我反复思考过,感觉此判断不容易被推翻。比如上面提到的各类逆选择案例原因虽各有不同,但归根到底却都是由于价格锁定。何以见得?不妨就用以上案例来验证我的推断:

劣币驱逐良币,当年格雷欣指出的原因是,两种货币中由于一种货币贬值,当其实际价值低于法定价格时,贬值的货币继续流通,价值相对高的另一货币会被储藏。我的看法:这里逆选择的关键不在货币贬值,而在法定价格被锁定。若一种货币贬值后,法定价格能及时调整,劣币不可能驱逐良币。

旧车市场的逆选择,阿克洛夫认为是由于买卖双方信息不对称。事实上,对买卖双方来说,所有商品信息皆不对称,可为何新车市场没有逆选择而旧车市场却出现逆选择?究其原因,是买方锁定了价格。想深一层,若卖方能按质量差别定价,买方怎会锁定均价?去市场查访一下就知道,逆选择在真实旧车市场并不存在。

保险市场有逆选择我不否认,但原因也是价格锁定。保险公司面对众多的客户，收集客户真实信息不仅难，且成本非常高。两害相权取其轻。这样与其支付过高的信息成本，倒不如锁定均价更便捷。由此看来，保险市场的逆选择是保险公司经过成本权衡后的理性选择。

再有，劳工市场的逆选择，症结也在劳动力价格（工资）锁定。当经济不景气时，企业需要压成本，但由于工资存在刚性，工资不能降，企业只好裁员。而高薪员工的工资高，一旦裁员这部分人自然首当其冲。设想一下，假若员工集体同意减薪（价格不锁定），企业不裁员，劳工市场也就不会有逆选择。

最后看婚姻市场，剩女问题其实很简单，只要择偶标准（价格）不固定，婚配市场必靓女先嫁，怎会有逆选择？

真正困难的是那些假冒与走私产品，其逆选择不是因为价格锁定，而是非法经营，即使调正品价格也不可能杜绝，故对制假、走私等得靠政府依法打击。

回到现实，我们可得如下启示：第一，市场逆选择是价格锁定的结果，如当下某些落后产能未被淘汰就与价格锁定有关；第二，凡是由价格锁定造成的逆选择都是市场选择，考虑到相关约束，其中有些具有合理性，无须一概排斥；第三，但凡不由价格锁定的逆选择皆非市场选择，政府应该制止。

消费者剩余来自何处

马歇尔在《经济学原理》中提出"消费者剩余"后,此概念在学界广为传播,而且百余年来一直热度不减。我相信真实世界确有消费者剩余存在,但却不主张政府将消费者剩余作为追求目标。大量事实证明:政府试图用价格管制扩大消费者剩余的努力,最终都徒劳无功。

何以作出这样的判断?道理说起来较为复杂,为便于理解,不妨避繁就简,先讨论以下三个问题:第一,消费者剩余从何而来?第二,消费者剩余大小由何决定?第三,消费者剩余如何分配?这三个问题若能讨论清楚,理解政府定价与消费者剩余的关系也许会容易些。

先说第一个问题。按照马歇尔的定义,消费者剩余是指消费者通过商品交换取得的净收益。具体讲,是消费者购买某商品的意愿价格与实际成交价格之间的差额。举个例子,比如你去市场买苹果,你所愿意支付的价格是5元/斤;而结果你仅花4元就买到了1斤苹果。那节省的1元便是你的额外收益,马歇尔称此为"消费者剩余"。

类似的例子多,读者也能信手拈来,说明现实中确有消费者剩余这回事。如果不存在消费者剩余,人类也就不可能出现商品交换。可问题是消费者剩余从何而来?时下学界有一种解释,认为消费者剩余是来自生产者让利。我不赞成这看法，因为生产者以利润最大化为目标，市场上若有人愿出高价买他的商品他怎可能卖低价？

是的，说消费者剩余来自生产者让利不对，这一点在物物交换时代表现很明显。比如，有甲、乙两个人分别生产粮食与布匹，由于没有货币，甲直接用粮食与乙交换布，显然，此时的甲与乙都是买方（消费者）而同时也都是卖方（生产者）。正因为他们既是买方又是卖方，我们很难说得清交换产生的"净收益"是买方剩余还是卖方剩余，更说不清它是来自卖方让利还是买方让利。

在我看来，交换的"净收益"并非来自谁的让利，而是来自分工。为何这么说？还是用上面的例子，假定甲、乙均可生产粮食与布，甲生产一吨粮食成本是800元，生产一匹布成本是900元，总成本为1700元；乙生产一吨粮食成本为900元，生产一匹布成本为800元，总成本也为1700元。如果一吨粮食可换一匹布，那么甲生产两吨粮食，乙生产两匹布，然后甲用一吨粮食换乙一匹布，则各自节省的成本100元就是交换带来的净收益。

明确了这一点，让我们再看第二个问题：消费者剩余大小由何决定？前面说，物物交换时我们无从判定交换"净收益"是买方剩余还是卖方剩余，不过在货币出现以后这问题就不存在了。由于货币是一般等价物，人们约定俗成，将市场上持货币的一方视为买方，而将持商品的一方作为卖方。

这样一来，消费者剩余的界定也就明确了。

回到定义，消费者剩余等于买方意愿价格与实际成交价之间的差额。这是说，消费者剩余的大小取决于两个因素：买方意愿价与实际成交价。我们知道，实际成交价就是市价，单个买家或卖家均无法左右市价，它要由市场决定。如果成交价是市价，则消费者剩余大小就要看买方的意愿价格。买方意愿价格越高，消费者剩余会越大。

买方意愿价格怎么定呢？马歇尔说，买方意愿价格上限等于他所放弃消费其他商品的最大效用，且随着边际效用递减，意愿价格会下降。说边际效用递减会令意愿价格下降无疑是对的，但我认为上限不是买方放弃的"最大效用"，而是他生产该商品的成本。如上例中甲生产布的成本是90元/匹，那么甲的意愿价绝不会超过90元/匹，否则甲就会自己生产而不会去购买。

最后再看分配。消费者剩余理当归消费者，本不存在分配问题，消费者剩余不归消费者，何谈消费者剩余？可有学者指出，消费者剩余未必悉数归消费者。通常用来佐证的例子是火车票，比如春运期间一张从广州到北京的火车票，由于供不应求，买方意愿价格为600元，而政府定价只准卖500元，这样就出现了100元差价。可现实结果是，消费者并不能享受到这100元好处，而是归了相关权利人与黄牛党；即便有人用500元买到了车票，100元价差也被排队的时间成本所抵消。

这样讲不无道理，我之前也是这么看。可我现在认为以前的看法错了。关键的一点是混淆了政府定价与市价，误以为政府定价就等于市价，而事实上两者并不相等。试想，若政府定价等于市价，有了市价政府何必再定价？问题就在这里，若政府定价不是市价，而消费者的实际成交价却是市价，这样政府定价低于市价的差额是"行政租"而非"消费者剩余"。既然不是消费者剩余，当然不归消费者。

于是可得出的结论是：第一，消费者剩余是分工带来的收益，若没有分工与交换，不可能出现消费者剩余。第二，消费者剩余等于买方意愿价与实际成交价之差。实际成交价是市价，买方意愿价要受生产成本与边际效用的约束，其大小不可能人为改变。第三，政府定价不是市价，政府定价低于市价所形成的"行政租"不归消费者，故政府不可能通过价格管制扩大消费者剩余。

"搭便车"是个假问题

"'搭便车'理论"最早由美国经济学家奥尔森在《集体行动的逻辑》中提出，但也有学者认为首提者不是奥尔森。其实此理论由谁最早提出并不重要，重要的是"'搭便车'理论"到底是不是科学的理论。

何谓"搭便车"？对此不同学者有不同的解释，但各种解释的含义却都大同小异。大致是说：有人未支付成本却获得了由他人支付成本所带来的收益，或者支付较少成本，获得了与自己支付成本不对称的更多收益，而这种"搭便车"现象的存在，往往导致市场失灵。其实，读者也可将"搭便车"理解为"坐享其成"，当然不完全准确，但意思差不多。

经济生活中真有"搭便车"这回事吗？从研究经济规律的角度看，我认为不可能存在；可不少经济学家却认为存在。下面是学界为证明存在"搭便车"常举的例子，让我择要列举几例：

案例一：某交通路口由于没有红绿灯，交通十分拥堵。现在已知安装红绿灯的成本为5万元，一年有1万辆车通过。这样，假设车主每人肯出5元钱，便可安上红绿灯，而安上红绿灯后每个车主皆可节省10元堵车成本。显然，安装红绿灯是有效率的选择。可是有的车主却不肯出钱，而等别人出钱安装红绿灯后他也跟着受益，于是出现了"搭便车"的行为。

案例二：某公司员工希望涨工资，雇主置若罔闻、迟迟不予理睬。无奈之下，工会决定组织罢工逼迫雇主就范。工会发出动议后，多数员工参与了罢工，而有个别员工未参与罢工。后来举行了罢工，雇主答应了员工涨工资的要求。结果不仅参加罢工的员工涨了工资，那些未参与罢工的员工也涨了工资。有学者说，后者搭了前者的便车。

案例三：某寺庙起初只有一个和尚，那个和尚每天自己挑水吃；后来又来了一个和尚，于是两个和尚一起抬水吃；过了不久第三个和尚来了，结果三个和尚却反而没水吃了。想来有趣，这本来是中国民间的一句俗语，不知经济学者为何会将此作为"搭便车"的证据，而且解释说，由于每个和尚都指望别人挑水而自己不劳而获，人人都想"搭便车"，所以才导致三人都没水吃。

案例四：甲乙两人相邻而居，甲从保险公司购买了房产保险，乙未购买保险；某一天乙的房子发生了火灾，请问保险公司要不要救火？若不救，火势蔓延会烧到甲的房子；要是救，那么甲会想，既然不买保险保险公司也救，何不让别人买保险而自己"搭便车"？如此一来，救火反而会令保险公司少卖保险。

读者是否觉得以上案例能证明"'搭便车'理论"成立？我可不这样看。若用事实作验证，皆似是而非。如案例一的红绿灯，这例子无非想证明公共品的存在会导致"搭便车"。要知道，红绿灯的例子是由穆勒1848年提出的"灯塔"演化而来，穆勒当年举灯塔的例子，是证明公共品消费不排他，既无法收费，也无法定价，所以灯塔需政府提供。这是说，政府提供灯塔并不是为了避免有人"搭便车"，而是私人不投资公共品。

从验证的角度看，我认为案例一不成立，是因为让车主出钱安装红绿灯的"假设"不真实。科学方法论讲，验证理论首先要看"假设"是否是事实，若"假设"不是事实，推断则无法验证。请问读者，不论中国外国，你们有谁见过红绿灯是由车主出钱安装的呢？如果谁都没见过，那么案例一的"假设"就是学者虚构出来的。"假设"不真实，推断当然不足为信。

再看案例二。罢工的例子是要证明集体行动会导致"搭便车"。此例子的假设是：有人参加罢工而有人不参加罢工；而推论是罢工后雇主给员工都涨了工资。在我看来，案例二的"假设"是事实，但推论却不是事实。事实是，雇主是否涨工资取决于企业对员工的需求，而不是看员工是否参加了罢工。

我所知道的，中关村就曾有公司员工集体罢工要求雇主加薪，并表示不加薪就辞工走人。可雇主只同意给部分员工加薪而不同意给所有人加薪。你知道为什么？因为有些员工市场供给充足，可随时找到替代。相反，有的员工虽未参加罢工雇主却给涨了工资，读者不要以为这些员工是搭了罢工者的便车。雇主不蠢，真正的原因是这类员工供给稀缺，雇主不希望他们辞工。

案例三是说私人品也会出现"搭便车"。我认为这完全是个虚构的例子，假设和推论皆非事实。一个和尚自己挑水吃，但两个和尚未必一定抬水吃。当年在人民大学念书时两人合住一屋，可同学们打开水要么各自打，要么轮流打，不会一瓶开水两人一起打。再有，"三个和尚没水吃"的推论也不是事实，我曾到过一些规模较大的寺庙，里面和尚肯定不止三个，可从未听说有哪家寺庙和尚没水吃，说明寺庙中并不存在"搭便车"的事。

案例四也是讲私人品，不过错得更离谱。甲购买保险而乙未买保险，乙发生火灾会危及甲的房产安全，保险公司当然要救。可若说保险公司给乙救火会导致甲想"搭便车"而不再买保险，这推论绝对是错的。买保险与不买保险的区别在于：前者发生损失，保险公司赔偿；后者发生损失，保险公司不赔偿。甲要是需要保险公司赔偿，怎会不买保险呢？

由此可见，"搭便车"其实是个假问题。虽然人们会有"搭便车"的想法，但想法归想法，真实世界不可能容许这现象存在。天下没有免费午餐，只要不限制竞争，没有人可以长期"搭便车"。也正因如此，我认为经济学者不应在这话题上白费功夫。

质疑反思

第15章
总量均衡与结构均衡

萨伊定律的困惑

凯恩斯理论不再灵验

"储蓄等于投资"并非铁律

菲利普斯曲线不可信

"配第一克拉克定理"不是定理

第15章
总量均衡与结构均衡

一国经济要持续稳定增长,供求总量与供求结构都必须平衡。然而迄今为止,大多经济学家关注的却只是总量平衡。其实,总量平衡并不就等于结构平衡,而结构失衡则会导致总量失衡。本章将对萨伊、凯恩斯等学者关于供求均衡的理论提出质疑,并给予补正。

萨伊定律的困惑

当社会总供给大于总需求时,怎样实现供求平衡?凯恩斯主张从需求侧扩大投资与消费。而供给学派却主张从供给侧为企业减税。同时还有学者指出,从供给侧减税固然重要,但应双管齐下,也从需求侧扩投资。这观点当然对。不过在我看来,改进供给也是扩需求,只是处理问题的角度有不同而已。

200多年前，萨伊在《政治经济学概论》中就表达过类似的观点。有这样一则故事，某天晚上法国里昂一家餐馆里几个小伙子一起喝啤酒，其中一位趁着醉意把几瓶啤酒砸在外边马路上，嘴里还嘟囔说"为工厂做贡献"。说者无心，但却让坐在一旁的萨伊陷入了沉思：将商品毁掉是给工厂做贡献吗？莫非企业生产的商品没需求？

经过一番苦思冥想，萨伊否定了毁掉商品为企业做贡献的看法。他的论证是这样：人们卖商品是为了买商品，即为买而卖，货币只是交换媒介，企业卖出商品拿到货币后，会立即购买自己所需要的商品。这样一种商品的出售，就意味着对另一商品的购买。于是他的结论是：供给可自动创造需求，生产不会过剩。

萨伊的这一观点，学界后来称为"萨伊定律"。在该定律提出后最初的100年里，虽不断有人质疑，但多数经济学家仍认同。直到20世纪30年代西方国家发生经济大萧条，生产出现普遍过剩，为对付萧条，凯恩斯1936年出版《就业、利息和货币通论》，并由此掀起了一场"凯恩斯革命"。凯恩斯挑战的是传统理论，而首当其冲则是萨伊定律。

萨伊定律错在什么地方？凯恩斯说，在早期物物交换时代，甚至是金银货币时代，萨伊定律能够成立；但当纸币出现后萨伊定律就站不住了。凯恩斯的理由是，货币可以储藏，当人们卖出商品后如果不马上买，货币被储藏，商品会过剩。这看法流行至今，而且自凯恩斯之后，教科书皆将"储蓄等于投资"看作经济总量均衡的前提，也是基于以上理由。

我的看法与凯恩斯不同，商品过剩的症结我认为不在货币；正相反，是货币的出现某种程度上促进了交换。想想物物交换的情形吧。如生产斧头的厂商需要购买服装，而生产服装的厂商却不需要斧头，这样交换就不能完成，斧头与服装皆会被积压。但要是有货币作等价物，买卖两便，交换即可完成。可见，货币的出现有利于交换，减少了过剩。

也许有人问，货币被储藏需求怎会不减少？对此要分两种情况：货币若是金银，需求可能会减少。如果有人预计未来金银升值而将金银储藏，所对应的商品会因为缺少货币可能滞销。但若货币是纸币，由于纸币不能储藏只能储蓄，需求不会减少。理由简单，银行是靠存贷利差赚钱的企业，吸收存款后一定会千方百计贷出去。如此张三的储蓄就变成了李四的需求，需求不会变。

所以我的观点：如果仅从总量看，供给确实可创造需求。其一，货币是一般等价物，也是特殊商品。既然是商品，那么特殊商品（货币）的供给，可创造对普通商品的需求；而普通商品的供给，则可创造对特殊商品（货币）的需求。其二，企业生产商品需购买设备与原材料，这样创造供给的过程，同时也是创造需求的过程。其三，供给可以引导需求。50年前没人用手机，而今天有了手机供给，市场也便有了对手机的需求。

不过这是从总量看，若想多一层，比如从结构看，供给就未必等于需求了。举例说，市场需要100套住房，5000公斤大米，而厂商供给的却是110套住房，4000公斤大米，由于结构不匹配，此时房产显然会过剩。其实当年萨伊也意识到了这一点，但他认为结构失衡只是局部现象，未作深入分析。可事实表明，结构失衡往往引起总量失衡，中国今天的产能过剩，就是结构所致。

是的，总量平衡并不代表结构平衡，两者不是一回事。由此看来，从政策层面解决产能过剩，重点不在需求而是在供给。那么怎样才能使供给结构与需求结构保持平衡呢？我认为至少有三个条件要满足：（1）价格由市场供求决定，让企业按价格信号的指引生产；（2）放松市场准入限制，让生产要素能够自由流动；（3）推动市场信息公开透明，让商品流通成本足够低。

反观中国的现实，前几年出现产能过剩，原因其实就在以上三方面：由于过去人为压低地价与能源价格，结果才使某些产能过剩项目（如钢铁、电解铝等）得以上马；同时由于市场准入存在限制，资本不能自由进入，导致某些产业发展滞后而成为短板，这样反过来加剧了其他产业相对过剩；

另外流通成本过高，造成了某些市场有需求的产品也大量压库。

正因如此，所以中央决定启动供给侧结构性改革，此举旨在一箭双雕：通过调整结构改进供给；通过改进供给扩大内需。中央高层曾多次强调：不仅要更大程度让市场定价，缩小政府定价的范围；而且要放宽市场准入，鼓励允许各类资本平等竞争。

要特别说明的是，我说改进供给是扩内需，化解过剩的重点在改进供给，但并不意味着可以忽视需求管理。事实上，需求侧也有大量的工作要做，如调节收入差距、扶贫助弱、提振消费等。

凯恩斯理论不再灵验

在第2章我介绍过凯恩斯的《就业、利息和货币通论》（简称《通论》），此书于1936年出版后，一度被西方国家奉为国策。20世纪70年代，又遭千夫所指、四面楚歌。平心而论，要是站在凯恩斯那个时代看，《通论》的分析并无大错，如今凯恩斯理论不再灵验，是因为时过境迁，《通论》的立论基础发生了改变。

学界有一流行观点，认为《通论》是经济萧条的产物。意思是说，当经济遇上萧条时，《通论》就可派上用场。的确，在20世纪70年代前，西方国家用《通论》应对萧条屡试不爽，凯恩斯也因此被称为战后经济繁荣之父。也不必讳言，1998年中国应对亚洲金融危机，2008年应对国际金融危机，也直接或间接地借鉴过凯恩斯理论，至少"扩大内需"与《通论》有一定的关联。

学界还有一种观点，说西方国家最终陷入"滞胀"是"凯恩斯革命"惹的祸。此批评并非空穴来风。萨伊定律说，供给能自动创造需求。凯恩斯不同意萨伊的主张，他力主扩大需求，并提出要用扩张性财政政策与货币政策刺激投资。可问题就在这里，投资是一把"双刃剑"，刺激投资能扩大当前需求；但长期看却会加剧过剩、引发通胀。

我的看法：将"滞胀"完全归罪于凯恩斯并不公允。要知道，凯恩斯是个学者，而他本人也曾说过，《通论》是医治经济萧条的药方。西方国家战后走出萧条后仍照《通论》吃药，吃坏了身体怎能怪凯恩斯呢？这样讲当然不是为凯恩斯辩护，其实我自己对《通论》也有疑问。我的疑问是，《通论》到底是不是医治萧条的灵丹妙药？

前面我说，站在凯恩斯写《通论》的时代看，凯恩斯的分析没有错。当时没有错现在为何会错？我说是《通论》的立论基础变了。众所周知，在凯恩斯看来，20世纪30年代西方世界发生经济大萧条，原因是社会有效需求不足。而有效需求不足，则是边际消费倾向递减、投资边际收益递减、流动偏好等三个心理规律所致。这是说，三个心理规律是《通论》的立论基础。

为何说《通论》的立论基础发生了改变？让我们先看边际消费倾向递减规律。所谓边际消费倾向，是指新增收入与新增消费的比例。凯恩斯发现，当人们收入增加，消费也会增加，但消费增加却赶不上收入增加，于是新增消费在新增收入中的比例不断下降。凯恩斯说这是一个规律。若果真如此，消费需求当然会不足。

然而值得研究的是，边际消费倾向递减真的是规律吗？在凯恩斯时代也许是，但那也不过是阶段性规律。战后随着消费信贷的兴起，近30年欧美国家居民储蓄率急剧下降。有数据说，20世纪40年代至80年代美国居民储蓄率保持在7%—11%；到1990—2000年则降至5.12%；2001年首次出现-0.2%；2005年再次降至-2.7%。储蓄负增长说明了什么？说明消费增长已快于收入增长，边际消费倾向递减并非恒久的规律。

由此推出，凯恩斯的投资乘数理论也难以成立。凯恩斯主张刺激投资，理由是投资有乘数效应。何谓投资乘数？凯恩斯将其定义为（1-边际消费倾向）的倒数。举个例子，若边际消费倾向为80%，则投资乘数（1-80%）的倒数为5，意思是投资1元钱可带动5元钱需求。可要指出的是，凯恩斯对投资乘数有个约定，即边际消费倾向递减，不能等于

1，否则投资乘数会无穷大。而我们观察到的事实是，今天的边际消费倾向不仅有可能等于1，甚至会大于1，这样投资乘数理论不攻自破。

关于投资需求不足，凯恩斯指出有两个原因：一是投资边际收益递减；二是流动偏好。若其他要素投入不变，增加投资，其边际收益无疑会递减。投资边际收益递减，企业家就会减少投资。可流动偏好与投资需求是何关系？凯恩斯说，由于投资边际收益递减，要刺激投资就得降低利率，可由于存在流动偏好，利率又不能过低，不然就会陷入流动性陷阱。

为便于理解，让我对流动偏好与流动性陷阱作解释。所谓流动偏好，是指人们有保留现金的习惯。而所谓流动性陷阱，则是指利率过低人们会将现金统统保留在自己手中。流动偏好是不是规律？我想战前应该是。可凯恩斯绝对想不到，战后信用卡消费会悄然兴起，而且很快风靡全球。不要说西方发达国家，就连我们中国的年轻人现在也很少用现金，购物、打车一律刷卡或刷手机。可见流动偏好在今天也已不是规律。

假若边际消费倾向递减与流动偏好皆不是规律，《通论》的三大立论基础，其中两个就被动摇了。基础被动摇，整个理论大厦当然会坍塌。不过尽管如此，我认为评价凯恩斯《通论》还是要讲两句话：一是《通论》对医治萧条曾发挥过积极作用，不然就解释不了西方国家为何一度将此奉为国策；二是从现实看，由于《通论》的立论基础已不成立，对凯恩斯理论绝不可照抄照搬。

不能照搬凯恩斯理论，已成为国内学界的共识。可总供给与总需求该如何平衡呢？中央提出推进"供给侧结构性改革"。供给侧结构性改革显然不同于凯恩斯理论，重点是改进供给。可有学者说，西方供给学派早就提出过改进供给，供给侧结构性改革与供给学派岂不是一回事？

当然不是一回事。供给学派主张改进供给，主要措施是减税。而供给侧结构性改革，则是"三去一降一补"，减税只是降成本的措施之一。说得更明确些，供给侧结构性改革的要义有三：一是以解决结构性问题为重点；二是立足供给侧发力；三是改革资源配置机制。一言以蔽之，就是要通过改革推进结构调整，增强供给结构对需求结构变化的适应性与灵活性。

讲到这里，我要特别说明一点：虽然凯恩斯理论有诸多疑点，但并不等于可以不再重视需求管理。保持总供给与总需求平衡是经济稳增长的前提，与凯恩斯理论的对错无关，我们既不可因噎废食，更不可顾此失彼。

"储蓄等于投资"并非铁律

关于总供求均衡,凯恩斯曾提出过一个著名的恒等式:"储蓄等于投资"。之后此等式便在学界流行开,到今天已成为宏观经济学的重要基石。众所周知,20世纪30年代前,经济学并不分宏观与微观,是凯恩斯另起炉灶,才搞起来宏观经济学。

对经济学要不要分宏观与微观,学界一直有争论,不过这并不重要,这里不讨论。我认为目前亟待研究的是,"储蓄等于投资"到底是不是总供求均衡的条件?如果是,怎样理解"储蓄等于投资";如若不是,那么总供求均衡的条件又是什么?这不单是个学术问题,也事关政府调控经济的思路。

我在前面说过,所谓"凯恩斯革命",否定的是萨伊定律。凯恩斯认为,物物交换时代供给可创造需求,但当纸币出现后,供求便不可能自动平衡了。他的根据是边际消费倾向递减规律。此规律说,随着人们收入增长,消费也会增长,但消费增长跟不上收入增长,令消费在收入中的比重下降,储蓄增加。若储蓄不能转化为投资,供求就会失衡。

凯恩斯的这一观点,追随者多,也有不少学者为文支持。目前权威教科书给出的一致解释是:一个国家假定只有企业与居民两个部门,不存在税收,也没有政府支出和进出口,这样从收入(供给侧)角度看:

国民收入＝工资＋利润＋利息＋地租＝消费＋储蓄

而从支出（需求侧）角度看：

国民收入＝投资＋消费

总供求均衡，意味着总收入等于总支出，即消费＋储蓄＝投资＋消费。等式两边都含消费，故左边的储蓄必等于右边的投资。

上述论证看上去逻辑井然、天衣无缝，然而往深处想，这恒等式其实也有疑点，至少有三个问题值得追问：第一，储蓄的含义究竟为何，是单指居民存款还是包括其他项目？第二，储蓄等于投资是指"事实相等"还是"应该相等"？第三，总供求均衡是否必须将储蓄转化为投资？凯恩斯《通论》我读过多遍，总觉得他讲得不够清晰且自相矛盾，下面说说我的思考。

先说储蓄。照凯恩斯的说法，收入减消费的余额为储蓄，显然，他讲的储蓄就不只是存款。比如你有10000元收入，3000元用于消费，余下7000元为储蓄。假如7000元储蓄中，你用5000元买了字画收藏，用1000元买了股票，剩下1000元存银行。这样看，在凯恩斯那里储蓄是一个比银行存款更宽的概念，我们不妨称为"广义储蓄"。

于是问题就来了，若广义储蓄不单指银行存款，那么储蓄大于存款的部分是什么呢？当然不可能是消费，只能是投资。如上例中居民购买字画收藏与购买股票皆是投资行为，这一点凯恩斯其实也注意到了。问题是储蓄本身包括投资，说储蓄转化为投资岂不是同义反复？可见，凯恩斯讲"储蓄转化为投资"时的"储蓄"，并不是广义储蓄，而是狭义储蓄，即居民存款。

再想深一层，如果凯恩斯所讲的储蓄是广义储蓄，而广义储蓄包括投资与存款，这样问题又来了：由于供给侧的国民收入＝消费＋储蓄＝消费＋投资＋存款。而居民存款是为了从银行取得利息，故存款对居民来讲也是投资。换句话说，居民不仅是消费者，同时也是投资者。既然存款也是投资，供给侧的国民收入也就等于消费加投资了。

所以对第二个问题我的观点很明确：若在年底对当年国民收入存量进行核算，广义储蓄肯定等于投资，两者是事实相等。但若储蓄是指狭义储蓄（存款），则储蓄与投资是应该相等。因为存款虽是居民投资，但却不是企业投资，存款若不转为企业投资，总供求同样会失衡。

再谈第三个问题，总供求均衡，狭义储蓄是否必须转为投资？从国民收入预算角度看，我认为不能一概而论。前面说过，供给侧的国民收入＝消费＋投资＋存款；需求侧的国民收入＝消费＋投资。这样要保持总供求均衡，存款可向两个方向转化：若社会投资不足，存款可转为投资；若投资（产能）过剩，存款则应转为消费。

放眼看，大量的中外实践证明，储蓄转化为投资可以扩内需，储蓄转化为消费也可扩内需。想想消费信贷吧，消费信贷肇始于欧美，今天风行全球，其实就是支持储蓄转化为消费。凯恩斯当年自己说，他主张储蓄转化为投资，是因为投资有乘数效应。可事实上，投资有乘数效应，消费也有加速效应，而且迄今为止经济学并不能证明，对拉动需求扩投资就一定胜于扩消费。

据此分析，"储蓄等于投资"并非铁律，也非总供求均衡的唯一条件。关于总供求均衡，我赞成马克思的分析，在《资本论》中，马克思将社会资本再生产分为生产资料与消费资料两大部类，他指出，社会总资本再生产，必须坚持价值补偿与实物补偿两个平衡。

菲利普斯曲线不可信

今天经济学教科书在谈到通胀与失业的关系时，无一例外地会提到"菲利普斯曲线"。将通胀与失业的关系用一条曲线表达，形象直观，称得上是神来之笔。当年我自己读大学时，对菲利普斯从历史数据中寻求规律的本领，佩服得五体投地。

然而经历的世事多了，对书本和名家也就少了盲从。比如对菲利普斯曲线，我现在就有诸多疑惑。此曲线说，通胀率与失业率是此消彼长的反向关系：通胀率高，失业率会低；失业率高，通胀率会低。可我知道的事实是：20世纪70年代美国的通胀率很高，失业率并不低；近几年中国通胀率很低，而失业率却不高。

究竟是怎么回事？难道菲利普斯错了？其实，菲利普斯本人研究的并非通胀与失业，而是工资率与失业率的关系。1958年他在《经济学》杂志发表论文，分析了英国1861年至1957年工资与失业的数据，他发现历史上工资率上升的年份，失业率往往都相对低。因此他得出结论说：名义工资率变动是失业率的递减函数。

菲利普斯今天大名鼎鼎，可让他走红的并不是他自己的这篇文章。1960年，萨缪尔森与索洛在《美国经济评论》发表《关于反通货膨胀政策的分析》一文，他们以菲利普斯的研究作基础，用美国的数据替换英国的数据，用通胀率替换工资率，提出了通胀率与失业率也是反向关系的推论。菲利普斯曲线的提法正是来自该文，菲氏也因此一举成名。

萨缪尔森与索洛的文章思路清晰，好读易懂，其所表达的政策含义是，低通胀与低失业不可兼得：若一个国家希望保持较低失业率，那么就得承受较高的通胀率；相反，若希望保持较低通胀率，就得承受较高的失业率。这一推断后来写进教材并成为新古典综合派的主流观点，不少国家也将此作为制定政策的重要依据。

我对菲利普斯曲线的疑惑，具体讲在两方面：一是我同意菲利普斯本人的研究结论，但有保留，认为那只是特定经济发展阶段的现象，并非规律；二是我不赞成萨缪尔森与索洛用通胀率替代工资增长率的处理，因而也不认同他们的结论。为什么要这样说，下面让我细说理由。

历史数据不会骗人，何况菲利普斯的研究用英国近百年的数据作支撑，照理不应该怀疑。而我之所以有疑惑，是因为菲氏所用的数据基本是来自二战前，那时第三次技术革命尚未到来，他的研究自然要受到局限。最重要一点，是二战前的机器自动化程度远不及今天高，企业对劳动力需求有刚性。

是的，二战前的100年，机器自动化程度虽不低，但大多设备仍离不开人工操作。在那个年代，工资率上升表明企业对人工的需求大，而企业用工增加，失业率无疑会下降。正因如此，我同意菲氏的分析。然而20世纪70年代后，智能机器的出现使企业对劳动力需求不再有刚性，这样工资率上升企业不仅不会多用工，反而会用机器代替人工，令失业率上升。

几年前我到南方调研，就看到不少企业用机器替代人工的案例。其中广州"博创"较为典型，该公司是一家专做门窗的港资企业。公司老总说，由于工资水平上涨太快，企业只好逐步用先进机器替代人工。近两年，企业工资水平差不多上涨了30%，而替代下去的员工也超过了30%。这方面的事例读者应该也见过，去企业走走，类似的情况很普遍，这里我不多说。

转谈萨缪尔森与索洛吧。我对这两位学者的质疑，主要是他们用通胀率替换菲氏的工资率，如此一来，菲氏所探讨的工资率与失业率的关系就变成了通胀率与失业率的关系。对做这种替换的理由，两位学者曾作过解释：第一，价格由成本加利润构成；第二，工资是企业重要成本；第三，价格变动与成本变动的方向一致。

骤眼看，以上替换似乎无可厚非，但在我看来这样处理过于武断。不错，工资率上升会推高成本，可成本增加却不一定推高价格，因为最终决定价格的不是成本而是供求。众所周知，按成本加成定价只是厂商的卖价，商品短缺，卖价可以是市价；但若商品过剩，消费者不接受卖价便不是市价。事实上，当今市场过剩是常态，通常情况是需求决定价格，而非成本决定价格。

再多想一层，企业的商品价格决定是微观行为，比如商品房的价格，就是由开发商与消费者讨价还价议定。而通胀率不同，它是总量指标，高低要由货币供求定，弗里德曼说通胀始终是货币现象指的就是这意思。换句话讲，只要货币不超量投放，成本不能推动通胀，结构性因素也不能推动通胀，通胀只有一个原因，它只能由需求拉动。

由此看来，用通胀率替换工资率，如此移花接木理论上站不住，而推出的结论当然也不可信。按菲利普斯曲线的说法，降低失业率的唯一法门是扩大货币供应，承受高通胀。可事实并非如此。事实是，政府手里除了货币政策，还有财政政策可用，而且财政政策对推动就业的作用绝不亚于货币政策。

看中国的经验：中国的财政政策一直积极，货币政策却取守势、保持稳健。其效果有目共睹：2019年通胀率不到3%，同时就业也大为可观，当年政府希望增加1100万人就业，实际则增加了1352万人。有权威数据说，2019年城镇登记失业率为3.62%。中国低失业而未高通胀，不是对菲利普斯曲线的有力反证吗？

"配第一克拉克定理"不是定理

"配第一克拉克定理"说：一个国家随着经济发展，第一产业比重会下降，第二产业比重会上升，跟着第三产业比重也随之上升。该定理自1940年提出后，曾得到了库兹涅茨、埃·索维等著名经济学家的支持，众星捧月，使该定理在国际上广泛传播，而且已成为衡量一个国家或地区产业结构是否合理的重要指标，即第三产业比重越高，产业结构就越合理。

有众多著名学者的支持，照理毋庸置疑。事实上，我也不怀疑该定理。不过，我认为不能将它作为衡量产业结构是否合理的依据。理论上讲，该定理其实不是定理，而是"定律"。我们知道，科学上的定理，是指用逻辑演绎证明的命题，通常表述为"若条件，则结论"（如科斯定理）；而定律则是对经验事实的描述，即归纳特定时空下大量事实所得的结论（如牛顿力学定律）。一言以蔽之，定理不受时空约束；定律要受时空约束。

显然，"配第—克拉克定理"属于后者，并不是"定理"。问题就在这里，若它不是"定理"而是"定律"，那么就同样要受时空约束。这是说，与其他定律一样，一旦时空改变，就可能会失灵。正是从这个意义上，所以我说一个地区调结构不必刻意迎合该定律，否则东施效颦，到头来只会弄巧成拙。不是吗？近些年国内实体经济逐步虚脱，其实就与各地盲目发展"三产"不无关系。有前车之鉴，我们怎可重蹈覆辙呢？

别误会，我并不是说"配第—克拉克定律"不可借鉴，能借鉴当然要借鉴。但要指出的是，该定律可否借鉴得首先弄清它的时空条件，若条件不清，我们也就无从做出判断。可令人遗憾的是，该定律的时空条件不仅配第与克拉克未作说明，学界也似乎无人研究。之前曾担心自己孤陋寡闻，最近又翻阅了大量文献，反复查找还是找不见。也好，别人没说我来说，不肯定对，就当是抛砖引玉吧。

在我看来，"配第—克拉克定律"的约束条件主要有两个：一是发展阶段（时间）约束；二是分工范围（空间）约束。所谓发展阶段约束，是指该定律只存在于特定的发展阶段，在别的阶段不存在。我想到的最极端的例证是农耕社会，那时虽有手工业，但并未出现机器大工业与服务业，"配第—克拉克定律"在农耕社会显然不成立。既然农耕社会不成立，当然就是阶段性的规律。而且我认为，此定律只存在于工业化初期到中期阶段，工业化后期特别是后工业社会，该定律也不成立。

为何作此判断？我的分析是这样：

说过了，"配第—克拉克定律"是对经验事实的描述。不过配第的这一思想并非直接来自经验事实，那时尚处在工业革命前夜，工业化要等100年后才起步。真正根据事实归纳此定律的是克拉克，而克拉克所依据的事实则是工业化初期到中期的事实。换句话说，克拉克只验证了工业化初期至中期的结构演进，而工业化后期会怎样他并未验证。而我们今天所看到的事实是，欧美制造业正在回归，从证伪角度看，此定律恐怕也不存在于工业化后期。

转谈分工范围约束吧。此约束有两层含义：一是结构演进要以分工为前提，即没有分工就没有结构演进；另一含义，是分工范围决定结构演进的主体范围。具体讲，在工业化初期到中期，分工范围若只局限于某地区，"配第—克拉克定律"会适用于该地区；但若分工范围扩大，当一个国家形成了地区间的分工，则"配第—克拉克定律"就只适用于这个国家而不再适用于某个地区。同理，当分工范围扩大到全球，那么"配第—克拉克定律"反映的是全球趋势，也就不再适用于某个国家。

还是用一个例子来解释吧。假定一个国家有甲、乙、丙三个地区，甲地比较优势是农业，乙地比较优势是工业，丙地比较优势是"三产"。设若这个国家已经形成了地区间分工，这样甲、乙、丙三地则大可不必拘泥于"配第—克拉克定律"。从单个地区看，虽然每个地区都不符合此定律，但只要这个国家没有深度加入国际分工，那么整体结构演进仍会与定律一致。

所以我的结论是：第一，"配第—克拉克定律"是阶段性规律，绝非永恒不变；第二，此定律适用范围由分工范围决定，故也并非放之四海而皆准；第三，基于以上两点，一个国家的产业定位应立足自身比较优势，断不可削足适履、生搬硬套。

质疑反思

第16章
政策调控工具

"李嘉图等价定理"的前提

追问"拉弗曲线"

利率不是政策工具

维克塞尔的误导

勿误读"货币推动力"

第16章
政策调控工具

作为政府调控经济的工具,财政工具主要是发债、加税或者减税,金融工具则是利率、法定存款准备金率、公开市场操作。本章先讨论"李嘉图等价定理"是否成立,若成立需要哪些前提,然后讨论利率能否作为政策工具以及"货币非中性"理论究竟错在哪里,最后再探讨应该怎样理解"货币推动力"。

"李嘉图等价定理"的前提

讨论到政府筹资问题,读者会很容易想到"李嘉图等价定理"。该定理说:政府筹措资金对内发债与增加收税,其效果是等价的。李嘉图的理由是,政府发债最终要靠增加征税来偿还,故今天的债就是明天的税。这个定理真的能成立吗？在我看来，只有在特定前提下才成立。

对李嘉图等价定理，经济学家历来就有争议。19世纪初，英国国会曾就政府筹措军援经费的方式是加税还是发债展开一场激烈辩论。关于这场辩论，我在第10章详细介绍过，为方便讨论，这里再简单做交代。

以马尔萨斯为代表的一派，主张发债。他分析说，每年军援若需2000万英镑，英国平均每人需捐纳100英镑。若采用加税方式，居民每人就得从自己收入中节约100英镑，这无疑会减少国内消费，导致经济紧缩。但如果选择发债，由于国债当年无须还本，居民每人只需支付这100英镑的利息，若年利率为5%，则政府只需向每人增加5英镑的税收。如此，居民消费可大致不变。

另一派则以李嘉图为代表。李嘉图认为，发行公债与加税的差别，仅在于公债要偿付利息。而利息的偿还，不过是将纳税人的收入转移给国债的债权人，并不改变英国的财富总量。所以不论采取哪种方式，英国筹集2000万英镑支援其他国家，自己都会损失2000万英镑，这样势必要减少国内消费。

李嘉图的意思是：政府若不选择加税，居民虽不必每人缴纳100英镑的税，但政府就得发行2000万英镑的国债。假定年利率为5%、偿还期为1年，这样居民照样会紧缩开支。因为人们知道，国债明年到期，届时政府一定会增加征税，如果不提前将100英镑储蓄起来,到第二年政府增收105英镑新税时将无以应对。

应该说,李嘉图等价定理是对的,不过我认为该定理只是有条件的对。说得更明确些,该定理只有在特定条件下才成立。具体条件是：第一,政府仅一次发债而不持续发债；第二,政府仅发短期国债而不发长期国债；第三,国债仅用于非生产性支出而不用于生产性支出。若无这三条限定,李嘉图等价定理则不成立。

首先,政府若不是一次性发债而是持续发债,发债未必会减少居民消费。李嘉图说,政府发行国债后,国债到期会增加征税。政府一次性发债当然如此,但若是持续发债,政府则可用新债还旧债,是无须加税的。想想银行吧。银行吸收存款其实也是向居民发债,存款到期,银行得还本付息,可银行为何能将存款用于放贷？原因是银行持续吸储,三个坛子两个盖,用新债还旧债。

其次,看国债的期限。退一步,即便政府仅一次性发债,但若发行的不是短期国债而是长期国债,居民当前消费会减少吗？我想应该不会。长期国债的特点是偿还债务有相对长的延付期,而人不会长生不老,要是人们意识到死亡可以逃避将来的税负,或者懂得现在的钱比未来的钱更值钱,自然不会压缩当前消费。消费信贷今天风靡全球,已足以证明这一点。

为维护李嘉图等价定理，美国学者巴罗1974年发表了《政府债券是净财富吗？》一文，他提出了一个观点。他说，由于人类具有关怀后代的动机，将来的税负人们宁愿自己承担也不会推给后代，哪怕有人知道自己活不到偿还国债的那一天，也会减少自己的开支，而先将100英镑为后代储蓄起来。这样发债与加税一样皆会减少现期消费，于是"等价定理"成立。

我不否认人类存在代际关爱，但却不同意巴罗的推论。很简单，如果不把消费者当作一个整体，而对其作结构分析，巴罗的推论就立不住。比如将居民分为富人与穷人两类：富人收入多，扣除了本人消费后还会有剩余留给后代；若政府发债用一部分接济穷人，在此情况下，富人消费不会减少，穷人支出会增加。站在全社会角度看，发债不仅不会减少消费，反而会增加当前消费。

最后，再看国债的用途。政府发债若用于外援或国内非生产性支出，今天的债肯定是明天的税。但若非如此，发债是用于生产投资，就不能武断地讲"今天的债就是明天的税"。生产投资有收益，政府用投资收益偿债就用不着加税。再说，经济发展有周期，经济萧条时发债，繁荣时财政有盈余，政府用繁荣期的盈余回购之前的国债，也不必加税。

事实上，当年李嘉图说发债与加税效果等价，针对的是政府发债用于外援，而且是一次性发短期国债的情形。所以在研究政府筹资时，要特别予以注意，切不可搬字过纸、简单套用该定理。中国已进入新发展阶段，从结构升级到动力转换，皆需政府加大投入。可眼下国家财力有限如何筹资？若在发债与增税之间选择，我会选发债。

从操作层面讲，扩大投资有三个途径：加税、发债与减税。要是希望扩大政府投资，加税不如发债；要是希望扩大企业投资，则发债不如减税。政府今天一方面增加发债，另一方面又加大结构性减税，双管齐下显然是明智之举。我的看法：只要政府不加税，就应给政府打满分。

追问"拉弗曲线"

20世纪70年代兴起的供给学派，影响至今如日中天。然而令人奇怪的是，该学派并没有足够分量的代表作。该学派的思想发端于万尼斯基的《世界运转方式》和吉尔德的《财富与贫困》，可这两本书今天似乎早被人遗忘了，倒是拉弗当年画在餐巾纸上的那条抛物线却流传开来，而且被学界称为"拉弗曲线"。

"拉弗曲线"能够流传，一个重要原因应该是它简单直观。该曲线显示：当税率低于一定限度，提高税率能增加政府税收，但若超过这一限度，再提高税率会使政府税收减少。何以如此？拉弗的解释是：过高的税率会抑制经济增长，令税基缩小，而税基减少政府税收会随之减少；相反，当税率过高时，减税则可刺激经济增长，扩大税基，税基扩大政府税收反而会增加。

据说里根出任总统前，拉弗就曾向他推销过自己的曲线，当拉弗说到"税率高于某一值人们将不愿工作"时，里根拍案叫绝："对，就是这样。"并举证说："二战期间我在'大钱币'公司当演员，当时收入附加税高达90%。只要拍四部电影就达到这一税率，再拍第五部，收入90%都要交政府，我们几乎赚不到钱，所以拍完了四部电影后我们就不再工作，到国外旅游去了。"

1981年美国大选，里根胜出后立即聘请拉弗为总统经济顾问，"拉弗曲线"也因此声名远播，并逐渐成为经济学的主流理论。今天学界有一种观点，认为当年里根总统能够带领美国走出"滞胀"，看家本领就是"拉弗曲线"。此说法虽有争议，不过从当时流行的所谓"里根经济学"看，其核心思想的确就是减税。由此可见，"拉弗曲线"对推动美国减税功莫大焉！

其实，"拉弗曲线"不仅推动了美国减税，今天国内学者主张减税的依据也是"拉弗曲线"。实话说，我自己以前也不认为"拉弗曲线"有错，而且曾多次写文章推介过。最近研究中国的结构性减税，忽然意识到"拉弗曲线"有诸多疑点。比如对最佳税率怎么确定；当税率高过最佳税率时，减税是否一定增加税收；等等。这些都值得深入追问。

我现在的思考：理论上，最佳税率应该存在，但在实际操作层面其实无法确定。拉弗曾分析说，当税率为零时，政府税收是零；而当税率为100%时，政府税收也是零，故他认为最佳税率在零与100%之间。这分析肯定没错，可在零与100%之间具体怎样确定他却没明说。为何不明说？我认为不是他不想说，而是有难言之隐。

一个国家的税负水平，是指税收总额在GDP中的占比。我查到的有关统计数据显示：目前23个发达国家的税负水平平均为27.7%，最高为47.1%，最低为14.6%；而24个发展中国家平均为22.7%，最高为37.7%，最低为16%。各国差异如此之大，税率到底多高为最佳，恐怕谁也说不清。问题在于，不知道最佳税率是多少，我们怎知道该不该减税？当年美国共和党内部出现减税与增税之争，原因就是对最佳税率的认定有分歧。

最佳税率难以确定是一方面。退一步讲，即便我们已经知道了最佳税率，拉弗的推断也未必能够成立。照拉弗的说法，税率向上越过最佳点就进入了税率禁区。而一旦进入税率禁区，拉弗认为政府减税即可增加企业投资，企业投资增加则可扩大税基，这样税率下降政府税收会增加。不知读者是否同意他的分析，我认为减税的结果有两个：政府税收可能增加，也可能会减少。

让我以所得税为例来解释吧。我们知道，所得税取决于两个因素：一是应税所得额（利润）；二是税率。假定某企业投资2亿元，利润率10%，则利润是2000万元。若现行税率为25%，则政府税收为500万元。现在再假定最佳税率是20%，即现行税率超过了最佳税率。于是拉弗推断：若将现行税率从25%减至20%，企业投资会扩大、利润会增加，最后税收会超过500万元。

不错，减税确实能扩大企业利润留存、增加投资。但我认为拉弗只讲对了一半。事实上，投资增加并不等于利润（应税所得额）增加，两者不是一回事。经济学有个边际收益递减规律，说当企业投资达到一定规模后，再增加投资边际收益会下降。可引申出的含义是，企业若持续扩大投资，总有一天利润率要下降。若利润率下降，企业即便增加投资，政府的税收也未必能增加。

还是用上面的例子。比如政府将税率从25%减至20%，政府当年减税100万元，这100万元即变为企业的投资，由于投资边际收益率递减，假定利润率为9%，则新增利润为9万元。于是企业总利润为（2000万元+9万元）2009万元，若政府按20%的最佳税率征税，政府税收为401.8万元。由此可见，减税后政府税收不仅没多过500万元，而且还减少了98.2万元。

让我们换个角度再想，一个国家何时减税呼声最高？当然是经济萧条期。经济萧条意味着生产过剩、产品严重压库，这时候减税固然可刺激投资，但若供给结构不变，加大投资无疑是火上浇油。企业库存不去，利润不能增加，请问减税怎可能增加税收？正因如此，所以我们中国的减税不同于供给学派的全面减税，重点是结构性减税。

我对"拉弗曲线"提出质疑，并不是反对减税。研究经济数十年，当然知道税负过重会挤出企业投资。我想说的是，当前中国经济稳增长绝非只有减税一个办法，推动供给侧结构性改革效果会更好。为配合这一改革，政府应继续坚持结构性减税，而非全面减税。

利率不是政策工具

有个问题我之前一直百思不得其解，中外经济学教科书皆说"利率""存款准备金率""公开市场操作"是央行掌握的三大政策工具；而且同时又说利息是货币的价格，利率高低要由货币供求定。这就让人糊涂了，准备金率与公开市场操作可调节货币供应量，说它们是政策工具好理解，可利率怎能是政策工具呢？

思来想去，将利率看作政策工具，原因大概是历史上每次出现通胀央行往往会加息，这样人们就以为加息是为治通胀。其实这是个误会。众所周知，通胀是由货币供应过多引起的，而加息抑制的却是货币需求而非货币供应。货币供应不减，通胀压力不可能被释放。央行之所以在通胀后加息，不过是对储户存款贬值的弥补，目的并非治通胀。

同时我要指出，那种认为"利息是货币价格"的看法也是误会。事实上，货币的价格不是利息，而是货币的购买力。商品交换是等价交换，若一把斧头的价格是10元，即一把斧头等于10元货币。反过来看，则10元货币的价格就等于一把斧头。货币是固定充当一般等价物的商品，既然是商品，货币之价当然只能用所交换的商品量来表现。

说利息不是货币的价格还有一个依据。读经济史的人知道，利息不仅早于货币出现，而且在没有货币的地方也照样有付息现象。早年中国民间实物借贷很普遍，春借粮两斗，秋还两斗半，那多还的半斗实际就是利息。半斗除以原来所借的两斗，比值就是利率。在这里，我们根本看不见货币，但利息却存在，显然利息是货币价格的说法不可信。

由此推，说"利率由货币供求决定"的观点也是错的。经济学讲供求决定价格，货币供求决定的当然就是货币价格。前面说过了，货币价格是货币的购买力，即所交换的商品量。若货币供过于求，购买力下降（如20元等于一把斧头）；若货币供不应求，则购买力上升（如5元等于一把斧头）。可见，货币供求与利率决定并无直接关系。

于是问题就来了，若利息不是货币的价格，利率也不由货币供求决定，那么利息到底为何物？利率怎么决定？要回答此问题，有两位经济学家不能不提：一位是奥地利经济学家庞巴维克。他在1889年出版的《资本实证论》中说，由于现在的钱比将来的钱更值钱，如果现在有人要预支将来的钱，他就得支付两者的价差，这个价差就是利息。简言之，庞巴维克认为利息乃货币的时差价值。

另一位经济学家是美国的费雪，其代表作是1930年出版的《利息理论》。费雪的观点与庞氏大同小异，但由于他们的角度不同，引出的含义也不同。费雪说，虽然人性普遍"不耐"（不能耐心等待），但"不耐"的程度却有高低之分，有人很不耐，有人稍耐些。不耐的人要即时享受，就得用将来的期货交换稍耐的人的现货，为此不耐的一方必须给稍耐的一方贴水（付息）。于是费雪给出定义：利息是"耐"的报酬，"不耐"的代价。一个人越不耐，所付利息就越多，利率也就越高。

我赞成费雪的分析。仔细想，的确是"不耐程度"决定了利率。战乱时期，人们生死难卜，于是不耐上升，利率通常被推高；反之，太平盛世人们丰衣足食，人心安定，不耐下降，利率也下降。另一个例子是国债利率与银行利率。为何国债利率通常要高于银行利率？原因是政府不耐，要着急找钱弥补赤字。再有，当下国内民间借贷利率为何也普遍高于银行利率？答案是银行审贷烦琐、时间长，有人不耐等待，宁愿支付更高的利息。

我这样推介费雪，读者可能要问：如果费雪的利息理论是对的，我们能从费雪的理论中得到什么启示呢？我认为至少有以下三点：

第一，利率是由社会的"不耐程度"决定的，与货币供应无关。上面的例子，国债利率与民间利率均高于银行利率，并非货币供应有何改变，而是政府与企业的不耐导致了利率差别。而可推出的政策含义是，央行抬高利率不能减少货币供给，对市场流动性过剩，不能用加息的办法解决。

第二，所有影响"不耐"的因素都会影响利率。比如出现了通胀，人们预期未来物价大涨，不耐的程度会加剧，利率肯定被拉高。这也是通胀时期美联储要加息的原因。很多人以为，美联储加息是为了控制通胀，恰恰相反，是通胀导致了加息。加息只是通胀的结果，不是压制通胀的手段。弗里德曼说，通胀始终是货币现象，控制通胀的唯一办法是收紧银根，减少货币供应。

第三，央行不可脱离"不耐"操控利率。还是举通胀的例子。假如基点利率4%，而通胀指数5%，那么市场利率应升至9%。但如果为了压制通胀央行将利率提高到10%，结果如何？那一定是贷少存多。问题是，银行高息吸收存款却不能贷出岂不是要赔本？银行自然不会坐以待毙。若利率不许明降，就会设法暗降，只要银行把钱贷出去，则货币供应依旧，政府控制通胀的企图必定落空。

读者要记住，利息是"不耐"的代价而非货币的价格；利率由"不耐程度"决定，非由货币供求决定。由此可见，利率并非央行的政策工具。30年前，教科书说"价格"是政府调节经济的杠杆，而今天"价格杠杆说"在教科书里已销声匿迹，但愿"利率工具说"也能尽早引退。

维克塞尔的误导

追溯理论源头，最早提出利率是政策工具的是瑞典经济学家维克塞尔。1898年，他的《利息与价格》一经出版便轰动欧洲。关于他对经济学的贡献，学界公认是他首次将价格分析与货币分析加以连接；首次将经济学静态分析引向宏观动态分析；首次提出了"非中性货币理论"与"累积过程原理"。今天大行其道的"利率工具论"，就是由该原理推导出来的。

从萨伊到马歇尔，大多经济学家皆认为货币是中性的，即价格由商品供求决定，货币增减只会影响价格总水平而不会改变商品比价，故而对经济不会产生影响。而维克塞尔的看法却相反，认为货币不仅是交换媒介，而且有储藏功能。若有人卖出商品后不马上买，货币被储藏，商品供求就会失衡，所以他认定货币是非中性的，对经济会产生影响。

维克塞尔说：由于货币非中性，要想让商品供求恢复均衡就得用"利率"调节价格。为此他借用了庞巴维克的"自然利率"与"实际利率"来解释自己的观点。所谓自然利率，是指不存在货币时的"实物资本"借贷利率；而实际利率则是指"货币资本"的借贷利率。维克塞尔指出，自然利率不同于实际利率，前者不影响价格，后者会影响价格。

他的推理是这样：当实际利率高于自然利率，企业会觉得有利可图而增加贷款扩大投资，投资需求增加会抬高原材料、劳动力与土地等要素的价格。要素价格上涨，要素所有者的收入增加，这样又会继续拉动消费品价格上涨，于是价格就形成了一个"向上累积"的过程。反过来，若实际利率低于自然利率，价格变动方向相反，会出现一个"向下累积"的过程。

维克塞尔由此得出结论说：利率与价格之间有某种内在的因果关系，而且由于货币的存在，实际利率往往会偏离自然利率，也正因如此，要想保持价格稳定就必须适时调控实际利率，让实际利率与自然利率保持一致。于是由此引申，学界就有了"利率是政策工具"的说法。

对以上维克塞尔的论证，不知读者怎么看，实不相瞒，《利息与价格》我曾读过不下三遍。学生时代读过不算，那时候是为了应付考试；20年前重读，仍觉得无懈可击，还曾多次在自己文章中引用他的理论；可最近再读，却发现他的理论并不能自圆其说。

维克塞尔说：货币出现后实际利率会偏离自然利率，而我却总也想不通实际利率为何会偏离自然利率。根据庞巴维克的定义，利息是货币的时差之价；而费雪将利息定义为"不耐"的代价。两人表述不同但意思相近，即利息（利率）高低取决于借期的长短或不耐程度，与借贷品是"实物"还是"货币"无关。这是说，货币出现前利率由"不耐"决定；货币出现后利率仍由"不耐"决定。

这样问题就来了：既然决定利率的是同一因素（不耐），实际利率就应该等于自然利率，两者怎可能偏离呢？我个人揣测，维克塞尔相信实际利率会偏离自然利率，大概与多数学者一样也将利息看成了货币的价格，以为利率的高低是由货币供求决定。只可惜这看法是错的，事实上，货币的价格不是利息，而是它所交换的商品数量。此其一。

其二，价格上涨究竟是由利率推动还是货币量拉动？毫无疑问，单个商品的价格是由该商品的供求决定；而价格总水平则由货币供求决定。换句话说，利率既不能改变单个商品的价格，也不能影响价格的总水平。照维克塞尔的说法，实际利率若低于自然利率企业会有扩贷需求。可我要追问的是，若货币供应没增加，企业无款可贷利率怎可能拉高要素价格？若要素价格不涨，要素所有者收入不增加，当然消费品价格也不可能涨。由此可见，决定价格总水平的是货币量而非利率。

其三，央行调控实际利率的依凭为何？说过了，货币市场的"实际利率"在量上其实就等于"自然利率"。退一步，即便实际利率与自然利率不相等，可在货币经济下你能知道自然利率是多少吗？如果我们不知道自然利率是多少，请问央行又何以去调控实际利率？在我看来，所谓调控实际利率使之与自然利率一致的主张不是自欺欺人，就是为操纵利率提供借口。

由此看来，维克塞尔的"利率工具论"确实是一种误导。为澄清误解，我这里要重申三点：第一，商品价格是微观现象，价格总水平是宏观现象，两者不可混为一谈；第二，价格总水平由货币供求决定，货币供过于求会通胀，货币供不应求则通缩，价格总水平与利率无关；第三，利率由"不耐程度"决定。尽管通胀时期"不耐程度"有可能会加剧，但不能因此就说利率由货币供求决定，更不要误以为加息可以抑制通胀。

勿误读"货币推动力"

我研究经济学数十年，从未见过有哪位经济学家否认货币的作用。当年读马克思的《资本论》，其中关于"货币作用"的名言，我至今能背得出原文。马克思说：在社会资本再生产中，货币"表现为发动整个过程的第一推动力"；并指出，对每一个新开办的企业来说，货币是"第一推动力和持续的动力"。

货币作为商品的一般等价物，具有价值尺度、流通手段、支付手段、储藏手段、世界货币五大职能。事实上，在现代市场经济体制下，一切商品交换皆离不开货币，在经济生活中，货币确实起到了举足轻重的作用，这大概也是西方国家每次遇到经济衰退时，皆要用扩张性货币政策刺激经济的原因。

往前追溯。20世纪30年代，西方世界发生经济大萧条。1936年，凯恩斯出版了《就业、利息和货币通论》，他所开出的药方是国家干预经济，即用扩张性财政政策与货币政策投资公共工程，扩大内需。此一主张，一度成为欧美国家的国策，凯恩斯也因此被誉为战后经济繁荣之父。然而到了20世纪70年代，西方世界却普遍陷入了"滞胀"。于是凯恩斯的理论遭到众多批评，跌下神坛。

2007年，美国又发生了次贷危机。面对大规模失业，奥巴马政府再次采用凯恩斯的理论，一方面推行赤字预算（发国债）；另一方面，实施量化宽松货币政策。可遗憾的是，奥巴马执政时期美国经济并无明显起色。特朗普上台后，改用供给学派的主张，大刀阔斧地减税，并将公司所得税率从35%降至21%，最近几年，美国经济才逐步有所恢复。

再看中国，2008年，受美国次贷危机的冲击，国内不少中小企业停产歇业，当时有近2000万农民工提前下岗返乡。为了稳企业保就业，同年11月，国务院推出了4万亿扩需计划，重点投资铁路、公路、机场等基础设施。现在回过头看，4万亿扩需计划对缓解次贷危机冲击，效果的确立竿见影；但同时也让我们进入了漫长的"前期政策消化期"。

从上面的例子可见，货币既能推动经济发展，但也有副作用，甚至可能闯祸。若站在企业的角度，这样讲似乎不太好理解。对单个企业来说，货币作为商品的固定等价物，手里的货币越多，调动资源的能力就越强，货币当然越多越好。也正是从这个意义上，马克思说货币是企业的第一推动力和持续动力。

但若从宏观角度看，货币并非多多益善。对此，需要我们深入理解"货币"与"资本"的区别。马克思讲得清楚，资本是不断增值的价值，其"实物形态"是各种生产要素（商品）；"价值形态"则表现为一定数量的货币。这是说，货币本身并非资本，特别是当金银货币退出流通后，货币只是资本的纸制副本。

是的，货币与资本不是一回事。若读者不信，可以去读《资本论》，你会发现马克思说"货币是第一推动力"，那里的"货币"其实是指"货币资本"，而不是指纸币（钱）。当一国发行的货币等于商品流通所需要的货币量时，货币是资本。若货币超发，不仅不会增加资本，反而会导致货币贬值、引发通胀。

让我举个例子解释。根据货币流通公式：

流通中所需要的货币量＝一定时期社会商品价格总额／同名货币流通速度

假定商品价格总额为50万亿元，货币流通速度5次／年，则流通中所需要的货币量为10万亿元。假定央行发行了12万亿元的货币，那么这多发的2万亿元货币没有对应的商品，就只是钱，而不是资本。

读者看明白没有？资本是不断增值的价值，而纸币发多了会贬值，所以不能将两者混为一谈。我在前面说过，作为经济第一推动力的货币，指的是货币资本；而且按照马克思在《资本论》中的分析，货币要发挥对经济的推动作用，至少应具备以下三大前提：

前提一：货币供求要保持总量平衡。在金银货币流通的前提下，货币是推动经济增长的动力；而当纸币替代金银货币流通后，若货币供给大于需求，必然导致通胀。一旦出现这种情况，则弊大于利，会给经济带来不利的后果。

前提二：商品供求要同时保持总量与结构平衡。经济理论与经济发展史皆表明，货币是中性的，货币调节属于总量调节，解决不了结构问题。当供给短缺时，增加货币投放只会拉动价格上涨；而当供给过剩时，多发货币也只会火上浇油，加剧生产过剩与结构失衡。

前提三：货币资源的分配应由市场起决定作用。有两个重点：一是要尊重市场"等价交换"规则，政府不能管价格；二是要放开市场利率。对某些需要扶持的企业，政府可用财政贴息的办法予以支持，不可用行政手段控制利率。只有让市场化利率引导资金流动，才能将好钢用在刀刃上，提高资金的配置效率。

回到中国的现实，我提三点建议：第一，在当前经济下行压力较大的背景下，财政政策可靠前发力，重点减税；但货币政策则应继续保持稳健，绝不能搞大水漫灌。第二，为了保就业与民生，应以供给侧结构性改革为主线，把扩大内需与结构性改革结合起来，坚持从供给侧发力扩内需。第三，应重视GDP增速，但不必纠结速度指标，要保持定力，坚持速度服从质量，把高质量发展放在首位。

质疑反思

第17章
初次分配与再分配

从交换角度看分配

基尼系数的经济含义

收入与消费悖论

政府补贴的两个规则

第17章
初次分配与再分配

收入分配的核心是怎样处理好效率与公平的关系。在第9章,我介绍过经济学家关于这个问题的主要观点,本章将从反思的角度,对萨伊的"三位一体"公式、基尼系数的经济含义、收入与消费的关系以及政府补贴的规则等进行讨论。

从交换角度看分配

关于收入初次分配,经济学最著名的分配规则,当属萨伊的"三位一体"公式:资本—利润,土地—地租,劳动—工资,也称"按生产要素分配"。当年我大学时期读《资本论》,就知道马克思批评过萨伊,后来读萨伊的《政治经济学概论》,我也认为萨伊的理论有错。可2002年中央将"确立劳动、资本、技术和管理等生产要素按贡献参与分配的原则"写进了党的十六大报告后,学界却有人说萨伊的"三位一体"公式并没有错。

可以肯定地说,萨伊是错了的。他错就错在混淆了收入来源与收入分配的区别。在他看来,资本得利润与土地得地租,是因为资本创造了利润、土地创造了地租。而马克思批评说,收入(价值)来源于劳动,资本与土地只是创造收入的条件。的确,收入来源与创造收入的条件是两回事。爱迪生发明电灯需要实验室,可我们能说是爱迪生与实验室共同发明了电灯吗?这是一方面。

另一方面,资本与土地虽只是创造收入的条件,但让它们参与分配却没有错。对为何要允许生产要素参与分配,目前国内学界有两点解释:一是生产要素对收入创造有贡献;二是中国尚处在工业化中期,资本、技术、管理皆短缺,不允许要素参与分配则无以调动全社会资源。还有人举证说,近30年非公经济风生水起,一个重要原因就是允许资本参与分配。

以上解释我同意,不过从学理看,这样的论证并不严密。科学逻辑说,某个理论命题成立,一定是在特定的前提下成立,若离开了前提便不成立。按要素分配理论也不例外,我认为至少有两个前提:第一,生产要素要有不同的占有主体;第二,产权要有明确界定并受法律保护。若没有这两个前提，不仅不存在按要素分配，甚至也不会有市场交换。

对第一个前提，马克思曾有精辟分析，下面这段话相信读者也熟悉。马克思说："商品不能自己到市场去，不能自己去交换。因此，我们必须找寻它的监护人，商品占有者。"同理，生产要素也是商品，若没有占有主体也就没有监护人，没有监护人生产要素也不能自己卖自己。所以生产要素要进入交换，也必须有占有主体。

对第二个前提，我的看法是这样：如果生产要素有占有主体但若产权不受保护，这样不仅不能产生交换经济，相反会导致强盗经济、土匪经济。不妨设想一下，国家不保护产权意味着什么？那无疑是说，国家承认或者默认弱肉强食规则，意味着抢劫盗窃、欺行霸市等皆不违法。若如此，侵占别人财产不被治罪怎可能出现交换呢？

显然，以上前提其实是交换的前提，读者可能要问：为何将交换的前提设定为分配的前提？我明白读者的疑惑。因为表面看分配并不同于交换，而且在人们的观念里，分配是主体对客体的分配，而交换却不分主客体，强调的是等价交换。对此我要指出的是，人们所理解的那种主体对客体的分配是计划体制的分配，市场体制的分配实际就是交换。

想想住房分配吧。过去计划经济时期城市的房产大多公有，那时住房通常是由政府根据人们的职级、工龄等分配；

而实行市场经济后，住房产权被界定为居民所有且受法律保护，于是住房分配也就不再由政府主理，而是让居民进入市场购买，变成了交换。从这个例子可见，在市场经济下，只要明确界定产权并保护产权，分配就是交换，交换也是分配。

回头再说分配规则。我的推论是：若要素产权得到界定并受保护，则企业分配必是按要素分配。何以有此推论？为方便理解，让我用例子解释：假定有三个人，他们分别是资本、土地和劳动力的所有者，经过协商，他们同意将各自生产要素组合起来办企业，结果一年收入了1000万元。这1000万元怎么分配？假如国家保护产权，三个要素所有者都应参与分配，不然剥夺任何一方分配权皆是对"产权"的侵犯。

是的，按要素分配是企业分配所应遵循的原则，但这只是一个原则，若进入操作层面还会有一个难题，那就是资本、土地和劳动力参与分配的比例怎么确定？理论上讲，应该看它们各自的贡献，可问题是我们怎么知道不同要素的贡献呢？要解决此问题我认为还得从交换入手，虽然我们不知道它们各自的贡献，但通过交换却可以确定。

事实上，对怎样确定收入分配比例，马克思早就为我们提供过思路。他明确地讲：利润是资本的价格；地租是土地的价格；工资是劳动力的价格。照此理解，确定要素的收入分配比例其实就是给要素定价。这样一来问题就变得简单了,价格由供求决定,各要素在收入分配中究竟占多大比例,最终就取决于它们各自的供求状况。

讲到这里,我想再说几句题外的话。最近学界就国内工资问题产生了不小的争论,有人认为目前工资偏高推高了企业成本,主张降工资;但也有人反对,认为工资不仅不高反而偏低。我的看法:工资高低谁说了也不算,要由劳动力供求决定。不过随着人口老龄化、劳动力供给日渐短缺,未来工资上涨恐怕是不可逆转的趋势,这样看降工资未必是明智之举。

基尼系数的经济含义

读者对"基尼系数"应该不陌生,此系数一直被看作是衡量"收入差距"的指标。怎样测算基尼系数才能真实反映收入差距?

人们拿"基尼系数"说事,是希望政府重视收入差距,无可厚非。但测算基尼系数,应先弄清楚何为收入。举个例子,某民营企业一年利润2000万元,而某员工一年工资10万元,请问企业2000万元利润算企业主收入吗?倘若算,那么企业主收入就是员工工资的200倍,差距可谓大矣。问题是,员工工资多数是用于个人消费,而企业利润少量会用于企业主消费，大量却用于投资，两者肯定有不同，读者是否注意到这其中的分别呢？

说到收入，不能不提到美国经济学家费雪。当年费雪写那本大名鼎鼎的《利息理论》，开篇就讲"收入是一连串事件"。什么意思？费雪用三个概念解释。一是享用收入。费雪强调，只有当货币用于购买食物、衣服、汽车等进行享受时才成为收入。二是实际收入。享用收入是心理感受，没法度量，所以他认为可用实际收入（生活费用）来近似反映，比如我们用晚餐或看电影，其享受虽无法用多少元衡量但却知道花了多少钱。三是货币收入。这个简单，就是指所取得的用于支付生活费用的货币。

很显然，在费雪那里所谓"收入是一连串事件"，是说收入是一连串的消费（享受）。他讲得很形象，以家庭门限为界，不管你赚多少钱，把面包、黄油、衣服、汽车等买进家门并立即消费了是收入，否则就不是收入。还是上面的例子，某企业主一年进账2000万元，若支付生活费用为20万元，那么这20万元是他的收入；剩下的钱若存银行是储蓄，买了机器是投资。但无论储蓄还是投资，都是企业主财产（资产）而非收入。

费雪如此界定收入，或许有人不同意，因为不仅教科书上不这么说，与人们惯常理解也大相径庭。而我却接受费雪的收入定义，因为只有用他这个定义才能解通世事。举我自己的例子，当年从中国人民大学毕业求职，本可去一家外企就业，月薪3000元；也可到中央党校任教，月薪300元，可我最后还是选择了党校而放弃外企，为何？外企薪酬虽是党校的10倍，可党校能提供住房，外企却没住房，两相比较，在党校教书的收入（消费）并不低于外企。

以上说的是自己选择职业，若再换个角度，让我与那些私企老板比又如何？昔日师友今天在商界的成功者不乏其人，人家开公司日进斗金，而我做教授月入不足2万，你认为我会羡慕他们吗？一点没有是假的；但如果你认为我会后悔当初自己没下海就错了。我曾与一位做老板的师兄探讨过，表面看，他的收入（生活费用）确实比我高，但除开商界应酬，单论个人收入（消费）其实相差无几，至少没有原来想象的那么大。

绝不是吃不着葡萄说葡萄酸。我说自己与老板（师兄）收入相若，那仅是从个人消费看；若转从财产看就不同了，他资产过亿，而我呢？除了所住房子别无其他，两者当然没法比。由此可见，我等工薪阶层与私企老板的差距，主要是在"财产"而不在"收入"。不信你再去读读《资本论》，会发现马克思揭示资本积累趋势也是从财产角度讲的，所谓财富积累与贫困积累，比较的并不是资本家与劳动者的个人收入。

回头再说基尼系数。有个误会需澄清：不少人以为，基尼系数反映的是收入差距，学界也有人这么看。事实上，这个看法是错的。基尼系数虽也包含收入差距，但那仅是一小部分，无足轻重，它所反映的主要还是财产差距。比如有人讲中国20%的人口拥有80%的财富，显然说的是财产而非收入。

是的，比起收入差距来，目前财产差距更大，也正因如此，与其调收入就不如调财产。再说，政府调收入的办法也并不多。前面讲，收入即消费。这样调收入实际是要调消费。问题是消费怎么调，拜读过不少学者的文章，来来去去似乎就两条，即对工资"限高"或者"提低"，可困难在于工资乃劳动力之价，高低要由市场定。政府"限高"只能针对国企，对私企则鞭长莫及；当然，政府可提高法定最低工资，但前提是得先减税，若只加工资不减税，失业增多反而麻烦更大。

至于如何调财产，我这里只说重点：第一，将农村资源变资产，并为农民资产确权。农民有了财产权，才能取得财产性收入。第二，对财产课税。现在不少富人到处买房置地，你钱多买什么别人管不了，但政府要调收入应对其征税。第三，开征遗产税。此事已说过多年，至今尚未开征，若再久拖不决，财产差距会越拉越大。

收入与消费悖论

我已经讲过，投资、消费、出口并不是拉动经济的三驾马车，三者合起来是"一驾"，其中消费是马，投资是车，出口是车上的物品。若这样看，则投资就要以消费为牵引，消费如果不增加，增加投资无疑会增加库存或产能过剩。于是也就带出了一个问题：投资由消费带动，而消费由什么决定呢？

古典经济学的回答：消费由收入决定。从亚当·斯密到马歇尔，大多经济学家也都这么看，认为消费是收入的函数。平心而论，古典经济学的消费函数不应该错；而且从事实观察，生活中收入决定消费的例子举不胜举。李嘉诚的收入高过我，他的消费也肯定高过我；东部地区居民的收入高过西部居民的收入，前者的消费也明显高于后者的消费。

然而马歇尔之后，经济学家的看法有了改变。首先是费雪，他在1930年出版的那本《利息理论》中，一开篇就说"收入是一连串事件"。何谓"一连串事件"？他的解释是指一连串消费活动。比如某人拥有10万元，若用7万元购买了生活品，这用于消费的7万元便是他的收入，余下3万元不是收入而是他的资产（如储蓄、股票等）。显然，在费雪看来收入可分广义与狭义两种：狭义收入等于消费，而广义收入则大于消费。

另一学者是凯恩斯。凯恩斯虽然认同消费函数，但他认为消费不会随收入同比例增长。1936年，凯恩斯出版了《就业、利息和货币通论》，为说明一个国家为何会消费不足，提出了所谓"边际消费倾向递减规律"。意思是：随着人们收入增加，消费也增加，但消费增加却赶不上收入增加，这样消费在收入中的比重（消费倾向）会下降。从增量看，一个人收入越高，消费在收入中的占比就越低，故收入增长与消费增长并不同步。

对凯恩斯的分析，多数读者恐怕会同意。以我自己为例。1992年我参加工作，当时月工资是300元，每月消费270元，留下30元存银行，其消费倾向为0.9；后来月工资涨到500元，每月消费400元，留下100元存银行，消费倾向降至0.8；现在月工资涨至10000元，每月消费4000元，余下6000元存银行，消费倾向又降至0.4。若我的工资有机会再涨，消费倾向会更低。大约20年前，有人曾对国内居民收入与消费作过实证，结论也说那时候消费倾向是下降的。

有实证支持，当说消费倾向递减毋庸置疑。可20世纪50年代后，消费信贷在欧美悄然兴起，不少人的消费支出开始超出他们的收入，比如有人本来买不起房，但有了消费信贷，他们便可通过银行贷款购买住房。时至今日，国内消费者贷款买车、买房的事也早已屡见不鲜。这现象的出现，无疑是对凯恩斯理论的挑战,同时也从另一角度证实了消费并非受收入约束,它可以超过收入。

果真如此吗?对此有两位经济学家用自己的"假说"作了否定的回答。一是莫迪利安尼的"生命周期假说"。此假说指出:在人生的不同阶段,消费与收入会有不同的安排。通常的情形是:年轻时消费会大于收入,有负债;中年时收入会大于消费,有储蓄;老年时,消费会大于收入,用储蓄弥补缺口。前后算总账,一个人一生的消费,最终仍取决于他一生的收入。这样看,消费并未超过收入。

二是弗里德曼提出的"持久收入假说"。此假说认为,人的收入分为现期收入与持久收入,而决定消费的是持久收入而非现期收入。何谓持久收入?弗里德曼说是指三年以上相对固定的收入。想想也对,现期收入固然对消费有影响,但影响不会大。一个人现期收入不高,但若持久收入高,他确实是可增加消费的。说一件往事,10多年前我和同事一起曾赴云南临沧考察,当时那里茶农的收入很低,可银行却很乐意为他们提供建房贷款。何故?请教银行主事人,得到的回答是普洱茶将涨价,茶农今后的收入会提高。

以上两个假说角度虽不同,但殊途同归,讲的其实是同一道理:从短期看,一个人的消费有可能大于收入;但从长期看,消费终归还是由收入决定。不知读者怎么想,我认为一定意义上算是挽救了消费函数。不过尽管如此,上述假说却有一个难题，它们仍解释不了美国2008年发生的房贷危机。比如照弗里德曼的假说，消费者按持久收入消费，银行按客户的持久收入贷款，请问怎会出现房贷危机呢？

说我自己的看法。经过多年思考，在这里我提出两个推论：其一，假若有消费信贷安排，一个人的消费水平由持久收入决定，否则仅由现期收入决定；其二，在消费信贷的条件下，一个人的消费水平不仅取决于持久收入，同时也决定于信贷杠杆率。第一个推论好理解，不必多说，因为消费信贷就是将人们的未来收入折现为当期收入。第二个推论复杂些，让我举例解释：

某人自己有100万元想购房，假定银行不提供房贷，显然，他此时只能购买100万元的房产。现在假定有消费信贷，比如银行可提供50%的贷款，那么他用100万元就可购买到200万元的房产，杠杆率是2倍；而银行若提供90%的贷款，他用100万元便可购买1000万元的房产，杠杆率是10倍。由此可见，信贷杠杆对消费的作用举足轻重。

今天学界的共识：当年美国房贷危机，始作俑者是过高的杠杆率。这也给我们一个提醒，当下中国经济稳增长需要提振消费，而提振消费，当然要有消费信贷的配合。但要注意的是，在扩大消费的同时，务必控制好信贷杠杆。美国房贷危机是前车之鉴，我们不可重蹈他人覆辙。

政府补贴的两个规则

20世纪初，英国经济学家庇古提出的"收入均等化定理"，一时间风生水起，并影响过当时英国政府的政策。说来也巧，2015年诺贝尔经济学奖得主安格斯·迪顿也是英国人，他的主要贡献是研究贫困与不平等。他的其中一个观点：若不改变造成收入差距的不平等，援助穷人不会让穷人逃离贫困。此观点国内媒体争相报道，看网上评论，迪顿仿佛成了人们心目中救苦救难的菩萨。

其实，迪顿的理论并不高深，类似的观点国内早有，如授人以鱼不如授人以渔、输血不如造血等。可惜这些都是形象说法，算不上理论，也没有人像迪顿那样下功夫用数据去作验证。所以对迪顿获奖虽感意外，但并不奇怪，应该衷心为他鼓掌。

关于政府怎样补贴穷人，我曾写过多篇文章，如《从供求看农业补贴》《政府不必补贴富人》《补砖头不如补人头》《关于家电骗补问题》等。今天重读这些旧作，观点仍没变；但观察问题的角度已经有了转变。在我看来，分析政府补贴不能一事一议，应先从理论层面探讨。

以往的政府补贴名目繁多，如住房补贴、家电补贴、农机补贴、化肥补贴、农药补贴、燃油补贴等，不一而足。我们无须怀疑政府的初衷，但效果往往事与愿违。举例说，前几年政府为了资助穷人买房，拿出大量资金补贴建经适房。结果呢？经适房穷人买不到，购房者多是富人，这样富人反而搭了穷人的便车。

有人说，那是因为补贴方式不对，若政府不补贴建经适房，而发购房券让穷人自主购房，富人怎可能搭穷人的便车？是的，补贴建房是间接补贴，发购房券是直接补贴，论效果，"补商品"确实不如"补货币"。然而多想一层，"补货币"难道就一定是补穷人吗？答案是"不一定"。

让我再举一个例子。几年前我赴河南豫东农村调研，当地农民告诉我，他们对政府发放农药补贴很感激，但他们并没得到实惠。怎么回事？陪同的乡干部解释：一瓶杀虫剂原先是50元，可政府给了农民货币补贴后，杀虫剂马上涨价，补多少涨多少，结果真正受益的不是农民，而是商家。

可见，货币补贴虽可解决购房一类的问题，但却不能包治百病，别的问题还是解决不了。这是说，无论"补商品"还是"补货币"，穷人都有可能不是受益者。这显然背离了政府补贴的初衷。政府的初衷是扶贫，可到头来补贴的却是富人。我称这现象为"政府补贴悖论"。

政府补贴为何出现悖论？从学理分析，我认为有两个决定因素：一是市场主权；二是补贴方式。众所周知，市场分卖方（主权）市场与买方（主权）市场，商品供不应求为卖方市场；反之为买方市场。而补贴也分两种，即商品补贴与货币补贴。若将两类市场与两类补贴相互搭配，便有以下四种组合：

组合一，买方市场与补贴商品。在此情况下，由于商品供过于求，价格有下降压力，若政府此时补贴商品，受益者只能是生产商。家电补贴是典型例子。前几年政府补贴家电，而多数穷人迫切需要的并非家电，如此一来，家电商拍手称快，穷人只能望"补"兴叹！

组合二，买方市场与补贴货币。我认为在此情况下补贴的受益者是穷人。因为市场上商品供应过剩，价格会往低走；而同时政府补贴的又是货币，这样穷人拥有自主选择权，商家不可能挤占政府给穷人的补贴。

组合三，卖方市场与补贴商品。若市场是卖方主权，表明商品供应短缺，价格有上涨压力。此时政府若补贴商品，价格不一定会下降。即便政府直接限定补贴商品的价格，由于供不应求，穷人未必能买到。要不就得找门路、托关系，而其中花费一定不会少。经适房是这方面的例子，我不多说。

组合四，卖方市场与补贴货币。很多人以为，只要政府不补贴商品而补贴货币，穷人则可受益。可实际远比这复杂。商品供不应求，价格要上涨；若政府再给穷人补贴，需求会进一步拉升价格，这样商家通过涨价就能轻而易举地将政府补贴吸尽，前面提到的农药补贴就是例证。

显然，以上四种组合中，只有第二种组合（买方市场与补贴货币）可取，其他三种组合名义上是补贴穷人，实际皆是补贴富人，这正好也印证了迪顿的推断。当下的困难：一方面，政府对穷人不能袖手旁观，而另一方面又难以帮到穷人。怎么办？我这里提两点建议：

第一，将补贴商品一律改为补贴货币。今后政府补贴穷人不再补贴商品，应直接补贴货币。财政的钱来自税收，拿纳税人的钱补贴商品，不仅穷人不受益，而且会导致不平等竞争。前几年就有人质疑：政府为何补家电而不补服装？理由没人说得清。

第二，在补贴货币的同时推进与改善供给。商品过剩时政府可给穷人补贴货币；但当商品短缺时，政府应着力推进与改善供给。供给不增加，给穷人补贴货币不过是为富人作嫁衣，所以政府可以给穷人补贴货币。我认为重点是鼓励生产，保障供给。

质疑反思

第18章
国际经济循环

国际收支平衡的认识误区

比较优势并非陷阱

参与国际分工没有输家

高关税的错觉

第18章
国际经济循环

进入21世纪以来,国际上贸易保护主义重新抬头,"逆全球化"思潮暗流涌动。有几个代表性观点:维持国际收支平衡要求双边贸易平衡;按"比较优势"参与国际分工是陷阱;落后国家与发达国家开展自由贸易会吃亏;高关税能保护本国产业和就业。这些观点其实都不成立,若不予以澄清,会遗患无穷。

国际收支平衡的认识误区

一个国家宏观调控的目标之一是维持国际收支平衡。然而对怎样维持国际收支平衡,人们却存在两大认识上的误区:一是维持国际收支平衡需保持国际贸易平衡;二是维持国际贸易平衡要求双边贸易平衡。为何说这两种看法有误区？让我分别做解释：

首先，将国际收支平衡等同于国际贸易平衡肯定是误解。对此，只要看看国际收支平衡表就清楚了。我在第13章讲过，国际收支平衡表包括经常项目、资本项目、外汇储备三个项目，而经常项目（国际贸易）只是其中一项。从逻辑上讲，一国对外贸易不平衡对国际收支会有影响，但不能因此就推定该国国际收支不平衡。

要理解这个问题，需要先弄清经常项目、资本项目、外汇储备之间的关系。经常项目下的进口，是指将外国商品买入国内；出口则是指将本国商品卖出国境外。资本项目虽不同于贸易项目，但也无实质区别。其实，对外投资也是购买国外商品，只是未将外国商品买入国境内；引进外资也是出口商品，不过未将本国商品卖到国境外。

理解了这一点，"贸易项目"与"资本项目"的关系便一目了然。简单说，在国际收支平衡表中，贸易项目与资本项目是互为消长。比如中国将100亿元商品出口到国外，商品离开了国境，在贸易项目的贷方记"100亿元"；同时出口换取外汇100亿元，于是在资本项目的借方也记"100亿元"。反过来，中国将50亿元外国商品进口到国内，在贸易项目的借方记"50亿元"，同时由于资本流出50亿元，于是在资本项目的贷方也记"50亿元"。

上面例子中，中国出口商品100亿元，进口商品50亿元，贸易项目有50亿元顺差；再从资本项目看，资本流出100亿元，流进50亿元，资本项目便有50亿元逆差。由此可见，一个国家贸易项目有顺差，资本项目就会有逆差；反之，一个国家贸易项目有逆差，则资本项目就会有顺差。将两个项目综合起来，该国的国际收支却是平衡的。

问题在于，当一个国家贸易项目与资本项目同时出现顺差或者逆差怎么办？这种情况虽不多见，但确实存在。如我国的经常项目与资本项目就曾出现过双顺差。在此情况下国际收支能否平衡呢？回答这个问题，让我们再分析国际收支平衡表。

前面说过，国际收支平衡表中还有一个"外汇储备"项目，一个国家经常项目与资本项目同时出现顺差，外汇储备必然增加。要知道，外汇储备通常用于国外存款，购买外国国债或者公司股票，而购买境外银行存单、国债、股票皆可取得收益，这样看，外汇储备就相当于对外投资。将三个项目结合起来，国际收支也是平衡的。

双逆差的情形正相反。一个国家经常项目逆差，表明该国进口大于出口，购买了较多的外国商品；资本项目逆差，表明该国资本流出大于资本流入，购买了较多的外国资产。而经常项目与资本项目同时出现逆差，则外汇储备减少。这样将三个项目综合起来看，该国国际收支也是平衡的。可见，无论一个国家出现双顺差还是双逆差，皆不会影响该国的国际收支平衡。

转谈第二个误区。长期以来，学界有一种流行观点，认为一个国家对另一国家有贸易逆差，逆差国就吃了亏，顺差国占了便宜。实则不然，经济学证明：国家间开展自由贸易是双赢，而且国际贸易平衡并不要求两国之间的双边贸易平衡。

为何说国际贸易并不要求双边贸易平衡呢？道理很简单：随着经济发展和分工深化，国际贸易早已不是双边贸易，而是多个国家一起进行的多边贸易。特别是人类进入21世纪后，产业分工已经全球化，如果两个国家分别处于产业分工的上下游，两国间的双边贸易就不可能平衡，而且也无须平衡。

让我们看下面的例子：

假定有甲、乙、丙三个国家，它们分别生产棉花、纱锭、布匹。甲将棉花卖给乙，而甲却不购买乙的纱锭，那么甲是贸易顺差，乙是贸易逆差；乙将纱锭卖给丙，而乙却不购买丙的布匹，则乙是贸易顺差，丙是贸易逆差；丙将布匹卖给甲，而丙却不购买甲的棉花，于是丙是贸易顺差，甲是贸易逆差。若仅从两个国家看，双边贸易皆不平衡，可从多边贸易看，整体却又是平衡的。

懂得了上面道理，就不难明白美国为何对全球100多个国家有贸易逆差。其中一个主要原因，是美国处于国际分工的最高端，而广大发展中国家处于相对底端；同时，也与美元作为国际中心货币有关。读者想想，在当今国际货币体系下，美国只要印出美元就可在全球采购商品，而其他国家要进口美国商品，首先得出口商品换回美元，这样美国当然容易出现贸易逆差了。

再往深处想，双边贸易是否平衡其实并不重要，重要的是贸易是否自由。只要贸易自由，全球贸易最终一定会自动平衡。对任何一个国家来说，出口的目的都是换取外汇用于进口，并通过进口分享国际分工的收益。如果一个国家只出口，而不从国外进口等额的商品，就等于自己主动放弃了分享国际分工收益的机会，世上有哪个国家肯做这种赔本赚吆喝的买卖呢？

比较优势并非陷阱

德国经济学家李斯特曾明确反对李嘉图的分工理论，主张保护本国幼稚产业。10多年前，在国内一次学术会议上也曾有学者反对按比较优势分工，不过我以为只是那位教授的一家之言，没有特别在意。最近研究产业升级查阅文献，才发现持这看法的学者不少，甚至有人称李嘉图的分工理论是"比较优势陷阱"。

读过多篇有关"陷阱"的文章，理由大同小异，皆说发展中国家的比较优势是劳动力成本低,若按比较优势参与国际分工,发展中国家应生产并出口劳动密集型产品,这样在与发达国家贸易中虽能获益,但由于发达国家生产的技术与资本密集型产品附加值更高,发展中国家则处于不利地位。长此以往,发展中国家与发达国家的差距会越拉越大。

骤然听似乎不无道理,可我却不同意这分析。正本清源,不妨先来看看李嘉图自己到底怎样讲。李嘉图指出,比较优势不同于亚当·斯密所讲的绝对优势,绝对优势是指自己与别人比的优势,比较优势则是指自己与自己比的相对优势。国际分工要按比较优势进行,是因为这样分工可以互利。李嘉图用下面的例子作了论证:

英国与葡萄牙均生产毛呢与葡萄酒,英国生产10尺毛呢需要100小时,酿一桶葡萄酒需120小时;而葡萄牙生产同量的毛呢与葡萄酒,分别只需90小时与80小时。显然,生产两种商品英国皆不占优势。然而李嘉图说,如果两国各自与自己比,英国的比较优势是生产毛呢,葡萄牙的比较优势是生产葡萄酒。假如10尺毛呢可换一桶葡萄酒,英国用100小时生产的毛呢,便可换得自己需要120小时才能生产出的葡萄酒;葡萄牙用80小时生产的葡萄酒,可换到自己需要90小时才能生产出的毛呢。

仔细琢磨,这个例子包含了李嘉图分工理论的三个要点:第一,一个国家与其他国家比若不存在绝对优势,但自己与自己比必有比较优势；第二，分工要以自由交换为前提，没有自由交换则不可能有产业分工；第三，按比较优势参与分工，分工各方皆可节约成本，是多赢。归总起来说，李嘉图认为由于比较优势无处不在，只要不对贸易设限，按比较优势分工一定能增进社会福利。

应该说，李嘉图以上论证无懈可击，可为何学界有人将此视为发展中国家的陷阱呢？究其原因，是这些学者误读了李嘉图的"比较优势"。"陷阱"论者说，劳动力成本低是发展中国家的比较优势，发展中国家若按比较优势分工只能生产劳动密集型产品。显然这一推论的前提是错的。要知道，发展中国家劳动力成本低，那是与发达国家相比。李嘉图说得清楚，与别人比的优势是绝对优势，不是比较优势。

事实上，不同的发展中国家国情不同，各自的比较优势也各不相同，不能笼统说发展中国家的比较优势就是劳动力成本低。比如印度，作为发展中国家，不仅有劳动力成本低的优势，同时也有软件研发的优势，可自己与自己比，软件研发的优势更大，故印度的比较优势是软件研发。中国也如是。中国和发达国家比，资本并不占绝对优势，但和自己比资本却是比较优势，不然就解释不了国内企业为何会向资本密集产业转型。

再往深处想，参与国际分工的主体是企业而非国家。李嘉图举英国与葡萄牙分工的例子，那是个理论分析模型，他的本意并不是让两个国家分别生产毛呢和葡萄酒，而是让两个国家的企业作这样的分工。这就是了，既然企业是参与分工的主体，那么比较优势就应从企业角度权衡。一个国家有众多企业，有的劳动力占优势，有的资本占优势，有的技术占优势，怎可武断地对一个国家的比较优势下定判呢？

这是一方面。另外，"陷阱"论者还有一个隐含的假设，即"比较优势"恒定不变。可事实并非如此。举我自己的例子。上大学前我种过地，也当过会计。两相比较，当会计是我的比较优势，于是考大学时我选择了学经济。在大学里（本科、硕士、博士）学了10年，毕业时我既能当会计，也能做理论研究，但比较起来我认为自己的优势是理论研究。比较优势变了，所以我没有去当会计而选择做教师。

一个人的比较优势会变，其实企业也一样。改革开放前，国内大多企业从事的是初级产品加工，技术含量低。改革开放后，通过引资、合资和进出口贸易，国内企业不仅积累了资本，也学得了技术。到今天，许多企业的比较优势已不再是低成本的劳动力，反而是资本或技术。去企业看看吧，你会发现大量企业都在用机器替代人工。这一事实，已让"发展中国家比较优势是低成本劳动力"的观点不攻自破。

"陷阱"论者也许会说，国内企业向资本密集型与技术密集型转型，不正好证明李嘉图的分工理论失灵吗？我可不这样看。巧妇难为无米之炊，而且企业家不蠢，要是资本或技术不是自己的比较优势，企业怎可能转型？不然我问你：企业为何30年前不转型而现在转型？合理的解释，当然是企业的比较优势变了。比较优势变了，投资方向才会变。

总而言之，企业分工的变化决定于比较优势的变化。而这种变化，是对李嘉图分工理论的印证而不是否定。由此给了我们一个重要启示：一个企业要改变自己的分工定位，必须先让自己具备相应的比较优势，否则只能是空谈。

参与国际分工没有输家

亚当·斯密曾经证明，一个国家若按"绝对优势"参与国际分工，然后用自己生产的产品与他国商品交换，双方可以共赢。后来李嘉图从"比较优势"角度研究分工，得到的结论也与斯密一致。两位大师的分工理论，被诺贝尔经济学奖得主萨缪尔森称为"国际贸易不可动摇的基石"。

国际贸易能让双方获益，此点毋庸置疑。问题是，穷国与富国谁获益更多一些？经济学家普莱维什1950年提出了著名的"中心—外围论"，他将国家分为两类：一类是位居国际贸易中心的发达国家；另一类则是处于外围的落后国家。普莱维什说，国际贸易的利益大多被中心国家享有；外围国家的利益很少，甚至为负数。

普莱维什并非信口开河。他根据英国60多年的进出口数据，推算了初级产品与工业制成品的比价变动。外围国主要出口初级产品，进口制成品，故两者比价实际就是外围国的贸易条件。普莱维什通过计算发现，到1938年，过去60年外围国贸易条件下降了36%。这是说，当初一定数量的初级产品可换100个工业品，而现在只能换64个。于是他判定国际贸易明显对穷国不利。

普莱维什的结论如果成立，穷国要避免吃亏就只能与穷国做贸易，而不应与富国做贸易。而我观察到的事实是，战后迅速致富的国家和地区，几乎都得益于与发达国家的贸易。改革开放以来中国的经济发展，论贡献，出口居功至伟。而中国的出口市场，大头则在欧美国家。

问题出在哪里呢？为此我查对过相关资料，普莱维什的数据与计算都没错。可这现象怎么解释？思来想去，我想还是应回到斯密与李嘉图的分工理论上来，正本清源，也许能从中受到启发。

前面说，斯密是从绝对优势角度研究分工；李嘉图则从比较优势角度研究。虽然角度不同，但他们都主张国际分工要扬长避短、发挥自己的优势。不过，研究穷国与富国之间的贸易，恰好与李嘉图比较优势原理吻合。为方便起见，让我们直接用前面说过的李嘉图举的英国与葡萄牙生产毛呢与葡萄酒的例子讨论吧。

细心的读者会问，英国生产率低于葡萄牙，但在贸易中英国得到的好处反而更多，这是否意味着国际贸易对低生产率国家更有利？当然不是。试想，如果葡萄牙生产10尺毛呢的成本不是90小时而是100小时，葡萄牙用一桶葡萄酒换10尺毛呢不也能节约20小时成本吗？

事实上，决定贸易利益分配的是商品的交换比价。贸易双方生产成本的相对差距，只决定分工的选择；而分工格局一旦形成，贸易利益怎样分配就取决于贸易商品的比价。如上例中商品比价如果不是10尺毛呢等于一桶葡萄酒，而是15尺毛呢等于一桶葡萄酒，英国肯定吃亏；反之，若比价为10尺毛呢等于1.5桶葡萄酒，则吃亏的就是葡萄牙。

那么商品比价如何确定呢？对此李嘉图本人并未提供答案，倒是他的学生约翰·穆勒作了回答。穆勒的观点是，商品的比价是由贸易双方对进口商品的需求决定，若一方对另一方商品的需求强度更大，对方的商品比价会相对高。穆勒这一解释有说服力，不过我认为用商品"稀缺度"解释更准确。因为国际贸易并不只在两个国家进行，如果英国毛呢涨价，葡萄牙可转从别国进口。但要是全球毛呢都稀缺，价格就必涨无疑。

我这看法与穆勒的区别在于，穆勒是从贸易双方的相互需求看，而我是从全球市场需求看。但无论从哪个角度看，只要认同价格由需求决定，都可得到如下推论：商品比价与生产国的成本无关，也与贸易双方的经济发展水平没有关系。正因如此，所以不能简单地讲：发展中国家与发达国家进行贸易就一定吃亏或者占便宜。

仅举一例。沙特阿拉伯并非工业发达国家，出口的原油属初级产品，但由于原油稀缺，1973年每桶不到3美元，到2008年曾涨到每桶100美元。35年上涨近40倍，超过了同期大多数制成品的价格涨幅。而近几年欧美经济不济，原油需求减少，价格大跌，这也证明了价格由"稀缺度"决定。

最后对普莱维什的观点作三点澄清：第一，20世纪30年代前初级产品与制成品的比价下降，是由于当时初级产品供应相对充足，制成品相对稀缺；第二，由于农机工具的应用与种植技术的改进，农产品产出率提高，单位商品价格下降；第三，欠发达国家为了出口创汇，控制了出口品价格。

高关税的错觉

假如有两道问答题：一道问你是否赞成自由贸易，另一道问你国内产业是否需要关税保护，不知读者会怎么答。多年前我曾就这两个问题问过自己的研究生，他们一方面赞成自由贸易，另一方面又认为国内产业也需要关税保护。显然，这两个答案是自相矛盾的。

不只是我学生这么看，其实不少西方学者和政府官员也持这看法。顾名思义，贸易自由不单指出口自由，也包括进口自由。一国的出口是他国的进口；一国的进口则是他国出口。古语云：己所不欲，勿施于人。一个国家若希望别人尊重自己的出口自由，那么就不能限制进口，妨碍别人的出口自由。

这道理说来大家都懂，可在对待进出口问题上人们为何会持双重标准？追根溯源，我认为是受早期重商主义的影响，而且其影响根深蒂固。在重商主义者看来，世上唯有金银才是财富，一个国家要增加财富，必须多出口少进口。而要奖出限入，政府的手段之一就是对进口征高关税。今天的关税壁垒，或多或少应与重商主义的财富观有关。

时过境迁，重商主义早已不复存在，特别是20世纪70年代布雷顿森林体系解体后，金银与货币脱钩，没人再相信"唯有金银是财富"的神话。问题就在这里，既然不再迷信金银，至今为何还有人对高关税推崇备至？甚至连美国这样的发达国家也乐此不疲呢？10年前赴美参加"中美欧学术论坛"，在会上我曾提出过质疑，美国学者回应：高关税是为了保护国内就业。

这理由读者相信吗？反正我不信。举大家熟知的例子。美国曾针对中国轮胎进口专门开征"特保关税"，并声称此举是迫于美国钢铁工业协会的压力。奇哉怪哉！进口中国轮胎与钢铁工业有何相干？再说，美国本来就需要进口轮胎，不从中国进口也得从别的国家进口。请问从别国进口而不从中国进口怎么就能保护美国就业？

醉翁之意不在酒。"保护国内就业"，不过是美国政府的一个借口，目的是要打击中国的出口。可现在需要研究的是，在经济全球化背景下，广大发展中国家的国内产业是否需要关税保护呢？或者对发展中国家来讲，高关税能否保护本国国内的就业？

先说我的观点："高关税保护就业"不过是人们的错觉。表面看，高关税短期内确实可限制进口，保护国内企业或就业；但想深一层，这样做不过是让本国消费者补贴生产者。算大账，是损人不利己，也得不偿失、并不可取。

用不着讲高深的理论，让我用实例解释吧。假如意大利的皮鞋出口到中国，每双售价1000元，而中国国内生产的皮鞋每双售价为1500元。显然，国产皮鞋价格明显高于进口皮鞋，于是国内厂家可能会去游说政府，要求政府多征进口皮鞋的关税500元。理由是，进口关税若不提高，国内厂家可能被挤垮，企业一旦倒闭工人会失业。

骤然一听，国内厂家说得不无道理。但如果我们从国内消费者角度看，结论却不尽然。比如政府不多征500元的关税，消费者花1000元便可买一双皮鞋；政府加征关税后，消费者却需1500元才能买到。如此一来，意味着消费者购买力下降，实际生活水平降低。由此看来，提高关税会损害国内消费者利益，说白了是让消费者拿钱维持皮鞋厂的生存。

再从机会成本的角度看，消费者花钱支持皮鞋厂工人就业，其机会成本是放弃购买其他厂家商品可能创造的就业。设想一下，假如消费者不多花500元买皮鞋，而用这500元去买衬衣，衬衣厂的销售会扩大，就业也会增加。就扩大就业而言，两者并无分别，只是人们重视看得见的就业而忽视看不见的就业而已。

是的，在国家层面，增加皮鞋产业就业与增加衬衣产业就业是一回事。区别在于，提高皮鞋的进口关税，在保护皮鞋产业的同时，其他产业的发展却会受限制。在一定时期资源是有限的，而那些需要关税保护的企业，恰恰是生产率较低的企业，而低效率的企业被保护，资源会向这类企业流动，这对高生产率企业显然不公平，长此以往必降低整个社会的生产率。

事实上，政府鼓励对外贸易，目的是希望分享国际分工的利益，即出口自己高生产率的商品赚取外汇，然后用外汇进口他国物美价廉的商品。如果用高关税挡住进口，无疑是对国际分工利益的主动放弃。要知道，出口的商品是国内实实在在的资源，而外汇则是进口国所开具的借条，若不用于进口，外汇就是一堆纸。再说，如果一个国家总"奖出限入"，对方换不来外汇进口，总有一天你也无法出口。

由此我想到了出口补贴。不论补贴方式为何，最终都是为了低价出口商品。但要指出的是,补贴出口其实是在用国内财政补贴国外消费者,其补贴部分等于白送。既如此,政府与其补贴出口,倒不如补贴国内技术创新。只要企业有竞争力,出口用不着补贴。古往今来,靠给人送"补贴"而致富的国家一个也不曾出现过。

最后再说一遍:国际贸易能令贸易双方获益,但重点不在出口而在进口,只有进口才能让国内消费者买到国内不生产的商品或国外更便宜的商品。是的,出口并不是最终目的,一个国家之所以出口,理由就一个:赚取外汇用于进口。我想这也是中央提出"实行积极进口政策"的原因吧!

以史为鉴

第19章
政府角色定位

美国特点的政府角色

罗斯福"新政旋风"

法国政府"以西补东"

日本的产业政策

意大利的国家参与制

第19章
政府角色定位

政府的能量究竟有多大？经济学家历来说法不一。有人说市场万能，反对国家干预；有人说市场会失灵，主张政府调节。从西方经济发展史看，市场经济不能只靠"无形的手"，市场确实有时会失灵，要同时发挥"有形的手"的作用，要两手抓，两手都要硬。

美国特点的政府角色

当英国的工业化开始蹒跚学步时，北美大陆还在农耕世纪中熟睡。待它一觉醒来，原来的幼童，早已长大成人。南北战争前肇始的美国工业化，一度是欧洲的追随者，后来者居上，经过不到一个世纪的狂飙突进，便将先行者远远甩到身后。美国工业化之所以取得如此成功，政府在其中的作用，可谓举足轻重。

与许多后起国家不同，在工业化进程中，美国政府不是"发动机"，只是"助推器"。也就是说，为了搞工业化，总统没有向全国发号召，国会没有搞发展规划，联邦政府没有直接办工厂。"助推器"的作用，主要是为工业化创造条件，提供空间，在节骨眼上推企业一把。

搞工业化最紧要的是什么？当然是人才和技术。英国是第一次工业革命的故乡。把英国现成的东西"拿"来，成了美国政府的第一要务。可英国人吝啬得很。1774—1785年，英国政府颁布了一系列禁令，不准技师、机器出境，对私带图纸"闯关"者，判刑1年，罚款500英镑。而美国"拿"不来就"挖"。各州纷纷亮出绝活，引进技术，吸引人才。1790年4月，美国国会通过专利法案，联邦专利委员会开始运转。

重赏之下必有勇夫。英格兰的穷工匠起了活思想。塞缪尔·施莱特和约翰·施莱特穷兄弟俩，把最前沿的纺纱技术装进大脑，漂洋过海来到美国。美国人洛维尔出访英国也不空手，顺手牵羊偷回尖端织布技术。世界上首家梳棉、纺纱、织布一体化的工厂，1814年秋在北美大陆开张，美国纺织技术很快就走到了英国前头。

外来和尚好念经，本地僧人也可以做道场。为挖掘本土人才的潜能，1863年，联邦政府组建国家科学院，鼓励各州、企业和个人科研投入。民间办科研蔚然成风。1876年爱迪生创办"发明工厂",1900年通用电气建立实验站,到1915年美国各类工业研究机构超过100个。贝尔、爱迪生等美国发明家成了家喻户晓的英雄,从他们的实验室里走出了美国一流的科技人才。

在广袤的国土上搞工业化,交通运输得先行一步。1830年,英国的蒸汽机车刚刚投入运营,美国就跟着修起了铁路。修铁路既需巨额资金,又要专业技术,回收期长,风险大,按理应由政府操办。美国政府却另有高招。此招的精髓在"以地换路,多贷少投"。

根据1862年和1864年法案,国家把筑路权交给铁路公司,每修1英里铁路,赠予沿线10—40英里土地,并可获得1.6万—4.8万美元贷款。政府先后拨出土地2亿英亩,发放贷款6500万美元。这是一个惊人的数字。但它却换来5条横贯大陆的干线,40亿美元国外投资,1亿美元利息收入,为政府节省运费6亿美元。

到1910年,美国铁路总长度超过英国11倍,工业中心向西部原料产地靠近了350公里。修这么多路,政府却不担风险,无须增税还债,获得了许多管制权,为西部输送了近千万移民,还带动了铁路沿线经济的发展。最妙的是,修路使政府"四两拨千斤"的功夫炉火纯青,顺便用到其他公共事业中去。

搞工业化离不开人。美国立国近百年，人口不过3100万，平均每平方公里只有4人，农业劳动力是工业的4倍，还有350万黑奴不能流动。南北战争使劳动力自由流动成为可能。但工业化所需的劳动力短缺，还是困扰美国的一大难题。输入劳动力是最便捷的解决办法，而美国移民政策所强调的，不是盲目引进，而是重点输入。

1864年联邦移民局成立，出台《鼓励移民法》，对产业工人提供优惠政策。比如外国工人前往美国，可预借路费等。此后半个世纪，入境移民2700万，45岁以下青壮年超过60%，主要工业部门中，移民工人占一半以上。工业化的发展需要更多高素质人才，办教育成了政府的重头戏。

1862年联邦政府签署《摩里尔法案》，规定各州可领取国有土地，创办大学。到19世纪末，为举办国民教育，共划拨土地1亿5000万英亩，相当于法国、瑞士、比利时三国面积总和。1867年设立教育局，大搞义务教育和职业教育。20世纪初，美国已实现初等义务教育，建立了从幼儿园到大学的教育体系。

大工厂是工业化的杰作。对政府来说，办工厂应该是小菜一碟。政府办厂还可能带来一些好处，比方说增加财政收入，加快技术进步，为私人企业提供样板……这样的好事美国政府很少去试，但对私人办厂却鼎力扶持。

1798年春，有个叫惠特尼的大学毕业生听说美法关系紧张，便上书财政部部长，自告奋勇要为国家生产1万支枪。两年交货期满，财政部只看到一包零件。在官员们怀疑的目光下，小伙子当场装配了6支滑膛枪。得到延期许可的惠特尼，用了10年才完成订单，并把钱挣到手。这种傻事，大概只有美国政府会干。可没有这样的政府，就不会有美国工业标准化，更不会有日后的大规模集约生产。

自此之后，美国政府"傻劲"不减，泰勒的劳动定额管理、福特的流水线、卡内基的煤铁联营、阿穆尔的联合生产，这些欧洲人不敢想或不敢做的事，大都得到美国政府的关照，也最终在美国扎下了根。政府对企业的关爱远不止这些。比如发展投资银行，帮企业筹集资金；实行金本位制，确保工业品价格坚挺；把平均关税从18.8%提高到52.4%，使国货免受进口货冲击；采取累退性税制，减轻企业负担。美国的政企关系，可以归纳为一句话：官倡、官助，但不是官办、官管。

罗斯福"新政旋风"

美国建国后150多年间，一直奉自由经济为圭臬。市场经济这只"看不见的手"，创造繁荣，也孕育危机。"无为而治"的直接后果，是垄断代替竞争。贸易保护和低税收政策，使富者愈富，贫者愈穷。多数人口无力消费，生产便出现"相对过剩"。

第一次世界大战后,美国经济危机四伏:农产品积压,价格猛降;企业开工不足,工人大批失业;银行加入股市投机,金融体系险象环生。美国经济像失控的列车,顺着倾斜的轨道飞速下滑,随着1929年证券市场崩溃,自由经济的黄金时代结束了。沧海横流,方显英雄本色。1933年3月4日,富兰克林·D.罗斯福入主白宫,掀起"新政"旋风,用国家干预这只"看得见的手",清除自由经济积弊,扶大厦之将倾,美国经济制度由此发生了深刻变革。

如果说经济震荡是座活火山,那么金融就是火山口。经济不稳,老百姓首先想到的,是赶紧把存款取出来。可银行早已拿储户的钱炒了股,面对"提挤"现金的人潮,一下子傻了眼。痼疾需用猛药,罗斯福上任后第3天,便对金融体系动大手术。新总统下令银行歇业整顿,国会通过《紧急银行法》,对银行全面清查,同时严禁黄金出口,暂停外汇交易。

经过严格审查后,多数银行重新开业,金融恐慌渐渐平息。病来如山倒,病去如抽丝,恢复金融秩序,并非一招就灵。为了重建金融,政府采取了分步手术法。第一步,放弃金本位。国会通过《黄金储备法》,美元贬值59.06%。此举提高了出口竞争力,减轻了低收入阶层的债务负担,物价开始稳步回升。

第二步手术历时三年，目的是规避金融风险。1933年和1934年国会先后通过《证券法》和《证券交易法》，增加上市公司透明度，建立证券发行保证金制度，对银行贷款购买股票实行控制，限制交易人员、中间商和经纪人从事证券买卖。1933年、1935年两个《银行法》相继出台，使投资银行和商业银行分离，减少了银行的股市投机。

第三步，建立联邦储蓄保险公司，降低个人存款风险；对始建于1913年的联邦储备委员会，进行大刀阔斧的改组，设立公开市场委员会，通过控制贴现率、利息率和准备金比率、公开市场业务，加大政府对银行的监管力度，金融控制权由华尔街转到了华盛顿。

俗话说，无农不稳。对危机中的美国农业，新政府一刻不敢放松。1933年3月，国家农业信贷局成立，1亿美元低息贷款发放到农民手中，农业债务、农场抵押问题得到控制。大萧条期间最苦的是农民，增产不增收，愁坏了种田人，出路只有一条，限产增收。

1933—1938年，国会先后通过两个《农业调整法》，政府与农民签订协议，减少种植面积，压缩蓄栏量，有计划地减少农产品供应。政府还采取保护价收购余粮、出口补贴、谷物保险等措施，稳定农业，拉高农产品价格。

"新政"期间，1000万英亩棉花被犁掉，2000万英亩土地休耕，600万头猪仔被宰杀。这些怪诞做法招致种种非议，可农业收入增加了1倍，农民不再闹事了。政府还利用生产资料价低的有利时机，大搞农业基础建设，发展农村电气化。到1940年，全美输变电线路横跨主要农产区，20世纪中叶，美国农村基本实现了电气化。

企业间无序竞争，垄断盛行，是造成当时美国经济衰退的重要原因之一。罗斯福不顾在野党的风言风语，把苏联计划管理的思想，用到了新政的工业政策上。1933年5月，《国家工业复兴法》颁布，由政府出面，协调各行业工会统一行动，制定公平贸易和竞争规则；组织工人与雇主谈判，就最高工时、最低工资、再就业达成协议。3年内制定行业法规746个，95%以上的工人获得了劳动保障权。

20世纪20年代，以控股公司为主的垄断组织，欺行霸市，左右政府，是没人敢碰的"刺儿头"。明知山有虎，偏向虎山行。罗斯福力排众议，果断向垄断组织开刀。政府在早先的《谢尔曼法》《克莱顿法》《联邦贸易委员会法》基础上，制定了《公用事业控股公司法》，对控股公司实行肢解和管制，两级以上的控股公司被依法取缔，股市中的投机巨鳄销声匿迹。

《反价格差别对待法》和《米勒—泰丁法》等法案，保护小商人、小业主，抑制大制造商、大经销商，推动了工商业的公平竞争。《通讯法》《商船法》《民用航空法》《运输法》的实施，将交通、通讯业管理权收归政府，行业垄断的坚冰打破了。

恢复经济光靠国内市场不行,还得发展对外经贸关系。在这方面,罗斯福的前任很不会办事。1930年,胡佛总统签署《斯穆特—霍利法案》,大幅提高关税,引起其他国家的报复,美国经济雪上加霜。新总统上台后,敦促国会通过贸易协定法,开展多边贸易谈判。到1939年,美国同22个国家签订了互惠贸易协定,关税率平均降低13%,为"生产过剩"的美国经济打开了国外市场。

重建金融、调整农业、复兴工业,恢复贸易关系,罗斯福"新政"的产业政策,最终目标都是消灭贫困和失业。这个"结"解开了,"需求"不足和生产"过剩"问题也就迎刃而解,整个经济就能进入良性循环。扶贫济困需要政府掏腰包。这笔钱可不是小数目。自由放任时期平衡预算的做法不灵验了。新总统敢想敢干,提出"复式预算"的新理财观。

所谓新理财观,就是把用于救济、复兴经济的赤字开支列入"非常预算",后来干脆实行补偿性财政政策,借明天的钱,办今天的事,赤字财政成为"新政"的一大特色。钱的问题解决了,往下的棋路便如行云流水。

政府采取"劫富济贫"的办法,对高收入阶层课重税,通过财政转移支付接济穷人。通过以工代赈、公共工程创造就业岗位。联邦紧急救济署拿出132亿美元,实施以工代赈计划。先后组织250多万名未婚男青年"上山下乡",为850万失业者提供了临时工作。兴办公共工程耗资65亿美元,主要由私人承包,通过这种办法刺激社会投资,1932—1937年,私人投资增长12倍。救济、就业问题初步解决后,政府又把社会保障列入时间表。1935年8月,罗斯福签署《社会保险法》,养老金、失业保险、老年保险、不幸者救济,都得到了联邦政府的补助,美国迈出了向福利国家过渡的关键一步。

罗斯福"新政",并没有用系统的经济理论作指导。1936年,英国经济学家凯恩斯发表《通论》,首次提出当生产过剩、消费不足时,政府要干预经济,运用财政、货币政策,刺激投资,拉动需求,促进经济复苏。凯恩斯为美国"新政"提供了最佳的理论诠释。"新政"的成功,为困境中的自由经济打开了通道。政府对经济生活不能袖手旁观,成为罗斯福以后美国历届政府的基本信条。

法国政府"以西补东"

20世纪50年代初,法国经济就像一架倾斜的天平:以北起勒阿弗尔,南至马赛为界,东西两侧形如两重天地。东部被称作"富裕的工业法国",其面积不足全国一半,人口却占总数的2/3;全国500家大企业集团,东部有476家;这里的4大工业区，拥有全国3/4的工业职工、4/5的工商业营业额；居民人均收入，高出全国平均水平30%。

与"工业法国"的繁华形成强烈反差，广袤的西部地区处在天平失重的一端。那里人烟稀少，交通不便，停留在落后的小农经济时代，被称为"贫穷的农业法国"。随着时间推移，东西差距越拉越大。同在一片蓝天下，同是升起法兰西国旗的土地，怎能如此苦乐不均，判若两个世界？

1950年，建设部长克洛·珀蒂提出，应尽快进行"国土整治"，实现自然资源、经济活动和人员的最佳分配。1955年，法国政府颁布"国土整治"令，制定地区行动计划，拉开了向西部进军，促进经济均衡发展的帷幕。

"国土整治"事关法兰西发展全局，稍有闪失，就可能铸成大错。究竟如何破题，决策者一时拿不定主意。恰逢此时，巴黎大学教授弗朗索瓦·佩鲁克斯提出"发展极"理论，引起了法国政府的重视。佩鲁克斯认为，经济增长的潜力，集中在某些主导部门和行业，它们往往聚集在大城市的中心地带，形成"发展极"。政府的任务，是在欠发达地区大力培育"发展极"，发挥它们的"磁场"作用，带动周围经济快速发展，逐步缩小地区差距，最终实现国民经济整体协调发展。佩鲁克斯的理论令决策者茅塞顿开，一套全新的发展规划陆续出台。

在落后地区兴建城市，发展主导产业，遇到的头号困难是来自东部的负面影响。东部大城市特别是巴黎，吸引了西部大量人才、资金和技术，这如同釜底抽薪，动摇了西部发展的根基。而东部大城市的过度膨胀，也到了非解决不可的地步。比如巴黎，面积不足全国的2%，人口却占总数的1/5，集中了法国29%的工业职工、1/4的公职人员、40%以上的高级人才，全国2/3的商业总部也设在这里。长期超负荷运转，使得人口、交通、环境等问题日益突出。

限制东部大城市，发展西部新兴城市，两件事相辅相成、相得益彰。法国政府的"国土整治"行动，也正是循着这个思路，一步步地展开。20世纪50年代中期，法国推行了"工业分散"政策，规定在巴黎等城市创办新企业，须经政府批准，取得"许可证"，并交纳高额的占地"租金"。同时，通过低息贷款、免税、削减地价、颁发"地区发展奖金"等优惠措施，鼓励东部的企业、商业、金融机构，逐步向不发达地区疏散。

20世纪60年代，政府在边缘地区兴建了8个"平衡大城市"，改善全国城市空间结构，形成新的地区发展中心。从70年代开始，重点在西部发展10万人左右的中等城市，小城市和卫星城也迅速崛起，它们大多位于农村、风景区，铁路沿线、中心城市外围，不仅缓解了大城市的发展压力，也促进了欠发达地区人口稳定和经济繁荣。1955—1964年，有2800多家企业到西部安家；1954—1975年，先后有750

万法国人西迁，昔日贫穷的"农业法国"，出现了图卢兹、波尔多、南特等大工业中心。

落后地区的经济要迎头赶上，不能老当"二传手"，靠引进发达地区的"夕阳产业"，不可能打翻身仗。法国政府在鼓励企业西进的同时，根据西部的地理、资源优势，确定合理的产业结构。比如西部虽经济落后，却有长达3115公里的海岸线，这是东部内陆地区望尘莫及的。要说投资小、见效快，滨海地区可以发展海水养殖，也可以从东部引进一些出口型企业。

而法国政府的眼光看得更远：这么一大块风水宝地，用来发展旅游、高新技术产业，前景岂不更好？1970年春，占地2300公顷的"索菲亚·安蒂波利斯技术开发区"破土动工，法国的优惠政策，地中海的旖旎风光，吸引了众多的投资者，先后有50多个国家的950家公司前来落户，每年新增投资额28亿美元，创造新的就业职位800多个，昔日荒凉的海滩，成了法兰西的"硅谷"和旅游胜地。

布列塔尼地区的变迁，也许更能反映西部产业升级政策的成果。1954年，该区一半以上人口从事农牧业，工业职工只占18.5%。到1975年，农业人口比重减少2/3，工业职工的比重升至29.4%，第三产业达到49.5%，由落后的农牧区，发展成全国最大的肉类生产、加工基地。"国土整治"计划实施20多年，法国西部的山地、高原、滨海地区，逐渐打破了单一的生产结构，多业并举，实现了产业合理布局。

"国土整治"历时长，规模大，涉及面广，为了避免出现"上有政策，下有对策"，法国政府在原有96个省的基础上，设立了22个行政大区，国家与大区签订具有法律效力的"计划合同"：中央政府负责确定总体目标，保重点项目，有资金优先分配权；开发整治权下放给地方；国家设立专门机构，负责对各地实施情况监督检查。

行政大区对中央政府负责，各省对行政大区负责，涉及跨区实施的项目，由国家牵头，协调各大区、省的行动，从而保证了"国土整治计划"层层落实。20世纪60年代以来，法国政府先后实施了多项公路、铁路、通信发展计划，由于中央和行政大区职责分明，各地能够联手合作，计划大都提前完工，在法兰西土地上，形成了横贯东西、遍布南北的交通、通信网络。

通过"国土整治"，促进经济均衡发展，这个过程对法国政府来说，很像切蛋糕，涉及方方面面的利益。国家的政策优惠和资金倾斜，如果西部得到的过多，时间长了，东部肯定会不痛快。为此，法国政府不是一味扶持西部，而是着眼全局，因时而变，对政策不断进行调整。

20世纪70年代中期，西部在国家扶持下改天换地，经济发展蒸蒸日上，而东北部的老工业基地，却由于国际油价上扬,遇到了前所未有的生存危机。法国政府便把心思东移,加大了老工业区的改造力度。

1984年春颁布"工业结构改革方案",收缩东北部的煤、钢生产规模,更新机器设备,淘汰旧工艺,鼓励发展高技术产业,为此,国家采取了"以西补东"的办法,投入大量财力、物力,为东北部工业基地"输血"。由于做到了一碗水端平,东部对中央政府的"关照"双手欢迎,西部地区也没有什么怨言,老工业基地由此焕发了生机。

日本的产业政策

二战后的日本,哀鸿遍野,满目疮痍。近一半国民财富毁于战火,工业生产不到战前的1/5,1300多万人失去了工作。20多年后,曾经一败涂地的亚洲岛国,又重新站了起来。1955—1973年,日本经济连续18年高增长,国民生产总值先后超过英、法、德、苏,至20世纪80年代日本曾是全球第二号经济大国。

作为一个"后起"国家,日本经济走的是"赶超型"的路子。所谓赶超,就好比赛跑,既要速度快,又须走捷径。要把各方力量聚集起来,往一个方向奔跑,单靠市场机制,显然行不通。日本政府审时度势,运用"产业政策",导演了一出赶超西方强国的好戏。

日本政府制定产业政策，讲究的是抓要害，保重点。1945年日本战败后，国内老百姓衣食无着，企业纷纷转产消费品，以解燃眉之急。日本当局认为，这种"头疼医头，脚疼医脚"的办法，解决不了根本问题。生产消费品需要原料，战争期间国内生产一点，不够可以到国外去抢。现在军队没了，大家都去做产成品，原料接济不上，等米下锅总归不是长远之计。

1946年12月，吉田政府制订"倾斜生产计划"，大力扶持煤炭和钢铁生产，以这两个行业为杠杆，推动电力、化肥、运输业发展，带动整个经济良性循环。计划推行了3年，日本工矿业生产恢复到战前的81.6%，机械制造超过了战前水平。倾斜生产方式解决了生产中的"瓶颈"问题，为日后的长远发展打下了基础。

20世纪50年代初，日本赢得了一次难得的发展机遇。朝鲜战场，中朝联手与美军刺刀见红，日本大肆为美军生产军需品，以坐收渔利，经济总量迅速超过战前水平。好风凭借力，日本政府以此为契机，开始考虑怎样抓住时机，实现经济腾飞。照俄林的要素禀赋理论，日本应重点发展劳动密集型产业，投资少，见效快，而且和美国经济可以实现互补。

可日本政府却不这样想。他们认为，给别人做零碎活，填饱肚子打基础可以，干久了就得仰人鼻息，成为美国的二伙计。发展重工业和化工业，是大势所趋，日本眼下要搞是有困难，但挺过去便会是另一番天地。1955年，日本政府通过《经济自立五年计划》，收拢五指，攥起拳头，集中精力发展重化工业。

到20世纪60年代末，日本轻工业比重从55.8%下降到37.8%，重工业比重从44.2%上升到62.2%，重化工业产品出口额占出口总额的73%。进入70年代，日本又把能耗大、污染环境的重化工业转移到海外，在本土大搞知识密集型产业；80年代中期，日本人均国民生产总值就超过了美国，连续多年居世界榜首。

日本的产业政策不仅管得宽，而且管得细。对不同生产部门，政府会开出不同的"处方"。比如对成长型企业，则给予扶植和保护。汽车业是一个成功的例子。1952年，通产省发表"轿车技术合作方针"，对有利于国产化的进口物品实行优惠税制；1954年通过"外汇配额制"，限制欧美汽车进口；20世纪60年代初，确立了汽车国产化生产体制，采取资金倾斜、价格补贴、加速折旧等方法，鼓励发展精巧型、低油耗、价位低的车型。

政府有关部门不仅为汽车业确定生产标准，还力促国内汽车业合并，实现规模化集约生产。光有车，跑不动不行，1954—1982年，日本政府先后实施了6个公路建设5年计划，公路投资占计划事业费用的比重，1973—1977年为

86.4%，1978—1982年则达到了98.9%，四通八达的公路网为汽车业发展提供了空间。

稳住了国内市场这一头，还得设法打开国际市场。20世纪70年代两次石油危机，显示了轻小型汽车发展战略的威力，欧美厂商面对日本汽车的倾销，只有招架之功，全无还手之力。1955—1974年，日本汽车产量增长103倍，1967年，日本成为世界汽车第二生产大国，70年代以来，汽车出口量长期无人匹敌。对衰退型产业，日本政府没有任凭它们日落西山，而是实行了调整、援助并重的产业政策。

九州煤矿关闭事件是很典型的例子。曾为主产煤区的九州，到60年代已是风光不再。政府决定对区内企业关停并转。决定一公布，10多万煤矿工人就堵了政府大门。可没多久，工人们就不再闹事了。原来政府自有锦囊妙计。旧矿区被规划成76个新工业区，制定土地、税收、贷款优惠政策，鼓励外地厂商入区办厂，下岗职工领到了补助金，接受免费培训，政府负责推荐新工作。

10多年后，九州已是著名的高新技术产业区了。无独有偶，日本的纺织业也一度由盛而衰，政府于是压产升级，花3800亿日元，淘汰过剩设备，限制落后产品。企业鸟枪换炮，赶上了世界纺织业的潮流。

有西方学者评论说，日本政府的产业政策，就像是"管家婆"，对企业的事管得太宽，日本经济模式非驴非马，只能算半拉子市场经济。可日本政府认为，既然要赶超，那么方向对、速度快最重要，至于起跑动作是否正确，姿势是否雅观，反倒无足轻重。

比如西方国家强调自由竞争，生产什么，怎样生产，那是企业的事，政府无须过问，不仅如此，如果哪家企业胆敢向自由竞争叫板，政府的反垄断法可从不吃素。与西方国家不同，日本政府和企业向来是一家人。政府愿意咸吃萝卜淡操心，企业也乐得听从政府"指教"。奥妙就在于枪口一致对外，先发展起来再说。

为了解决企业资金困难，日本政府可以推行"超额放款"制度，以央行为后盾，鼓励银行把存款全都转为贷款；为了避免外资控制日本企业，日本可以长期封闭资本市场，而在国内实行"小额储蓄免税制度"，动员全社会节衣缩食搞经济；为了使国货不受洋货冲击，可以厚着脸皮顶住国际社会的指责，迟迟不履行关贸总协定成员国的义务。

此外，为了使国内产品打进海外市场，政府可以数次修改美国专家帮忙制定的反垄断法，鼓励日本同行组成卡特尔，联手出击；甚至堂堂一国首相出访，也不忘为企业做推销广告，即使被外电谑称为"半导体首相"也在所不惜。同样是为了超欧赶美，企业界对政府五花八门的规划，一呼百应；半官半民的"业界团体"，也能够既听政府招呼，又替企业说话，弥合政企矛盾。

不过，日本政府制定产业政策，从不"胡来"，还在规范化上做足文章。自20世纪50年代经济复苏时起，政府就着手建立、完善法制。到70年代中期，日本就已建起完善的经济法规体系，而这一过程，欧美国家却花了近百年时间。单就这一点，日本就可以告诉世界，追赶型的产业政策，绝不是凭意气用事。

意大利的国家参与制

20世纪60年代末，英国工党在竞选纲领中宣称：要参照意大利的"国家参与制"，建立新的国家控股公司；1970年3月，法国便仿照意大利，成立了工业开发公司；差不多就在同时，瑞典也派出代表团，频频访问意大利，想从那里取回点真经。那么，国家参与制究竟有何高人之处，一时间受到如此众多国家的垂青？

随着新航线的开辟，世界的商贸中心从地中海沿岸转到英国。16—18世纪，西欧国家忙着殖民掠夺、积累资本，而意大利的商业却走向衰落。本国资源贫乏，再加上外族入侵，意大利经济发展很慢。到了20世纪初，它依然属欧洲的落后生，私人资本非常羸弱，很多行业不得不由国家亲自代劳。

墨索里尼为了发动二战，将有限的资源用于战争，有心将一些企业收归政府。所以，意大利有国家干预的传统。20世纪30年代，在全球经济危机的冲击下，意大利最大的三家银行几近破产，这对相当萧条的经济来说，无疑是灭顶之灾。为了拯救银行、扭转局势，1933年，由政府投资，成立了一家控股企业——伊里公司。

这家公司的主要任务，是向工业部门提供贷款，理顺银行的内外关系，完善银行体系。当时成立伊里公司，是权宜之计，只想将企业整顿好后，交给私人经营。但事后政府却强烈地意识到，需要一个这样的机构，来推行其经济、军事政策。1937年6月，国家颁布法令，将伊里公司作为一个机构保存下来。这就是意大利的第一家国家参与制企业。此后，它通过控股，对海运、钢铁、机械、基础设施等部门，进行了全面的介入。

1956年12月，根据1589号法令，国家参与部（国家投资部）成立。这表明，国家参与制已成体系化——金字塔式的管理。最顶端是经济规划委员会，它主管大政方针，总理亲任委员会主席，参与部部长是委员之一。第二级是国家参与部，其职责是：通过国家控股，管理企业及经济部门；监督、协调国家参与制企业的经济活动，任免其领导人。再往下，便是国家全额拨款的大公司，如伊里公司、埃尼公司等。

这些通过参股而管理的大企业，形成了第四级，按控股的方式，一级级地往下延续，最底层便是星罗棋布的小公司。国家参与制企业从事的行业，利润率一般都很低，规模小就不划算，小资本企业对此不敢问津。再说，如果让大资本的企业加盟，又会威胁国家的控制权。所以，在这些企业里，国有股占了绝对优势。比如，商业银行87.8%的股份，信贷银行76.5%的股份，意大利航空公司股本的99%，都掌握在国家手中。

20世纪70年代，意大利尚无反垄断法，维护竞争的职责，落到了国家参与制企业肩上。意大利菲亚特公司，一度垄断了国内的汽车市场。为加强竞争，伊里公司投资并控股，成立了阿尔法·罗密欧汽车厂，以促进汽车业的发展。意大利能源匮乏，为避免在能源方面受制于人，1953年2月，第二大国家参与制企业——埃尼公司成立，其使命是：确保国家能源安全，并逐步实现自给自足。

意大利南北差距大，为开发南部，1958—1973年，国家参与制企业将其一半的资金、30%的就业机会，"送给"了利润率较低的南方。二战结束后，庞大的失业大军涌向了社会。伊里公司自身人员过剩，但仍然以大局为重，1968—1977年，为社会提供了22万个就业机会。在经济危机时，投资者宁愿让钱闲着，也不愿冒风险投资。而国家参与制企业，为减缓危机的震荡，则不断加大投入。1970—1972年，投资分别增加了42.4%、33.7%、16.8%。国家参与制企业，目的本不在盈利，因此面对国家危难，自是要挺身而出，力挽狂澜。

当民族工业还很稚嫩时,一旦国际资本铺天盖地席卷而来,国内的小企业往往很难有招架之力。意大利的钢铁工业落后,1937年,每位员工的钢产量仅为50公斤,相当于德国的1/6、法国的1/4。为防外人乘虚而入,二战后,国家投资新建了一些大型的钢铁公司,通过增加投资、改进技术,大力发展钢铁行业。

1952—1967年,意大利的钢产量从35万吨增加到1589万吨,1963年,其平炉钢的价格低于法国、联邦德国。对于一些濒临倒闭的私人企业,国家也没有袖手旁观。1971年,政府成立了"工业管理和控股公司",专对那些亏损的私企,进行投资和改造,待扭亏为盈后,再交还给私人经营。该公司在成立后的13年中,先后扶持过122家私人公司,并使它们一一起死回生。国家参与制企业,就如同一位长兄,里里外外地张罗:对外维护经济主权,对内则安抚中小企业,可谓是鞠躬尽瘁,居功至伟。

然而,到了20世纪70年代后期,这位老大哥却渐渐出现了亏损。在1974年的经济危机中,投资锐减、失业人数突破200万大关。此时的国家参与制企业,再也没有原来那种叱咤风云、扭转乾坤的本领。由于长期忙着为他人作嫁衣,成了富余劳动力的大本营,企业状况每况愈下。特别是它所从事的基础性行业,在新技术浪潮的冲击下,成了夕阳产业、利润低微，越来越难以为继。1983年，伊里公司的亏损额高达3.25万亿里拉；埃尼公司亏损达1.4万亿里拉。

国家参与制企业，毕竟是政府的亲生子，一向言听计从、委曲求全。看到它陷入泥潭，国家当然不会听之任之。1983—1985年，政府将伊里公司下属的14家企业，出售给私人；1992年，几大国家参与制企业，被改为股份公司；1992—1993年，埃尼公司旗下的100家企业，被关闭、出售或转让。这些"瘦身"的举措，使企业轻装上阵，实现了扭亏为盈。

与此同时，政府还对企业进行了重组。伊里公司原有5家通信企业，由于设备陈旧、业务分散、管理不善，经济效益不尽如人意。1994年，政府将其剥离出来，组建成意大利电信公司。该公司成立后，一方面完善了管理，同时积极参与国际竞争，1997年，营业额比成立之初增加了近5倍，成了世界电信业的第五大巨头。

意大利的国家参与制走过了数十年的风风雨雨。它为国家经济发展，忍辱负重、战功显赫，博得过阵阵掌声；也曾因"关心别人胜过自己"，而举步维艰、处境尴尬。1990年，美国《财富》杂志为全球最大的50家工业公司排座次，伊里、埃尼两大公司榜上有名。到了21世纪，国家参与制将做如何调整，以应对新的形势，意大利政府目前尚在探索之中。

以史为鉴

第 20 章
繁荣来自竞争

艾哈德的"第三条道路"

德国银行独立一波三折

撒切尔的货币主义试验

里根推出经济复兴计划

"休克疗法"败走莫斯科

第20章
繁荣来自竞争

二战之后,自由主义思潮重新抬头,抑制国家干预的浪潮也随之席卷而来。德国走第三条道路、撒切尔进行"货币主义试验"、里根推出经济复兴计划、俄罗斯实行"休克疗法",半个世纪里,西方国家上演了一幕幕自由经济的人间活剧。

艾哈德的"第三条道路"

二战结束后,世界形成了两大阵营:社会主义与资本主义。它们相互对峙、水火不容。在经济运行上,一个奉行市场调节,一个强调计划万能,而且彼此都坚信自己走的是阳关道,别人过的是独木桥。但联邦德国却认为,市场与计划,并没有不可逾越的鸿沟,二者可以取长补短、兼容并蓄。基于这种认识，德国人另辟蹊径，既不照搬美国的自由市场经济，也不完全复制苏联的计划模式，而是将两者加以折中，走第三条道路：社会市场经济。

为充当世界霸主，希特勒在二战期间，攻城略地，四处出击，结果害人害己，到头来四面楚歌，赔了夫人又折兵。根据1945年的波茨坦会议精神，以柏林墙为界，德国被一分为二，东部由苏联管理，不久建成民主德国；西部被英法美控制，而后成立联邦德国。

西德成了欧洲的二等公民：国家负债累累、货币贬值、物价飞涨，生产能力急剧下降，当时的国民生产总值不到战前的一半；一些大城市几乎被炸成废墟。据估算，每天用10列50节车皮的火车运输柏林市的碎瓦乱石，也得运16年；许多人居无定所，四处流浪。

1946年冬天，是20世纪最寒冷的冬季，人们饥寒交迫，生活窘迫，苦不堪言。当时的人均食品供应量，只有战前的1/5。食物严重匮乏，威胁国民的健康，浮肿、软骨病、肺结核，就像是一场场瘟疫，至今仍让德国人谈之色变。

贫困交加的人们迫切需要工作，需要食品和医药，他们渴望着经济复苏，盼望有朝一日能恢复昔日的辉煌。随着战争的失败，希特勒的战时经济管制，终于走到了尽头。历经这场民族浩劫，人们反计划的情绪变得十分强烈。那么，是不是该完全放任自流，从一个极端走向另一个极端？西德面临经济体制的重大抉择。

时势造英雄，一直从事经济工作的艾哈德，深谙国情，顺应民心，提出了一套独具特色的方案。他认为，要增加国民财富，用武力去强占他国领土，劳民伤财不说，弄不好竹篮打水一场空。而用物美价廉的商品占领世界市场，既省时省力，又方便快捷。所以，他主张靠自由竞争来繁荣市场，靠国家干预去维护秩序。

英雄所见略同，联邦德国首任总理阿登纳与他不谋而合，于是，艾哈德很得赏识，被任命为经济部长，全权主理战后经济重建事务。艾哈德也不负众望，在任期间，他凭借手中的权力，坚定地推行所谓"社会市场经济"体制。

联邦德国成立前，英法美成立了占领局，管理西德的大小事务。由于战争遗患，物品供求紧张，该机构实行配给制和价格管制。但计划过多，管制过细，就如同一个个紧箍咒，抑制了人的自主性、创造力，德国人只有待在家中，等待那份可怜的配额。要让人们充分施展才华，就得减少计划与配额。

1948年7月，艾哈德当机立断，将数百条经济管制，如物价限制、票证配给等，通通扔进了废纸篓，同时税率也被大幅削减。此举一出，使原本绝望的人们，又看到了曙光。社会市场经济，一个基本的准则就是允许多种所有制共生共存，私有、国有、合作所有、工会所有，都可同台竞争。

于是，人们重整旗鼓，跃跃欲试，都希望到市场中去一显身手。

在大海中，鲨鱼是其他鱼类的天敌，要使水域中的鱼自然成长、种类丰富，养鱼人就得防着鲨鱼。同样，竞争和垄断也是冤家。1957年7月，政府为保护竞争，颁布《反对限制竞争法》（通称《卡特尔法》），该法后来成了市场经济的"大宪章"，规定：未经审批，大公司不得合并；禁止企业产、销联盟，统一定价。

为严格执法，国家专门成立卡特尔局，该局依法行事、铁面无私，1968—1982年，共处理了338起妨碍竞争事件，每年罚款达1000万马克。反垄断给竞争者提供了广阔的生存空间，但是，要让优胜劣汰规律起作用，使人们提高效率、改进技术、降低成本，还得防止恶性竞争。政府先后通过了《反不正当竞争法》《折扣法》《关于附加赠送物品法》《商标法》，严禁假冒伪劣、坑蒙拐骗；规定商品折扣不得超过3%；买一送一时，二者间的价值相差不能太小，如卖汽车时可送小配件，但不能送摩托车。

市场经济有两只手：一只手是市场，调节自由竞争；另一只手则是政府，完善市场秩序、保障社会公正。艾哈德打过个比方：经济活动如同比赛，国家就像裁判，制定比赛规则、维护赛场秩序，但它严守中立，既不做教练员，也不当运动员。竞争虽可提高效率，但却不能兼顾公平，它往往会导致两极分化，因效率而牺牲公平，这种情况在西方社会司空见惯。

与一般的市场经济不同，社会市场经济更富人情味，强调全体成员共享经济繁荣的成果。在社会保障上，西德不惜血本，每年此项支出占国民生产总值的1/3，让其他国家望尘莫及，因此在西方国家中，它的贫富差距最小。一些宏观指标，如经济增长率、失业率、通货膨胀率，由国家掌握和调控。

在德国历史上，因战争引起的通胀，让人受害不浅。政府顺应形势，提出："宁要低通胀下的适度增长，也不要高通胀下的高增长、高就业。"要实现这个目标，国家可以通过财政、货币政策来调节，但不能给企业主下硬指标、死命令。政府不是"太上皇"，它也得遵章守法。为此，政府和议会还修改出台上千项经济法规，建立了完备的法律体系。如《劳资协议法》就规定：工资和劳动条件，必须由劳资双方自主协商决定。在劳资纠纷和谈判中，政府不得有任何倾向性。

20世纪50年代，西德经济飞速发展，实现了贸易顺差，国民生产总值年平均增长7.5%，远高于美国的2.2%、英国的3.2%、法国的4%，被称为增长的"黄金时期"。高增长并没有导致高通胀，70年代，虽然西方国家通胀率达两位数，但联邦德国仅5%左右。由于经济快速增长，失业率大幅下降，人们生活水平显著提高，从二战后的饥寒交迫到生活富足，西德仅花了20多年时间。

艾哈德确实就像一位艺术大师，将秩序融于自由竞争之中，汲取二者精华，使联邦德国在战后经济重建如鱼得水，发生了天翻地覆的变化。联邦德国的经济成功，也被誉为"世界经济史上的奇迹"。

德国银行独立一波三折

20世纪两次世界大战期间，德国的银行在政府眼里似乎有点像聚宝盆。平民百姓缺钱，只能节衣缩食，空捏拳头干着急。而一战时的国君威廉一世，却从不为钱犯愁。当时银行归政府掌管，为了筹集战争资金，发动战争，他一声令下，银行就得加班加点开动印钞机。

一战结束后，巨额赔款、财政赤字，压得财政喘不过气来。而面对萧条的经济，政府又不忍加大税收，一筹莫展之际，只好让300台印钞机再次开足马力、夜以继日地赶印钞票。由于货币过量发行，物价上涨一发不可收拾。到1923年11月，1美元所换的马克是战前的1亿倍，一麻袋的钱不够换一份报纸。

面对恶性通胀，当时德国的有识之士指出，若让银行听令于政府，即便政府头脑发昏、为所欲为，银行亦无可奈何，最终必使金融市场紊乱、引发金融危机。在国内强大的舆论压力下，1924年，德国终于通过了《银行法》，明确规定银行要与政府分家，并赋予了银行独立处理自己日常业务的权力。

按理说，有了此法，银行本可自立门户过日子，可不幸的是，半路却杀出个程咬金。到了1933年，野心家希特勒上了台，在他看来，法律只是一纸空文。侵略扩张需要大量资金，于是他又打银行的主意，将其视为掌中之物，任意摆布。

帝国银行董事福克对此深感忧虑，担心悲剧重演。1939年，他怀着强烈的责任感，向政府有关部门提交意见书，希望加强银行的独立性。忠言逆耳，这一下可捅了马蜂窝，希特勒勃然大怒，下了特别手令，将其逐出帝国银行。

历史有惊人的相似：二战结束后，德国又爆发了恶性通胀，帝国马克再度沦为废纸。商店里的货物，不得不用美国香烟标价。这种类似物物交换的方式，使人们生活极其不便。饱受两次通胀之苦后，德国人开始反思，意识到银行必须独立于政府。

然而好事多磨，德国一分为二后，英美法成立的占领局害怕西德经济强大，给自己造成威胁，1947年，将幸存的3家大银行肢解成30家，银行权力分散，别说独立于政府，就连资金运作都很困难。没有银行的有效支持，国家复兴鸭步鹅行，步履维艰。随后，占领局也意识到，西德毕竟是同一个阵营的兄弟，发展慢了，还会拖自己的后腿。不久，三大银行又逐步得以恢复，银行独立于是有了坚实的基础。

每次历史变革，总有一些风云人物的推动。福克当年被炒鱿鱼，恰好表明他与众不同，不仅具有远见卓识，而且有非凡的金融才能，尤其是他强烈的民族责任感，使他在战后又重新得以重用。从1948年到1958年，他一直担任西德的州际银行行长。他认为，通货膨胀就如同江湖大盗，大肆掠夺着老百姓的财富和国家经济基础，若不严加控制，经济根基就会被掏空。因此，与其让政府为所欲为、人为地制造通胀，不如让银行独立，把货币真正管起来。他在任期间，四处斡旋，奔走呼号，为银行独立立下了赫赫战功。

在福克等人的努力下，1957年，终于通过《联邦银行法》。该法规定，银行与政府相互独立，各司其职。若联邦政府对银行的决定不满，可提意见，或要求推迟表决时间，但延期不超过两周。在这段时间内，若政府能拿出充足的理由，说服银行，银行可改变决议；若政府理由不充分，银行则可自行表决，并且银行决议一旦形成，政府就算心里不痛快，也得依决议行事。

同样，银行也可参与政府财政计划的讨论，但没有决定权。联邦政府和联邦银行共同委托信贷监督局，督察银行具体业务。政府和银行，就像是分了家的弟兄，大家平起平坐，虽然还会相互支持与照应，但是一个管财政、一个管金融，桥归桥、路归路，对方的家事，可以过问、提建议，却不得插手干预。有了法律撑腰，银行可算扬眉吐气，从此，它已不再是一个任人使唤的伙计。

在银行金字塔的顶部，是中央银行委员会，主要由联邦银行行长、各州银行行长组成，其执行机构是管理委员会。金融市场风起云涌、潮涨潮落，尽由这两大委员会掌握。为确保金融政策的连续性，两大委员会的委员任免，政府只有建议权，最终由总统决定；委员任期为8年，是联邦总理任期的两倍。这样一来，总理不能由于身居高位，对银行指手画脚，吆三喝四；银行也不会因畏惧权贵，为留后路而缩手缩脚。

如此一来，银行底气足了，可以照章办事。就算政府向银行贷款，也不得超过60亿马克（含国债），而且该借款只能临时应急，不得拿去弥补财政赤字。政府没了银行援手补缺，在做财政预算时，还得仔细掂量，不能随心所欲，否则，赤字过大，就得自食其果。如此一来，因财政支出过大而引起的通胀，从根本上被遏制住了。

二战后，饱受通货膨胀的西德，走上了银行独立之路。从此，银行在战后重建、稳定金融方面也积极作为。战争刚结束，为筹集重建资金、帮助企业渡过难关，银行倾囊相助。发放贷款时，考虑的不是现有资产，而是看其历史成就与发展潜力。有的企业所得贷款，往往是其账面资金的10—20倍。

战争期间，卡尔·蔡司光学仪器厂所有的厂房被盟军炸成了瓦砾，但因它有100多名技术人员和管理人员，获得了1.2亿马克贷款。巨额的资金投入，为经济复苏注入了新鲜血液。企业也不负众望，经营状况好转后，连本带利奉还银行。原本担心债务回收的人，事后不得不佩服银行的胆识与气魄。

随着银行业实力日益增强，银行不再是弱者，而成为经济生活的主角。福克以稳定物价为首要目标，协同经济部部长艾哈德、财政部部长费舍尔，推行紧缩性财政、货币政策。1950年，物价趋向稳定，德国马克也日益坚挺。由于西德银行积攒了大量的黄金和美元，在欧洲支付同盟中，有73亿美元的余额，1958年，德国马克被宣布为自由兑换货币，成了世界金融市场上的硬通货。

然而，也就在同一年，被新闻界称为"马克监护人"的福克，却撒手人寰。第二年，州际银行改为联邦银行，继任者布勒辛，秉承了他的作风，继续以稳定金融为己任。20世纪70年代，虽然受石油危机的冲击，西方国家通胀率普遍提高，而联邦德国的通胀率，用消费物价衡量仅1.5%，在经济合作与发展组织中最低。

撒切尔的货币主义试验

20世纪70年代,英国国内物价飞涨、生产停滞、失业率居高不下。工党政府面对困境,虽是忧心如焚,但也无力回天。1979年,54岁的撒切尔临危受命,出任英国首相,她高举自由经济的旗帜,大刀阔斧地改革政府管制,并亲自主持了英国的"货币主义试验"。

二战后的一个时期,英国奉行凯恩斯主义,用财政政策和货币政策,对经济加以干预。推行凯恩斯主义的结果是,一方面,它为英国创造了短暂的繁荣,1951—1964年,英国经济一度出现过"两低一高"(失业率低,通胀率低,国民收入增长率较高);但另一方面,从长期看,凯恩斯主义也给英国带来了灾难。政府开支过大,财政入不敷出,于是企业税收不堪重负,银根被迫一松再松。

而由此引起的连锁反应是:生产停滞,失业反弹,物价飙升,通胀一发不可收拾。到70年代末,高通胀与高失业,像一头双面兽,各执一方,却不知何往。英国的未来,处在一片茫然之中。执政的工党,对此无计可施,不断遭到世人指责;而保守党面对这种局面,也不敢轻举妄动。此时,撒切尔站了出来,她大声疾呼:英国应回归亚当·斯密的传统,还经济以充分自由,切实保障人们工作的权利,花钱的权利,拥有财产的权利。总之,要使政府成为经济的仆人,而不是主人。

撒切尔新官上任三把火。第一把火，就是借用货币主义的政策，抑制通货膨胀。上任当年，为控制货币流通量，她手起刀落，一举削减了10亿英镑的国债，将银行的准备金率提高到10%，把最低贷款利率提高到17%。紧缩的货币政策，一时间使经济更加低迷、失业更为严重。

这种"置之死地而后生"的做法，当时人们很不理解。1981年3月30日，英国364名经济学家，在《泰晤士报》联合发表公开信，对此政策加以抨击。但是，撒切尔并没有妥协，因为此一结果，本在她预料之中。她仍是信心百倍，一如既往地加以贯彻。年底，经济增长几近谷底，失业人数达250万，可当经济走过"拐点"后，便柳暗花明，生产渐渐复苏，物价开始回落。事实证明，她的做法，看似一着险棋，但最终是有惊无险，闯过了难关。

随后，撒切尔就采用温和的、渐进的方式，来达到她的目标。1984年，她按最狭义的货币M0（流通中的现金）来控制货币发行，这样不仅操作灵活，而且效果立竿见影。

紧缩性货币政策立马使金融形势由阴转晴。1985年11月起，为促使经济繁荣，政策渐渐放松；调控重心，也从原来的货币供应转向了汇率。一方面，将英镑和坚挺的德国马克挂钩；另一方面，大量吃进外汇，通过降低利率、阻止外资涌入，以降低汇率。而低汇率与低利率，又拉动了投资；

到20世纪80年代末，通货膨胀率降到4.9%，经济大步攀升，撒切尔的货币主义试验，至此大获全胜。

撒切尔的第二把火指向财政政策。英国是一个"福利国家"，福利支出占财政支出的60%左右，"从摇篮到坟墓"的福利体系，就像一张温床，人们躺在上面吃补贴，不思进取，而国家财政捉襟见肘，债台高筑。为减轻财政负担，撒切尔决意压缩财政开支。她精简机构，为政府消肿；同时也调减工业补贴、削减福利支出，因此她被人戏称为"夺去牛奶的撒切尔夫人"，据说她的母校——牛津大学，也因不满她削减教育经费、减少教师工资，而拒绝授予她荣誉博士学位。

税制改革，是撒切尔的第三把火。过去，为应付庞大的财政开支，英国的税率高、税负重，严重地抑制投资与人们的工作积极性，大量人才外流。她上台后，在财政方面，实行"开源"与"节流"并举，挥动"减"字大旗，风风火火地将税负减下来：在任期间，将个人所得税的基础税率，从33%减到25%，最高税率由82%减至40%，公司税由52%减至35%。

撒切尔还有一个杀手锏，就是"私有化"。当时，许多国有企业，由于政府干预较多，缺乏活力、成本高、效率低，企业亏损严重，是国家的一大包袱。为此，政府决定，出售国有资产，来增加财政收入，减轻负担；同时，广大民众购买企业股票,激活投资需求、繁荣市场。1979—1989年的10年间,40%的国有企业出售给了私人,到1990年11月撒切尔夫人卸职时,只有英铁路公司、煤炭公司、皇家邮政三个部门,没有实现私有化。

改革劳资关系、削弱工会权力,是撒切尔的另一高招。在英国,工会势力很大,劳动力市场几乎被垄断,不受市场调节。为提高工资,工人时常罢工,致使工资上涨、生产成本上升、物价上扬;通货膨胀加剧,而实际工资变少,又引起新一轮的罢工浪潮。如此反复,形成恶性循环。本国生产成本高、利润低,资本就外流,出口产品竞争力也随之下降。

事实上,过去历届政府想打破这个循环,但因担心犯众怒不敢出手。而撒切尔无所畏惧,制定了《就业法》《工会法》,对工会的职权、罢工运动做出了严格限制。此外,她还动用财力,与工会进行较量。1984年,力量雄厚的煤炭工会开始罢工,政府以补贴的形式与之抗衡,罢工持续了362天,最后以无条件复工草草收场。工会的力量被大大削弱,政府的威严得以维护。

撒切尔的各项措施,像一支舰队,虽然阻力重重,但由于有她的领航,还是乘风破浪、一往无前。到了1988年,英国经济　片大好:通胀率下降,就业增加,人均收入提高,财政出现盈余,出口增加,人均实际产量增长率超过美国、德国和法国，而英国的国际地位也开始回升。用撒切尔的话说，是"经济奇迹"，反对党人士也不得不承认："这个国家虽然还存在很多弊端，但是，任何一位不持偏见者，都会为这种深刻的变化感到震惊。"

里根推出经济复兴计划

1980年，罗纳德·里根参选美国总统。尽管他声望颇高，但还是有许多选民犹豫不决：这位加州州长年近70岁，美国的重担他能扛得动吗？为了打消选民顾虑，里根请医学专家为自己全面查体，并将结果公之于众：除了左耳听力因早年拍电影稍有损伤，眼睛轻度近视外，一切正常。

老里根虽忙着为自己查体，但没忘了给美国经济把脉，此时的美国身染"滞胀"沉疴，有气无力，似乎已无药可医。里根上任后，他一改国家干预经济的套路，开出一组自由经济药方，使美国经济重现生机。里根本人，也因此在美国政坛乃至经济学界赢得了盛名。

美国经济缘何"滞胀"缠身？有人说是凯恩斯主义惹的祸。20世纪30年代，西方世界遇到空前的经济大衰退，凯恩斯为此提出了国家干预经济的主张。而大洋彼岸的美国总统罗斯福，与凯恩斯不谋而合，开始推行"新政"，用政府这只有形之手，成功地遏止了"大萧条"。此后，国家干预走进了美国经济生活，凯恩斯学说也逐渐成为一门显学。

1946年，美国颁布《就业法》，把"最大的就业、产量和购买力"，作为经济发展长期目标，且"财政赤字无害，适度通胀有益"，成了历届政府创造政绩的不二法门。凯恩斯为美国经济带来了高增长，也带来了高赤字、高物价。道理很简单，要想刺激经济，政府就得加大投资，财政出了亏空，只能多发票子。

到20世纪70年代尼克松执政时，通货膨胀像雪球越滚越大。无奈之下，尼克松采取了强行冻结工资、物价的办法，不料稍一解冻，通胀更一发不可收。旧病未去又添新愁，恰在此时，国际油价狂涨，"能源危机"导致了经济停滞。在"滞胀"面前，福特、卡特总统手捧凯恩斯经典，使出浑身解数，却左支右绌，首尾难顾：刺激经济增长，会使通胀雪上加霜；抑制通胀，又导致经济萎缩。凯恩斯理论被"滞胀"逼进了死胡同。

时移世易，穷则思变。里根总统认为，国家对经济过度干预，限制了经济活力，是造成经济恶性循环的根本原因。出路只有一条：减少政府干预，重倡经济自由。为了对付"滞胀"，里根总统改弦易辙，使出了"三减一稳"的四路拳法：减轻税负、缩减开支、减少政府干预、稳定货币供应量。

数十年的赤字预算，使美国政府财政捉襟见肘，为弥补国库空虚，传统的办法是增税。美国人对增税十分敏感，每逢新政府开张，总是"两手捂紧钱包，两眼盯住总统"。里根的《经济复兴计划》让公众松了口气。1981年8月，国会通过减税法案。三年内削减所得税23%，美国企业、个人少缴所得税3500亿美元。

1986年8月，国会又通过税制改革法案，将税率等级由14级简化为2级，个人所得税最高档税率由50%减至28%，公司最高税率从46%减至34%，该法案实施后，美国个人税负又减少了1200亿美元。政府为何放着花花绿绿的钞票不收？

原来，里根总统深谙供给学派的理论：减税就像放水养鱼，轻税薄赋，让利于民，让企业和百姓的腰包先鼓起来，税基厚实了，税率虽降，政府的钱柜却会塞得更满。果不其然，从1982年底开始，美国经济持续25个月高速增长，失业率从10.7%下降到7.1%，劳动生产率上升了3%。美国国民生产总值占西方发达国家的47%。

政府减税，势必缩减开支。然增支容易节支难。20世纪30年代罗斯福首开福利保障先河，增进社会福利便成了历届政府对公众的允诺。老百姓从中得到实惠，政治家借机捞足选票，财政却为此背上了包袱，到里根执政前，这笔开销已占财政总支出的一半以上。

羊毛出在羊身上，欠账迟早得老百姓自己还。于是里根政府痛下决心，对福利制度大刀阔斧进行改革。削减内容林林总总，涉及家庭补助、医疗照顾、住房津贴、特殊行业拨款等方方面面。不到四年，里根政府削减福利支出5.6%，总计350多亿美元，取消公用事业冗员30万人，100多万能自食其力的人不再享受政府救济。这些做法，虽屡遭激烈反对，却减少了财政浪费、调动了劳动积极性。

里根治理经济频频得手，还得益于他大胆放松政府管制。他深信，只有管得少，才能管得好。于是，他让副总统布什牵头，组成内阁级特别小组，专门研究如何缩减政府管制权。在里根的坚持下，联邦法规撤销了1/3，仅此一项节省成本150亿美元，为纳税人省掉了3亿小时的填表时间。

也是从这个时期起，反托拉斯法律被新政府束之高阁，石油、天然气、航空、货运等行业可自由定价，金融机构也能从事多种经营，企业界则展开优化重组，掀起了美国有史以来最大的兼并潮。简政放权对工商业无疑是利好消息，社会投资热情高涨，推动经济不断走高。

为了抑制通胀，里根把"注"押在稳定货币供应上，执行"单一规则"的货币政策。中央银行确定货币投放，只盯住两个指标：经济增长速度、劳动力增长率，货币投放稳定在两个指标之内。同时，取消利率上限，吸引外资，缓解资金缺口。

高利率导致高汇率，大量廉价的外国商品涌入美国市场，拉动物价走低，通胀压力迅速缓解。里根执政的前3年，通货膨胀率由两位数下降到平均3.9%，达到17年来的最低水平。在他第二个任期内，即使由于国际油价上扬、美元贬值，推动物价指数上升，通货膨胀率也不过4.4%。

当然，里根的治疗"滞胀"的方案并非完美无缺，有的措施彼此促进，有的则相互掣肘。比如财政支出，政府既大砍福利性开支，又拼命扩充军备，一头减一头增，旧的亏空没填上，新的赤字又出现。稳定货币供应，提高利率和汇率后，外国商品特别是日本货充斥美国市场，企业大伤元气，出口乏力，利润下降，又进一步影响了税收。

巨额财政赤字、巨额外贸逆差，好像一对孪生兄弟，留给了里根的继任者。1988年，政府财政赤字近2000亿美元，全国债务总额相当于生产总值的1.8倍，美国成为世界上欠外债最多的国家。今天的债就是明天的税，从这一点来看，高增长、低通胀是以牺牲未来为代价的。

尽管如此，里根政府毕竟把"通胀"降服了。1989年1月，当78岁的里根告别白宫时，美国人民对这位演员出身的老总统，心怀感激、恋恋不舍。里根政府的经济政策，使美国经济出现了复兴。美国企业获得了更多的自由，他们相信只要假以时日，定能重振雄风。美国老百姓虽然少了一些免费的午餐，却不再为物价上涨寝食难安。虽然美国日后还将为"巨额债务"付出代价，但却增强了战胜"通胀"的信心。

"休克疗法"败走莫斯科

1992年，苏联解体后成立的俄罗斯联邦，从西方经济高参那里，引进"休克疗法"，进行了一场激进的经济改革，希望借此跨入市场经济轨道，跻身西方发达国家之列。不料事与愿违，俄罗斯经济非但没有起色，反倒陷入了空前的经济危机。这种不顾国情的盲目改革，使俄罗斯付出了惨重的代价。

"休克疗法"原本是个医学术语，20世纪80年代中期，被美国经济学家萨克斯引入经济领域。当时玻利维亚爆发严重的经济危机，通货膨胀率高达24000%，经济负增长12%，民不聊生，政局动荡。萨克斯临危受命，向该国献出锦囊妙计：放弃扩张性经济政策，紧缩货币和财政，放开物价，实行自由贸易，加快私有化步伐，充分发挥市场机制的作用。

由于上述做法一反常规，短期内造成经济剧烈震荡，仿佛病人进入休克状态，但随着市场供求恢复平衡，经济运行也回归正常。两年后，玻利维亚的通货膨胀率降至15%，GDP增长2.1%，外汇储量增加了20多倍。萨克斯的反危机措施大获成功，"休克疗法"也因此名扬天下。

1991年底，苏联解体，俄罗斯联邦独立。它拥有1700万平方公里领土，1.5亿人口，继承了苏联的大部分家底。丰厚的遗产令叶利钦喜上眉梢，可穷家难当，一大堆半死不活的企业，外加1万亿卢布内债、1200亿美元外债，也让新总统夙兴夜寐，坐立不安。

作为苏共的反对派，叶利钦认为，50年代以来的改革，零敲碎打、修修补补，白白断送了苏联的前程。痛定思痛，俄罗斯要避免重蹈覆辙，重振大国雄风，不能再做小脚老太太，应该大刀阔斧，进行深刻变革。此时，年仅35岁的盖达尔投其所好，在萨克斯的点拨下，炮制了一套激进的经济改革方案，叶利钦"慧眼识珠"，破格将其提拔为政府总理，1992年初，一场以"休克疗法"为模板的改革，在俄罗斯联邦全面铺开。

"休克疗法"的重头戏，是放开物价。俄罗斯政府规定，从1992年1月2日起，放开90%的消费品价格、80%的燃料、生产资料价格。与此同时，取消对收入增长的限制，公职人员工资提高90%，退休人员补助金提高到每月900卢布，家庭补助、失业救济金也随之水涨船高。物价放开头3个月，似乎立竿见影，收效明显。购物长队不见了，货架上商品琳琅满目，习惯了凭票供应排长队的俄罗斯人，仿佛看到了改革带来的实惠。

可是没过多久，物价像断了线的风筝扶摇直上。到1992年4月，消费品价格比上年12月上涨6.5倍。政府原想通过国营商店平抑物价，不想黑市商贩与国营商店职工沆瀣一气，将商品转手倒卖，牟取暴利，政府的如意算盘落了空，市场秩序乱成一锅粥。由于燃料、原料价格过早放开，企业生产成本骤增，到该年6月，工业品批发价格上涨14倍，如此高价令买家望而生畏，消费市场持续低迷，需求不旺反过来抑制了供给，企业纷纷压缩生产，市场供求进入了死循环。

放开物价后，通货膨胀如脱缰野马。对此，俄政府似乎早有准备，财政、货币"双紧"政策，与物价改革几乎同步出台。财政紧缩主要是开源节流、增收节支。税收优惠统统取消，所有商品一律缴纳28%的增值税，同时加征进口商品消费税。与增收措施配套，政府削减了公共投资、军费和办公费，将预算外基金纳入联邦预算，限制地方政府用银行贷款弥补赤字。紧缩的货币政策，包括提高央行贷款利率，建立存款准备金制，实行贷款限额管理，以此控制货币流量，从源头上抑制通货膨胀。

可是，这一次政府又失算了。由于税负过重，企业生产进一步萎缩，失业人数激增，政府不得不加大救济补贴和直接投资，财政赤字不降反升。紧缩信贷造成企业流动资金严重短缺，企业间相互拖欠，"三角债"日益严重。政府被迫放松银根，1992年增发货币1.8万亿卢布，是1991年发行量的20倍。在印钞机的轰鸣中，财政、货币紧缩政策最终流产了。

"休克疗法"的第三步棋，是大规模推行私有化。在盖达尔政府看来，改革之所以险象环生，危机重重，主要在于国有企业不是市场主体，竞争机制不起作用，价格改革如同沙中建塔，一遇风吹草动，便会轰然倒塌。国有企业改革，最省事的办法莫过于私有化，企业成了个人的，岂有办不好之理？

为了加快私有化进度，政府最初采取的办法是无偿赠送。经有关专家评估，俄罗斯的国有财产总值1.5万亿卢布，刚好人口是1.5亿，以前财产是大家伙的，现在分到个人，也要童叟无欺，人人有份。于是每个俄罗斯人领到一张1万卢布的私有化证券，可以凭证自由购股。可是，等到私有化正式启动，已是1992年10月，时过境迁，此时的1万卢布，只够买一双高档皮鞋。

无偿私有化成了天方夜谭、痴人说梦。此计不成，又生一计。既然送不成，那就低价卖。结果，大批国有企业落入特权阶层和暴发户手中，他们最关心的，不是企业的长远发展，而是尽快转手赢利，职工既领不到股息，又无权参与决策，做一天和尚撞一天钟，生产经营无人过问，企业效益每况愈下。

俄罗斯政府义无反顾地实施"休克疗法"，除了想急于建功立业外，一个重要原因是为了博得"友邦"欢心，从西方发达国家得到一些好处。俄政府大力推行贸易自由化，取消进出口商品限额，大幅度降低关税，外汇市场也迅速放开。可是，俄罗斯经济长期畸形发展，工业技术水平低、成本高，竞争力弱，根本禁不起外国企业的冲击。对外贸易逆差导致外汇枯竭。

1992年，俄罗斯外债总额达到748亿美元，到期应还外债206亿美元，而偿还能力只有20亿美元。俗话说，贫居闹市无人问，富在深山有远亲。原来答应提供援助的国家，此刻却一个个袖手旁观，口惠而实不至。240亿美元一揽子贷款，也迟迟不到位；而60亿美元稳定卢布基金，更是遥遥无期。

俄罗斯将"休克疗法"当作灵丹妙药，本想一步到位，创造体制转轨的奇迹。可是南美小国玻利维亚的治疗方案，到了欧洲大国俄罗斯，却药不对症。玻利维亚原来搞的就是市场经济，国有企业少，经济总量也不大，加上有西方大国帮衬，靠市场机制来熨平通胀，容易取得成功。这些条件，俄罗斯一样也不占，却偏要一口吃成胖子，政府来个大撒把，大搞市场自发调节，满以为播下的是龙种，可到头来收获的却是跳蚤。

1992年12月，盖达尔政府解散，俄罗斯的"休克疗法"也随即宣告失败。

以史为鉴

第21章
科教强国

英国产业革命的背景

德国最大的本钱在教育

日本收获型战略转型

美国"新经济"独领风骚

第21章
科教强国

当今世界发达国度,无不受益于科技;而所有经济强国,无不重视教育。国际竞争,说到底是人才与科技的竞争。18世纪中叶,英国产业革命一马当先,二战后德国与日本经济崛起,科技与教育居功至伟;20世纪以来,美国在全球颐指气使,威风八面,凭借的也是领先于世的科技与教育。

英国产业革命的背景

轰鸣的机器、高耸的烟囱、规模化生产,曾是产业革命的象征。因为它,工业、农业、运输业,乃至整个经济社会,可谓日新月异,显现出勃勃生机。英国的产业革命,始于18世纪70年代,比起其他西方国家,至少早了半个世纪。问题是一个弹丸之国，为何产业革命能够一马当先、独领风骚呢？

这还得从 300 年前"圈地运动"说起。英国的"圈地运动"，历来千夫所指，被人文主义者喻为"羊吃人"。但从纯经济学角度看，它实属必然。16 世纪，世界贸易的帷幕已经徐徐拉开。在当时的国际市场上，羊毛制品大受消费者欢迎。而毛纺织业，恰好是英国的主导工业，故而在出口方面很占优势。可是，作为原料的羊毛，由于需求量大增，严重供给不足，价格猛涨，一时间，羊毛在世人眼里，贵若黄金，炙手可热。

精明的农场主发现，同一片土地，用来养羊会比种植业成本更低、赚头更大。于是，为扩大牧场，他们贪婪地圈占公地、焚毁村庄，用暴力驱赶份地上的农民。为养羊，大量的农民被迫流离失所、背井离乡。这就是历史上第一次"圈地运动"。可是，到了 18 世纪，羊毛的供应趋于饱和，而随着人口的增长，粮食需求急剧上升，尤其是在拿破仑战争期间，进口粮食的管道被封锁，供应更显紧张。于是，为了扩大耕地，又发生了第二次"圈地运动"。

"圈地运动"，就本质而言，是一场土地私有制的初始界定，它为城市工业的发展加油添料，提供了劳动力和物质准备。农民失去了土地，那些原本"自给自足"的自耕农，像一颗颗石子，在历史的长河中，悄悄地沉淀了。在农村，人们无以为生，自然就涌向城市，成为工业的后备军。经过两次"圈地运动"，农村自然经济已不复存在，土地贵族大发横财，积累了大量的资本，他们不再经营土地，而是转租出去，坐收地租。

农业资本家仿效工业管理方式，雇佣"农业工人"，采用先进技术，并一改分散经营的传统，实行机械化作业。这一改变，结果使种植业、畜牧业飞速发展，产量大增，城市所需的粮食、工业所需的原料，也因此有了足够的保证。

对宗主国来说，殖民地永远是廉价的原料产地和广阔的销售市场。所以，英国绅士虽然保守稳进、温文尔雅，但是，发财致富的欲望，使他们四处点火，频频发动殖民战争。"日不落帝国"的旗帜，插到了各大洲。英国在殖民地进行贸易往来，获得了不菲的收入。当时，有一条致富捷径——"三角贸易"：从英国带些工业品，到非洲西海岸交换奴隶，运往北美，再将当地货运回英国。每次往返，可做三次交易，利润惊人。

有文献记载：17世纪时，在非洲每个黑奴的离岸价，是25英镑，而在美洲，每个黑奴可售150英镑，利润率高达500%。除了贸易往来，英国还通过战争、签订不平等条约、殖民统治等手段，直接掠夺殖民地的财富。无怪乎，那些频繁往返于殖民地的英国人，回国之后，一个个都能富甲一方。

商人们的发财梦，在殖民地大都"梦想成真"！英国人素有节俭的传统，他们从殖民地赚足了钱，并没有像法国人那样，奢侈浪费，大肆挥霍。他们把资本积累起来，用于投资，兴办各类产业，这种品行曾被拿破仑戏称为"店主人"。其实，"圈地运动"和殖民掠夺，不仅使英国人积累了资金，而且也为其提供了无限的商机。

落后的殖民地，对英国的工业品趋之若鹜，需求量极大。工业品奇货可居，利润丰厚。于是英国工厂纷纷加大马力，不断扩张规模。这样一来，原有的产业工人相对于日益增长的投资需求，就显得不足。要生产更多的产品，赚取更多的利润，资本家不得不考虑，如何用机器去代替人手。于是，一场以"改进技术、改良机器"为主的创新浪潮，在英伦大地悄然兴起。

技术革新，是产业革命的火车头。伴随着工业技术的不断改进，社会生产力以前所未有的速度，大踏步地向前迈进。在当时的英国，纺织部门是技术创新的排头兵。1733年，约翰·凯发明了"飞梭"，使织布速度加快，布面加宽。织布技术提高了，纺纱相对不足，出现了纱荒现象，为此，1751 年，皇家学会悬赏征求"能同时纺 6 根棉纱的机器"。1764 年，哈格里夫斯发明了"珍妮纺纱机"，能同时纺 8 根棉纱；1768 年，阿克莱特以瀑布为动力，发明了水力纺纱机；1779 年，克隆普顿发明了走锭精纺机，进一步加快了纺纱的速度。

1782年,瓦特在单动式蒸汽机的基础上,又制成复动式蒸汽机。它的出现,使机器从根本上代替了人力,人类社会由此进入一个"蒸汽机的时代"。蒸汽机以煤为燃料,制造它需要铁,于是,在重工业中,也发生了技术革新,采煤业、炼铁业的效率大大地提高了。

如果把整个经济活动比作躯体,那么,交通运输就是那躯体的"动脉"。动脉通畅了,躯体才能伸展自如。同样,原料的运进,产品的输出,都离不开车船与道路。在商品传输途中,倘有闪失,经济"链条"就会脱节,旷日延时不仅会给商家增加成本,弄不好还会血本无归。

为了解决这一问题,1760—1830年,英国大兴土木,到处架桥铺路,开凿运河。产业革命前,从伦敦到爱丁堡需10天;产业革命后,只需2天。水运的费用,比陆运更低,从利物浦运煤到伯明翰,运费只相当于陆运的1/4。道路顺畅了,反过来对交通工具提出了新的要求。蒸汽机车的出现,使车速提高了3倍,不久,铁路以其方便快捷的优势,渐渐取代了水运、陆运,成了运输业的"龙头老大"。

19世纪30年代,英国的锻压设备已一应俱全,加工机床也已出现,人们已经可以用机器去制造机器,这标志着历时数十年的产业革命,已大功告成。此后,英国经济一日千里,社会发展开始起飞。受英国产业革命的带动,欧洲大陆、北美等一些国家，也相继进行了产业革命，人类文明从此焕然一新。

德国最大的本钱在教育

普法战争是法国首先挑起的，本想一展帝国雄风，让德国俯首称臣，可结果却搬起石头砸了自己的脚，法国人不仅吃了败仗，而且还割让土地赔了银子，弄得是颜面丢尽、威风扫地。原先欧洲大陆的霸主，怎么会如此不堪一击，败给一个曾任人宰割的附属国呢？他们弄不懂，思前想后，终于明白：德国人受的教育多，士兵们有勇有谋，所以能够打胜仗。

很早以前，德国人就意识到教育的重要性，在这方面投资很大。"铁血宰相"俾斯麦，喜欢用武力解决争端，属好战派，老天爷似乎很给面子，他总能以弱胜强，将胜利之旗插到他国领地。屡战屡胜，能归功于运气吗？当凯歌高奏，人们为俾斯麦大摆庆功宴时，他却将胜利的勋章，"送给"教育界。

他认为，部队的作战水平高，得益于士兵的高素质，而士兵的素质，又源于学校教育。所以，1885年，他70大寿时，从250万马克的贺礼中，拿出120万作为学位津贴，以鼓励学校教师。首相尚且如此，政府自然不会怠慢，在教育上决不吝啬,肯花"血本",1900年,其教育经费达15亿美元,占国民生产总值的1.9%,而英法在这方面的投入,则比它低许多。

重教和尊师相辅相成,一流的老师,才教得出一流的学生。千里马常有,而伯乐不常有,教师正是这慧眼识才、因材施教、培养千里马的"伯乐"。在德国,教师的社会地位很高、收入也不菲、很受尊重,真正成了"太阳底下最光辉的职业"。德国小孩一入学,就立志要当大学教授。由于想干这行的人多,竞争激烈,它的"门槛"自然不低,就拿小学教师来说,光凭高学历还不够,还得与众多对手一争高低,只有出类拔萃者,才会被学校聘用。

尊师重教,光靠花钱还不够,德国人认真地琢磨其门道,不断改革,以求日臻完善。19世纪初,普鲁士的教育部部长洪堡,对学校制度进行改革,建立了较完善的教育体系,并创办了柏林大学。教育要从娃娃抓起,20世纪70年代,德国进行了近代教育革命,规定接受教育和服兵役一样,都是公民的基本义务,用强制手段,"迫使"家长送孩子上学。政府使出这一招,旨在扫盲,打好德国人的素质根基。1895年,德国的文盲率仅为0.33%,是法国的1/20,其教育普及程度,让其他国家望尘莫及。

除普及教育外,德国当时的职教体系也很发达。教育的载体是学校,建筑、机器制造、采矿等部门,都建了技术学校，培养专业员工。1900年，仅普鲁士地区就有1070所工业实习学校；1910年，德国中等技术学校的在校生就达135.6万人。正是这些学校，输送出大量懂专业、会技术的人才，他们基础好、肯动脑子，很快就能触类旁通、操作娴熟，为德国日后经济飞跃，奠定了殷实的基础。

如果说，普及教育是打基础，职业教育是培养员工，那么，高等教育则是造就顶尖人才。19世纪末到20世纪初，世界一流的科学家云集德国，无论是基础科学还是应用科学，都是独占鳌头，这样一来，德国理所当然成为全球的科技中心。20世纪初，德国有5000多名化学家，当时化学界的发现和发明，几乎全被他们垄断；物理学家爱因斯坦，提出的量子论、分子论、相对论，奠定了现代物理学的基础。

在数学领域，希尔伯特1899年出版了《几何基础》，消除了人们对几何公理的疑虑，第二年，他又提出了23个悬而未决的数学难题，对数学家极富吸引力，使他们对德国心驰神往，"打起你的背包，到哥廷根去"（哥廷根：当时德国的一个科技中心），成了数学界的时髦口号。

同样，在生物学、地理学、天文学领域，德国也是人才辈出、群英荟萃。从1901年到1914年，德国就有13人获诺贝尔奖，甚至20年后，在诺贝尔奖国家榜上，德国依然高居榜首。

对一个国家而言，拥有先进的技术发明，虽然值得自豪，但却不是最终目的，更重要的是，要看它们能不能转化为生产力。德国科学家的高明之处，是他们没有躲在象牙塔里，也没有将先进的理论束之高阁，科研成果很快就融入生产中，成了新的经济增长点。

1866年，韦尔纳·冯·西门子发明了发电机，随即，世界的两大电业巨头相继形成：西门子公司转变经营方向，推行电力技术，推广有轨电车；10多年后，电气集团爱迪生公司（后来的通用电气公司）成立。这技术别国一下子学不会，要进行电气化改造，自己干不了，干着急也没用，还得请这两大公司出马。这两大巨头，坐上了老大的交椅，成绩自然不菲：不但完成了德国的电气化改造，而且当时欧洲90%的有轨电车，也是它们铺的。科研成果，开辟了新的市场，给德国带来巨额利润。

别国没有的，德国人先有了；别国没发明的，德国人先发明了，他人无法与之竞争。但由于德国工业起步晚，在许多技术领域也存在先天不足。但德国人并不故步自封，对于本国没有的技术，他们就利用其人才优势，加以学习、吸收、创新，以求后来者居上。

1856年，美国人珀金率先从焦油中合成染料，一改从大自然中提取的传统做法，使其成本更低、性能更优。按理说，先下手为强，在染料业上，美国应该更占优势，但德国人的脑袋好像更聪明些，他们很快将这项技术学到手，并加以改进，使其产品色泽鲜艳、品种丰富、耐洗耐晒，这一下，德国的染料比美国的更受欢迎，20世纪初，它就成了这个行业的霸主，占据了世界3/4的染料市场。

教育投资，就像是涓涓细流，虽不会立竿见影，但它会逐步渗透到方方面面，时间一长，定能灌溉出一片片绿洲。1871年，德意志帝国刚成立时，百废待兴，虽说有一定的工业基础，但尚不能与列强们相提并论。可30年间，它工业总产值提高了4.7倍，外贸总额增加了3倍。一战前夕，其技术基础雄厚，工业体系完整，实力远远超过了英法，仅次于美国，居世界第二位。美国人在参观考察后，对这份成就大发感慨："德国最大的本钱在智力。"

日本收获型战略转型

古希腊有个"不死鸟"的神话，说的是一只鸟在烈焰中如何脱胎换骨、重获新生的事。类似的故事，在东方佛教里，称作凤凰涅槃。战后日本经济，就如同那"不死鸟"，也创造了一个新的神话。在战后很长一段时间里，不仅保持了高经济增长率，而且人均增长幅度，一度达到美国的9倍。究竟是什么神奇的力量，推动日本经济持续高速增长呢？

早在20世纪50年代后期，美国人就开始对这个问题进行研究。当时，日本经济崭露头角，年增长率达到22.8%，而美国经济增速却年年放缓，这引起了美国人的不安。治病先查病根，要促进经济增长，先得搞清经济增长背后的原因。

1962年，美国经济学家丹尼森，通过对1929—1948年美国经济的深入研究，得出了一个惊人的结论：在这19年中美国经济增长，资本和劳动增长的贡献率只有48%，其余52%分别来自规模经济、资源配置和知识进展，其中，科技的贡献率，最高时竟然达到39%！可是到了50年代，这一比例却逐年下降。而远隔重洋的日本，经济之所以蒸蒸日上，正是在科技转化成生产力上，一步步追了上来。

日本能有今天的实力，是靠技术引进起家。众所周知，日本国土狭小，人口稠密，资源相对不足，二战后又留下一个烂摊子，如果关起门来搞建设，别说强国富民，短期内想恢复元气都很难。古人说，置之死地而后生。日本政府在困境之中，找到了一条生路——贸易立国：进口原料，出口产品，靠赚取两者之间的价差，求生存、谋发展。

问题是要把产品打出去，并不是件容易事。周边国家对日本恨之入骨，巴不得它永世不得翻身，自然要抵制日货。西方国家的市场，又是美国货横行天下。而且旷日持久的战争，中断了日本的对外技术交流，日本国内的民用生产，技术落后，设备陈旧，很难拿出像样的产品。在当时的情况下，要实现贸易立国，最明智的办法，莫过于把国外先进的技术引进来，边学边干，借脑生财。

20世纪70年代中期以前，日本在科技发展方面，一直推行吸收加改进的收获型战略。这一战略有两个特点。一是"小科学""大技术"。基础理论研究、尖端技术开发，日本人无心为之，原因很简单，周期长、见效慢、投入多、风险大，不如让给西方人去搞。但对实用技术，特别是能够推动产业升级的关键技术，日本人却不放过。

1950—1972年，日本引进技术的代价是36亿美元，仅相当于同期美国科研经费的1%，但它的实际价值，却是引进费的55倍。到20世纪60年代末，日本与欧美的技术差距已基本消除，在钢铁、汽车、家电、机器人等产业，日本技术居世界领先地位。

收获型战略的另一特点，是注重技术的商业价值，在离产品最近的地方下功夫。半导体技术本是美国人的发明，美国用它造飞船、造导弹，日本人却把它制成电子表，进军瑞士手表市场，做成傻瓜相机，挤占德国相机市场；美国的太阳能刚刚走出实验室，日本人便生产出太阳能计算机，并很快风靡全世界……日本企业界戏称，这些技术是"美国开花，日本结果"，得来全不费功夫。

日本人信奉"综合就是创新"，对国外技术不是照搬照抄或简单模仿，而是博采众长，结合日本实际加以改造，形成自己的特色。本田公司是日本的著名企业，靠生产摩托车起家。1952年公司组成考察组，走遍主要发达国家，花了几百万美元，搞到几十种最新发动机样机，回国后经过数百次试验，造成世界最好的发动机。短短3年后，本田摩托就占领了国际市场。

再比如松下公司的创始人松下幸之助，引进了300多项新技术，他开发的电视机，每个零件技术都是人家的，甚至连线路图也是买来的。尽管每卖出一台电视，要交付专利费用1000多日元，但带来的收益却是专利费的上百倍。

收获型战略，使日本仅用了20年时间，就赶上了世界发达国家的技术水平。但到了20世纪70年代中期，这条路却走到了尽头。日本人突然发现，自己已同欧美国家站在同一起跑线上，技术引进的空间越来越小。长期重引进、轻研究，重应用、轻基础，日本没有自己独立完整的科研体系，科技发展的后劲明显不足。强烈的危机感促使政府调整思路，转向"播种型"战略，并于1980年正式提出了"科技立国"新国策。

"科技立国"的战略目标，是建立完善的科研体制，形成自主开发尖端技术的能力。自20世纪80年代开始，日本的科研、教育投资占GDP的比重，连续多年超过美国。日本政府专门设置科学技术厅，组建国家基础研究中心，建立产、学、研官民一体化的科研体制，鼓励企业设立研究机构，自主开发新产品。通产省还出台优惠政策，对各公司推出的创新产品，可以得到研究费用25%的减税待遇。

这些新的科技政策，为日本经济发展注入了新的活力。到20世纪80年代末，日本的技术出口比10年前增加了9.6倍，其中尖端技术产品所占比重1989年达到32.1%，超过欧美所有发达国家。尽管日本的经济规模只及美国的一半，但出口的高技术产品已超过美国，并在世界贸易总额中占17%的份额。到20世纪90年代，日本每年获专利34万件，占全世界的1/4，成了名副其实的专利大国。

世事如棋，变幻莫测。20世纪最后10年，当日本人为自己的成就沾沾自喜时，蓄势多年的美国，却一飞冲天，在全球掀起了IT产业的浪潮。在这场新技术革命中，日本人节节败退，加上国内泡沫经济的崩溃，大有兵败如山倒之势。技术创新这台发动机，是不是该"大修"了？日本人发出了这样的疑问。

日本国内许多有识之士，开始从失败中总结教训。他们认为，科技立国战略没有错，问题出在体制上。科技创新需要人，需要资金，更需要政府提供宽松的环境。政府对科技投入不少，但管得太宽、太细，民办机构的科技创新始终热不起来；国家把居民的投资引向储蓄，使风险大、收益高的高科技产业，难以寻到资金支持；企业文化推崇的是敬业奉献，冒险、创业意识日渐泯灭。在激烈的国际竞争中，日本要立于不败之地，首先要做的，是清除积弊，重建科技创新体制。

令日本人稍感宽慰的是，几届内阁先后承诺，要拿出当年白手起家的劲头，全力扶持高科技产业，在21世纪，重振经济雄风。的确，科技曾经为日本创造过奇迹，不过这已经成为历史，今天的日本人更希望在未来的科技竞争中，他们能继续成为赢家！

美国"新经济"独领风骚

2000年3月上旬，美国华尔街的股民欣喜若狂。道琼斯指数和纳斯达克综合指数双双暴涨，均创历史最高，投资者好似一不留神，就赚个盆满钵满。股市是经济的晴雨表，美国经济此时正是牛气冲天：经济保持107个月持续增长，打破了二战后的最高纪录，物价稳定，就业充分。更引人注目的是，美国信息产业独领风骚，在全球化经济浪潮中占尽风光。

当时许多经济学家认为，美国已进入"新经济"时代，经济发展还将持续强劲。可不到1个月，形势急转直下，股市开始狂泻，到2000年底，道琼斯指数跌幅超过20%，纳斯达克股票缩水过半，4万亿美元打了水漂。投资者如惊弓之鸟割肉而逃，各大公司刮起裁员风，老百姓开始掰着手指头过日子,美国经济迅速降温。踌躇满志的小布什总统遭遇迎头一棒,他怎么也想不通,好端端的"新经济",怎么说不行就不行了?

尽管美国经济增速放缓,但不代表气数已尽。和8年前大不相同。当初克林顿接手的是个烂摊子。前任乔治·布什打伊拉克很有一手,抓经济却一团乱麻。美国经济一度出现负增长,1992年财政赤字达2930亿美元;美国货不仅在海外节节败退,在国内也渐渐失宠;失业率蹿到7.5%,近千万美国人在家吃闲饭。美国后院起火,日本、西欧乘机叫板,美国的盟主地位岌岌可危。受命于危难之际的克林顿,为重振王者之风,打出长短结合两套牌:既图近利,以解燃眉之急,又打长谱,走活持续发展这盘棋。

财政赤字、出口乏力、失业率攀升,是悬在新政府头上的三把剑。克林顿的应对之策是增收节支、公平贸易、扩大就业。增收主要靠征税。克林顿提出,5年内增税2410亿美元。这次税改强调"公平税负":外资企业没了税收优惠,占美国人口1.2%的富有阶层,负担新增税收的81.3%,4000万中低收入者则享受减免税待遇。

节支靠精兵简政。军费一次缩减500亿美元,联邦机构连撤加并,10万政府雇员下岗分流。几笔账算下来,财政开支减少2550亿美元,到1998年,美国财政破大荒盈余728亿美元。美国又举起"公平贸易"的大棒,把持住关贸总协定和世贸组织，远交近攻，纵横捭阖，展开多边贸易谈判，消除贸易壁垒，打开出口通道。同时实施"国家出口战略"，放松管制、增加贷款、提供担保，引导企业开拓"新兴市场"，外贸出口年增长率超过了8%。为缓解失业问题，克林顿上任当年就拨出310亿美元，大搞基础设施建设，50万人重新捧起了饭碗。

克林顿认为，美国经济要赢得未来，必须抢占制高点，在创新上做文章。在新一轮竞争中，美国应把目光瞄向哪里？他打出了两张王牌：信息革命、制度创新。1993年9月，美国"信息高速公路"计划出台，克林顿亲自执掌国家科委主席帅印。几年来，美国信息技术投资占全世界的40%，人均投资量比世界平均水平高8倍。

有付出便有回报。美国成为全球信息产业的老大，软件业年增长12.5%，网络经济增速高达174%。信息产业对经济增长的贡献率35%，从业的人数近2000万。全球信息技术公司100强中，美国独占70多个席位，全球软件市场75%以上是美国货。作为第一网络大国，每9个美国人就拥有一个因特网站。信息革命推动产业升级，许多传统产业部门嫁接新技术，大规模改组、改造，美国制造业的劳动生产率比欧、日高出20%，服务业高出近50%。

美国经济稳执牛耳，制度创新居功至伟。创新浪潮此起彼伏，渗透到生产、流通、分配、管理各领域。为提升产业竞争力，美国政府放宽反垄断限制，鼓励企业强强联手、跨国购并，掀起百年来最大的兼并潮。波音与麦道联姻，组成航空业巨无霸；埃克森与美孚携手，成为世界石油大王；国民银行与美洲银行合并，缔造出金融帝国；互联网霸主美国在线、娱乐传媒巨人时代华纳重组成功，创下3500亿美元交易天价。

面对国际市场的激烈竞争，美国着力打造经济航母，对无人匹敌的行业，政府又会按"原则"办事，"微软"因捆绑销售浏览器获罪，惨遭肢解，其用意便是鼓励国内同行业竞争，给其他公司留一条活路。金融创新对"新经济"贡献更大。信息产业的最大特点是高风险、高回报。创业之初，往往是几个年轻小伙凭着脑瓜灵打天下，没有识才慧眼，很难成就大事。

1993年美国出台了一个法案，鼓励银行向风险企业贷款，甚至承诺企业如果破产，政府包赔90%，拍卖资产有几个算几个。美国风险投资公司已多达4000多家，每年都有1万多个高科技企业受益。1999年11月，国会通过《金融服务现代化法》，允许银行、保险公司、证券经纪商相互兼并，实业家、金融界、普通投资者皆大欢喜，以科技股为主的纳斯达克股市更加火爆。

新一轮经济竞争说到底是打人才战，美国各大公司大搞股票期权，"干得好，给股票"，成了董事会的口头禅。跨国公司还搞起管理创新，授权、代理制大行其道，网上销售、零库存管理等新理念，为企业带来了丰厚利润。

在克林顿总统任内，美国走出了"滞胀"阴影，信息技术、网络经济为美国长远发展添加了新燃料。按理说，美国经济应该一帆风顺，却为何横生波折？原来，"新经济"还没炼成金刚不坏之身，繁荣的背后也有隐忧。高科技产业因股市而兴，也会为股市所累。现今美国股市主要靠股民的信心支撑。很多企业股价一路狂涨，不是因为盈利多，而是由于被投资者看好，买股票不是看业绩，而是炒预期。

1997年亚洲金融危机后，国际游资纷纷登陆美国资本市场，放松银行管制使更多的金融机构卷入股市，拉高博傻，投机严重，股市出现震荡也就不足为奇。经济持续走高，老百姓养成了超前消费的习惯，分期付款、抵押贷款大行其道，私人债务规模越积越大，1999年甚至出现了负储蓄。美国家庭资产48%投在股市，股市一变天，就会引发债务地震。信息产业造就了一批新富，而一些传统产业日子却不好过，收入差距越拉越大。在美国富人和穷人各占20%，前者收入是后者的9倍，这也是影响经济稳定的重要因素。

经济增长没有永恒的神话，美国也不例外。2007年又发生次贷危机，最后演化成国际金融危机，至今美国经济尚未完全恢复元气。需要提点的是,美国"新经济"的提法,现在已改换成"数字经济",未来"数字经济"会给美国带来怎样的前景?世人正拭目以待。

以史为鉴

第22章
农为民之本

俄罗斯：土地与自由的变奏

法国：农业优先发展战略

德国：独具特色的农业改革

日本：农协托起经济一片天

第22章
农为民之本

民为国之根,农为民之本。农业不兴,难保百业之兴;农民不富,难保天下太平。放眼全球,纵观古今,只要是农业人口多的国家,政府绝不会对发展农业掉以轻心。总结西方国家在发展农业方面的经验教训,我们可从中得到某些启示。

俄罗斯:土地与自由的变奏

在俄罗斯圣彼得堡,矗立着一尊巨大的青铜雕像:彼得大帝跨上马背,右手向前挥舞,骏马前蹄腾空,后蹄将一条蟒蛇踩在地下。每当人们路经此处,总会驻足仰视,缅怀这位旷世明君开创的千秋伟业。

1689年,年仅17岁的彼得一世以过人的胆识和气魄,推行"欧化"改革，建工厂，办教育，迁新都，搞扩张，把封闭落后的俄罗斯，变成了欧洲大陆的强国。然而，再伟大的君王，也难以超越所处的时代。彼得大帝的改革，未曾触动土地所有制，千百万俄国农奴仍然一贫如洗。直到一个半世纪以后，俄国又历经两次变革，才废除农奴制度，走上农业现代化之路。

彼得一世的后继者，穷兵黩武，意欲称霸欧亚。打仗靠的是实力，除了兵强马壮，军需给养也要确保无虞。而俄罗斯气候寒冷，人口稀少，农业生产一无所恃。为实现帝国霸业，统治者置民生于不顾，硬要从农民身上榨出油来，而农奴制恰恰是最好的"榨油机"：农奴手无寸土，又无人身自由，只得依附农奴主和贵族，他们不仅为主人无偿劳动，还要缴纳苛捐杂税。

靠搜刮民脂民膏补充军力，俄国在对外战争中连连得手，版图不断扩大。对沙皇来说，农奴制"法力无边"，不仅没必要废除，还需不断强化。1765年，叶卡捷琳娜二世一纸诏书，便将5000万俄亩新扩国土，连同土地上的农民，赏给皇亲国戚和立功战将。到19世纪初，俄国农奴超过2000万，占全国人口的90%以上。

1846年，英国废除《谷物法》，降低粮食进口关税。以农为主的俄国，粮食出口激增。看到种粮有利可图，农奴主便变本加厉，再一次在农奴身上做文章，让农奴无偿劳动的时间，由每周3天增加到5天，"官"逼民反，农奴不堪其苦，只得铤而走险，揭竿而起。这一时期，各地暴动此起彼伏，多达300多次。

除了内忧，还有外患。1853—1855年，俄国对土耳其发动克里米亚战争，结果被增援的英法联军打得落花流水，溃不成军。痛定思痛，俄国统治者终于明白，英法之所以取胜，不光在于装备精良，而且由于它们早就完成农业革命，实现了工业化，国力强拳头自然就硬。

1861年2月，沙皇亚历山大二世签署法令，宣布废除农奴制。农奴在法律上取得独立，农奴主不能再买卖农奴，也不能干涉他们的生活。法令还规定，农奴可以得到一块份地，虽仍需向农奴主购买，但只需缴纳20%的现金，其余由政府以有息债券代付，购买者可以在49年内向政府还本付息。1861年的法令，使1000多万农奴受益，1863年和1866年，俄国又先后颁布两个法令，改变了"皇族农奴"和"国家农奴"的身份，这样一来，俄国农奴全都由此获得了解放。

天下没有免费的午餐。农民赎买份地，代价也是大得惊人。当时国家把地价抬得老高，原本只值6.5亿卢布的土地，而卖给农民却要9亿卢布，加上偿付国家贷款本息，农民实际花销不下20亿卢布。不仅农奴主从中大捞了一笔，而且国家也收取了大量的利息，倒霉的只有农奴，为了赎回自由身,他们被狠狠宰了一刀。

尽管如此,农民还是有了指望:只要辛勤劳作,省吃俭用,多年后或许能还清债务;说不准哪天手头宽裕了,还能再买地盖房,过上好日子。而原来的农奴主,钱更多了,人手却少了,于是便不再广种薄收,开始置办农机,使用化肥,生产效率大大提高。废除农奴制,终归是解放了生产力,使俄国农业出现了重大转机。

不过,至此农业发展的桎梏尚未打碎。也许是让农奴暴动吓破了胆,当权者在宣布解放农奴的同时,又下令在各地普遍建立"村社",给农民套上了新的"紧箍咒"。根据新法令,农民必须带着份地,加入村社组织。未经村社允许,农民无权出卖、转让土地,也不能擅自脱离村社。原来的农奴主,摇身一变,成了村社的"保护人",有权撤换村长,驱逐村民,未经其允许,村社不得改变耕作方式,不得开垦荒地。

与此同时,农户之间还实行"连环保",互相监督,哪户若不服从村社管理,邻里要是知情不报,也会受累遭殃。几个村社组成乡,乡一级设行政、司法、警察机关,是维护帝国秩序的根基。建立村社组织,牢牢缚住了俄国农民。难怪几十年后,列宁对这段历史作出了这样的评价:俄国农民获得"自由"的时候,已经被剥夺得一干二净了。

村社的建立,抵消了废除农奴制的成果。农民的份地不能买卖、转让，限制了土地集中，阻碍了农业规模经营；因农民不能自由流动，城市工厂普遍缺乏劳动力，工业化步履维艰。到20世纪初，俄国非但没有国富兵强，与美、英、法、德等国的差距反而越拉越大，成了列强中实力最弱的一个，在新一轮国际竞争中，明显处于劣势。

1906年，内阁总理大臣彼得·斯托雷平执掌大权，为了挽救日薄西山的俄帝国，在尼古拉二世支持下，于同年11月，又一次对农业进行改革。

斯托雷平政府规定，农民的份地纯属私有财产，有权退出村社，可以自由转让、买卖。根据新法令，先后有1600万俄亩土地真正回到农民手中，有240多万户农民从村社退出，单立门户，自主经营。政府还责令农民银行，发放优惠贷款，推动土地兼并，培植了154万个独立农场。

此外，政府还组织破产农户移民西伯利亚，试图在广袤的边疆地区发展更多的现代农场。斯托雷平的改革，使土地和农民自由流动问题，基本上得到了解决。1908—1914年，有110万份农地进入市场交易，300多万农民不再固守穷庐，或加入移民大军，或以真正的自由人身份，进入城市劳动力市场。

像所有气数已尽的王朝一样，俄国并没有因斯托雷平的出现而摆脱覆灭的命运。今天，也很少有人知道斯托雷平的名字。但这场改革对俄罗斯的历史，影响却极为深远。当改革进行到第7个年头，俄国谷物产量便达到8600万吨，这个纪录，即使到了1953年的苏联，也没有被打破。有人甚至认为，斯托雷平的改革，是沙俄留下的一笔财富，从当今俄罗斯的农业变革中，都能或多或少地看到斯托雷平改革的影子。

法国：农业优先发展战略

1871年普法战争结束时，普鲁士首相俾斯麦问一名法军战俘："仗打完了想干什么？"那个士兵回答说："赶紧回家种地去。"俾斯麦不禁慨叹："拿破仑三世有这么好的子民，何苦还要发动战争！"

的确，法国农民以吃苦耐劳著称于世，他们起早贪黑，不辞劳苦，精耕细作，可就是如此，法国的"吃饭"问题却长期是一个老大难。直到二战前，法国还是农产品净进口国。战争结束后，政府采取优先发展农业战略，仅用20多年时间，就实现了农业现代化。到1972年，法国已成为仅次于美国的农产品出口大国。

近代法国农业也曾有过短暂的辉煌。大革命时期，政府于1793年颁布法令，把土地分成小块，卖给农民。农民有了土地，种田当然卖力，粮食产量也噌噌往上涨。可好景不长，过了些日子农业便徘徊不前。原因很简单，农村人口多，土地零碎，大农机使不上劲，新科技也施展不开。农民为了"温饱"，穿衣种棉，养牛耕田，喂猪过年，就这样，法国的小农经济搞了100多年，人们日出而作，日落而息，生活境况并没有多大改善。

法国搞农业现代化，最突出的矛盾是人多地少。20世纪50年代中期，政府出台一系列措施，推动"土地集中"，实现规模经营。为转移农村富余劳动力，政府实行了"减"的办法：年龄在55岁以上的农民，国家负责养起来，一次性发放"离农终身补贴"；鼓励农村年轻人离土离乡，到国营企业做工；其他青壮年劳力，政府出钱办班，先培训，再务农。

与减少农业人口的做法相反，对农地经营规模，政府用的是"加"法：规定农场主的合法继承人只有一个，防止土地进一步分散；同时，推出税收优惠政策，鼓励父子农场、兄弟农场以土地入股，开展联合经营。各级政府还组建了土地整治公司，这是一种非营利组织，它们拥有土地优先购买权，把买进的插花地、低产田集中连片，整治成标准农场，然后再低价保本出售。

另外，国家还给大农场提供低息贷款，对农民自发的土地合并减免税费，促使农场规模不断扩大。1955年，法国10公顷以下的小农场有127万个，20年后减少到53万个，50公顷以上的大农场增加了4万多个。农业劳动力占总人口的比例，50年代初近40%，现在只有2.2%，农民平均占有农地达到10公顷以上。

在着手农地整治的同时，农业机械化也紧锣密鼓地推开。在法国政府的头三个国民经济计划中，"农业装备现代化"被摆上突出位置。二战后初期，国内生产资金极度匮乏，法国政府抛掉"既无内债，又无外债"的理财观，大胆向国外借款，不惜一身债，先把农业机械化搞上去。农民购买农机具，不仅享受价格补贴，还能得到5年以上低息贷款，金额占自筹资金的一半以上。农用内燃机和燃料全部免税，农业用电也远比工业便宜。

为保证农机质量及其方便使用，政府颁发"特许权证"，指定专门企业，在各地建立销售、服务网点。不论哪个厂家、哪一年的产品，其零部件都能随处买到。农用机械价廉物美，售后服务有保证，自然受到农民的欢迎。1955—1970年，各农场拖拉机占有量从3万台增加到170万台，联合收割机从4900部增至10万部，其他现代化农用机械也很快得到普及。法国只用了15年时间，就实现了农业机械化。

传统的小农经济，一大特点是小而全，自给自足。人们务农，先要满足自家几口人的吃穿。本来只有二亩三分地，既得种粮，又想种菜，还得围栏垒圈，喂猪养牛。零七碎八的农活太多，结果啥也做不好。在政策的推动下，农场的规模扩大了，机械化提高了，政府又不失时机，开始推动"专业化"生产。

具体做法，就是政府根据自然条件、历史习惯和技术水平，对农业分布进行统一规划，合理布局。全国分成22个大农业区，其下又细分出470个小农业区：巴黎盆地土地肥沃，便大力种植优质小麦；西部和山区草场资源丰富，重点发展畜牧业；北部气温低，大规模种起了甜菜；按照地中海地区的传统，还得扩大葡萄种植。

到20世纪70年代，法国半数以上农场，搞起了专业经营，多数小农户也只生产两三种农产品。农业生产分工越来越细，效率越来越高，收益也越来越可观。法国农民人均收入，达到城市中等工资水平。

农业是弱质产业，很多国家都采取保护政策，法国也不例外。以前政府靠提高关税、价格补贴，来保护农民生产积极性。随着国际市场逐渐放开，农业再一味地靠保护，路只会越走越窄。20世纪60年代中期以来，法国政府调整思路，把扶持农业的重点，放在生产、加工和销售领域，力图通过"产业化"，把本国农业做大做强。

在这方面，法国有独到之处。农业宏观指导，由政府负责；产前、产中和产后服务，交给合作社去办。在法国，农业食品部和渔业部主管农业，负责产供销全程规划，其他任何部门无权插手。这样就避免了条块分割、多头指导。为了防止这两个部门位高权重，失去监督，总理专设私人办公室，定期了解基层农业情况。另外，还成立了"全法最高农业发展指导委员会"，涉农各行业都有代表参加，重要的农业政策，必须由这个机构提出，然后才交给议会讨论，从而实现了"农民的事情农民办"。

产生于19世纪中叶的合作社，在当时的法国成了农民的靠山。到20世纪60年代末，法国建起了3100个农业信贷合作社，7200个供应和销售合作社，14000个服务合作社。合作社一般按行业划分，农户可根据经营情况，同时加入几个合作社。双方每年一签约，农民只要侍弄好农活，剩下的事全交给合作社去办。年终结算时，扣除风险基金和发展储备金，其余的按入社资金、农产品收购量分给社员。如发生亏损，社员也要按对应的份额承担风险。

为了鼓励合作社发展，国家还专门出台有关政策，规定合作社可免缴3.3%的公司税。当然，合作社如果违规经营，国家也有权予以取消。经过几十年发展，目前法国农户基本上都成了"社员"。农业合作社占据了农产品市场绝大多数份额，生产资料和饲料基本上由供销合作社销售，90%以上的农场贷款业务，由信贷合作社提供。

为了扶持农业发展，法国作出了极大的努力。仅拿投资来说，二战后，法国实行的是"以工养农"政策，1952—1972年，农业投资增长幅度超过其他所有部门；1960—1974年，国家发放的农业贷款增长了7倍。可是对法国政府来说，这却是一个"愉快的负担"，法国的农业生产率20年间提高了3倍，90年代中期，农产品进出口顺差240亿法郎。困扰法国一个半世纪的小农经济，早已成了过去，代之而起的，是领先世界的现代化农业。

德国：独具特色的农业改革

17世纪初的欧洲，商品经济一经萌芽，旋即表现出异军突起、不可阻挡之势。可当时由于封建势力把持政权，自然经济根深蒂固，在相当长的时期里，新经济与旧经济相互对峙，展开了一场生死较量。英法等国资产阶级，通过轰轰烈烈的革命，推翻了封建地主，踏上现代文明之旅。而在普鲁士，容克地主则顺应形势，进行自上而下的改革，率先接受了资本主义，走了一条独具特色的普鲁士道路。

15—16世纪前，德国的工商业尚能与欧洲各国并驾齐驱，可由于新航线的开辟，沿海地区占尽天时、地利，商贸中心自然移向港口地区。在欧洲的西北角，各国商人穿梭其间，国际贸易做得热火朝天，商品经济像是地下的岩浆，悄悄地蓄积力量，正等待着冲出地壳的那一刻。相比之下，德国没有地理上的优势，门庭显得十分冷落。

1618—1648年，德国一直硝烟弥漫，外战内乱，足足持续了30年，原先工商业较发达的城市，由于战争而日趋萧条，昔日的辉煌荡然无存。所以，17世纪时，德国的工商业一蹶不振，对外不能与他国竞争，对内也无力与封建势力相抗衡。

工商业主在德国生不逢时，可容克地主却鸿运当头，迎来了他们的"黄金时代"。原先的粮食贸易，关卡林立、阻力重重。随着航线的增多，易北河、波罗的海、北海、欧洲西北角间船来船往，陆路上的关卡形同虚设。英国、荷兰忙着出口工业品、进行殖民贸易，其丰厚的利润，使人们趋之若鹜，农业却因此受到了冷落。

这一改变，使原先的农业出口国，现在亟须进口粮食，而便利的交通、广阔的市场，给德国农业发展带来了机遇，粮食出口由此猛增。德国工商业本来先天不足，农业却乘机迅猛发展，所以，在17世纪的工商业浪潮中，德国农业是"一枝独秀"。容克地主一方面农商并举，进行企业化经营；另一方面又改头换面，由收租的地主变成农业企业家。

在这种情况下，现代化进程的加快，不仅没有使德国废除封建制度，反而让容克地主坐收渔翁之利，实力大增，其统治地位稳如泰山。为维护既得利益，地主把农民圈在土地上，并用法律形式"再版农奴制"，规定婢仆及其子孙都是地主的财产，择业、择居、终身大事都得听凭地主的安排。

1806年，德、法之间进行耶拿大战，结果德国被打得落花流水，被分解为300个邦，军队仅剩1/5。普鲁士作为联邦中的成员国，被保存了下来，但却比原来减少了一半的人口和土地。军事溃败后，随之而来的便是经济上的劫难。由于拿破仑的贸易封锁，粮食出口不再可能，容克地主发家致富的生命线被掐断了。

战争引起的混乱，使得商旅不安，工商业也渐渐开始萧条。巨额的赔款，对战败的普鲁士来说，就像是个无底洞，倾其所有，也不能填其一角。在工业世界的冲击下，德国似乎被现代文明所遗忘，被英法等国远远地甩到了后头。

落后就会挨打。面对失败，自尊的德国人不得不反思。他们明白，法国之所以胜利，表面看是其器械精良、国力殷实，实际上是它的经济制度优越于"再版农奴制"。"再版农奴制"已不合时宜，必须改革。不改革，农民没有自由，劳动力不能自主流动，发展工商业就找不到人手。就连当时政府官僚阶层也承认："旧世界已失去魔力，不再适合我们，这个流尽鲜血的国家要继续生存下去，就得适应新时代的要求，进行更新。"

封建制度迟早要被淘汰，那么就应宜早不宜迟。可是选择何种方式来达到目标呢？是通过革命的办法推翻现行政权，还是通过改革的办法缓和矛盾？当时的首相施泰因的回答是：我们无须摧毁老传统，而只需对它进行合乎时代精神的改造。

1807年10月，政府颁布《十月敕令》，规定从1810年圣马丁节（11月11日）起，还农民自由身，允许农民自由移动与择业；无论贵族、市民、农民都可以分割、抵押、买卖土地。不久，国家又颁布《关于废除国有土地上农民世袭人身隶属关系的法令》《二月法令》，进一步减少对自由的限制、禁止地主随意侵吞农民土地。

农民有了梦寐以求的自由，自然欢欣鼓舞，可地主却闷闷不乐。过去他们一直把农民当摇钱树，可现在没了赚钱的工具，他们岂能善罢甘休。他们声称："宁愿再吃三次败仗，也不愿要《十月敕令》。"他们千方百计地设置障碍，阻挠改革，并把施泰因视为眼中钉，不断向拿破仑进其谗言，指使普王将他免职。受战争影响，容克地主实力虽有所下降，但瘦死的骆驼比马大，他们依然是国家的中坚，他们的意见，上层人物不敢不听。改革的先驱者——施泰因虽豪情万丈，但却心有余而力不足，终因阻力重重而壮志难酬，于1808年逃往俄国避难。

1810年，哈登堡继任首相。他深知改革是大势所趋，但施泰因的前车之鉴，令他也不敢轻举妄动。1811年，哈登堡采用折中的办法，颁布《关于调整地主和农民之间关系的敕令》，规定农民可用赎买方式来解除封建义务。农民要获得土地，要么放弃原土地的1/3—1/2，要么支付25倍的年租。此法是改革派与封建势力妥协的结果，它如同在改革道路上设置的一道门槛，高价的赎金，则是通行证。这道门槛一设便是

40年。1850年3月，政府颁布了《赎免法》，减少了对赎买土地的限制性条件。普鲁士的农业改革，便就此告一段落。

人在屋檐下，不得不低头。新生的资产阶级因势单力薄，很长一段时间内只能向封建势力妥协，一些积极的主张，因与地主利益相左，实施时便大打折扣。所以，普鲁士的农业资本主义道路较为迂回、渐进，虽说保证了国家政权的稳定，但却不像英法那样来得直接、有效，经济发展步伐，也比别国慢了好几个节拍。

不过，历史的车轮不可逆转，新生事物一旦破土，就注定了要开花结果。改革后，农民成了自由劳动力，潜能得以释放，可改革的最大受益者，仍是容克地主。1815—1847年，他们得到了1854万塔勒尔的赎金，《赎免法》颁布后，又给他们带来了1950万塔勒尔的收入。巨额的财富，转化为原始资本，资产阶级化的容克地主，又开始投资于农场、工厂、矿山、铁路，成了真正的资本家，普鲁士最终进入了资本主义社会。此后，其工商业日益繁荣、国力与日俱增，在德意志联邦中，与没有变革的其他成员国比实力最强，为日后统一德国，打下了良好的基础。

日本：农协托起经济一片天

无农不稳，无工不富。农业这个人类最古老的产业，今天仍然备受各国政府关注。即便是发达的工业国家,也不敢轻易放弃农业。像日本,汽车、电器行销世界,满可以用换回的外汇,到国际市场购粮买菜,可日本的农民,稻田还是年年栽,果蔬照样季季种,而且同城里人相比,日子过得也不算差。农业本是弱质产业,在一个工业大国之所以能够立足,除了政府的关照外,日本农协组织发挥了举足轻重的作用。

日本政府当初组建农协,其实也是出于无奈。二战后,日本百业凋敝,民不聊生。作为战败国,饱尝了失道寡助的滋味,内外交困,苦不堪言。当时,就连首都东京,库存粮食也仅够支撑一个半月,居民的粮食定量,每人一天只有一小碗米。解决吃饭问题,得靠增加粮食产量,要增产,全仰仗种田人出力。

为调动农民的积极性,日本政府大搞农地改革,规定私人占有土地不得超过 1 公顷,对地主手里多出的土地,国家强行收买,再出让给无地农民。这样一来,81%的贫雇农成了自耕农。农民分田分地,自然喜出望外,可乍碰上这种天上掉馅饼的好事,反觉得睡觉也不踏实了。

为了让农民吃上定心丸,日本政府于 1947 年出台了《农业协同合作法》,从上到下,层层建立农协组织,为农民撑腰说话,壮胆打气。土地分下去,粮食便多起来,可粮多了收不上来也不行,农协又成了政府的催收员,一头动员农民交粮食,一头看住粮贩不准私收乱卖,这活一干就是20多年。

20世纪60年代末,日本粮食连年丰收,政府已无力照单全收,随着经济持续走高,日元不断升值,买粮反比种粮更划算。农业逐渐门庭冷落,无人问津。日本政府审时度势,于1970年制定了《综合农政的基本方针》,实施产业结构调整,促进土地流转,推广专业化经营。农协的角色开始发生转换,一头连起农民,一头接起市场,由原来的"二政府",变成了农民的"大管家"。

日本的农协组织,自上而下,分为三个层次,处于最基层的是市町村农协,习惯上叫单位农协。都道府县建立的是地方农协,称作"县联";农协的全国性组织,按照业务不同,各立门户。与农民打交道最多的是单位农协,在日本农村,它的触角无处不在,无论是插秧、割稻、卖粮,还是农民生老病死,单位农协一揽子全包。零碎事虽多,但从大的方面说,农协的业务大体有四项:生产指导、组织流通、信用服务和开展互助共济。

日本耕地少,土地瘠薄细碎,大农场的经营方式推不开,靠一家一户单兵作战,农业生产本没有多少优势可言。随着国内农产品市场对外开放,农业的外部压力越来越大。怎样才能提高农业效益,增加农民收入?日本政府认为,实行专业化集约经营,是农业的根本出路。主意虽好,可落实起来却很难。要推广农业专业化经营，就必须把一家一户农民组织起来。对此，政府有心无力，做不好也做不了。

与农民打交道，正是农协的老本行。于是，日本政府把大量的涉农业务，委托给农协经办，农协也不负厚望，一出手就不同凡响。围绕着专业化，农协开展了全方位的生产指导。大到农业发展总体规划，小到农户选种育苗、打药追肥，农协都一手操办，费尽心思。农协设有"营农指导机构"，聘用营农指导员，走村串户，提供信息，帮助农民制定增收计划，推广新品种、新技术，手把手地解决生产中遇到的问题。

在日本，许多农业基础设施，如育苗基地、孵化厂、冷藏库、饲料厂，都是农协张罗，以保本价为农民提供服务。有的新产品、新技术，农民一时接受不了，农协甚至实行免费试用。近些年来，日本农村青壮劳力不断涌向城市，在地里干活的，除了老人便是妇女，对重体力活，他们常常吃不消。对此，农协又伸出援手，把这些活接了过来。这一交一接，无形中便实行了集约经营，优良品种、先进的耕作方式、新型农机具，通过农协接手的业务，间接传到了千家万户的农民手里。

农民要增收，重要的是在产销两头做文章。为了帮助农民降低生产成本，国家、地方、基层三级农协联起手来，开展生产资料订购业务。基层农协将农民的订单层层上报，由农协的全国性组织筛选厂家,以低价格批量订货,农户从农协手中买到的东西,往往比市价低很多。但农民购买生产资料,不光要价廉,而且要物美。

全国农协1972年专门建立了农技中心,除了培训农技人员外,一项重要任务,就是对货物进行检验,确保经过农协的手,交给农户的都是优质品。农产品销售难,很多国家的农民深有体会。日本农协知难而进,当起了几百万农民的集团军司令。

基层农协建起了农产品集贸所,负责当地农产品集中、挑选、包装、冷藏,然后组织上市。每天清晨,当城里人还在熟睡时,各地的特色农产品,就已由农协组织运到了货场。农产品的销售,通常采取竞买的办法,只有那些出价高、信誉好的批发商,才能拿到出货单。目前日本农协系统共有集货所几千个,此外还有不少全国运输联合会,下设庞大的运输组织,农产品保鲜度高了,不愁城里人不掏腰包。如果算经济账,农协在生产指导和流通业务方面,确实贴了不少钱,但正因为有它撑着,日本农业才告别传统经营方式,农民也不再守着一亩三分地过日子。轻劳作、反季节、优品种、高收入,成了现代日本农业的典型特征。

人们不愿种地,有一个重要原因,是产前投入大,生产周期长,同时风险也大。买种子,购肥料,添机具,请帮手,还没见粮食的影,钱先花出去一大把。像欧美的大农场主，家底厚实，在银行的信用又好，贷款不成问题。但在以农户为主的日本，农业生产资金解决不好，就会带来大麻烦。于是为农民提供信用服务，顺理成章变成农协的业务。

日本农协的信用机构，存款利率通常略高于私人银行，而贷款利率，又尽可能提供优惠。由于客户多，存贷款量大，加上农信机构实行多角经营，业务开展得红红火火，不仅给农民解了难，也为各级农协增加了收入。

厚生共济，是政府交办的一项重要业务。在这方面，农协的服务范围，从摇篮到坟墓，既提供生活指导，也操持婚丧嫁娶等红白喜事。同时，采取向农民收一块、农协补一块的办法，开展扶贫济困。从老年农民的福利，到农村社区建设，农协可谓无处不在。在日本农民眼里，农协似乎成了无所不能、法力无边的保护神。

以史为鉴

第23章
开放经济乐章

英国走出"重商主义"樊篱

自由贸易为法兰西奠基

"欧洲病夫"脱胎换骨

加拿大门户开放历程

第23章
开放经济乐章

亚当·斯密和李嘉图曾经论证：世界上各个国家若按自己的"绝对优势"或"比较优势"参与国际分工，能整体提升人类福利。这个结论，今天已成为经济学家的普遍共识。本章介绍英国、法国、意大利、加拿大等国从封闭走向开放的历史过程，可让我们在面对当前"逆全球化"潮流时，保持一分清醒与淡定。

英国走出"重商主义"樊篱

英国曾是重商主义的重镇，但斗转星移，当英国完成工业革命、从农业国变为工业国之后，历史上"功不可没"的重商主义，却成了明日黄花。贸易保护主义受到挑战，《谷物法》和《航海条约》被相继废除，英国逐渐成为一个自由贸易的国家。

15世纪末，航海业空前发展，哥伦布发现新大陆，欧洲商人为之狂喜。从前，他们只能往返奔波于地中海沿岸，可如今太平洋、大西洋乃至全球，都成了他们做买卖的市场。活动空间的扩大，意味着有了更多的机会，去赚取那亮闪闪的黄金白银。

英国海岸线很长，外贸条件得天独厚，伦敦、利物浦成了繁忙的港口城市。美洲的土豆、蔗糖和咖啡，亚洲的瓷器、茶叶及烟草，走进寻常百姓家，英国货也源源不断地卖到了世界各地。1600年成立的"东印度公司"，垄断了中英、印英间的贸易往来，把在印度种植的鸦片，转卖给中国，赚取丰厚的利润。1610—1640年，英国的外贸额增长了10倍。商业贸易飞速发展，国家财富增长很快，英国呈现一片欣欣向荣的景象。

根据英国当时的现实，经济学家威廉·配第总结出了一个规律性的结论："从业之利，农不如工，工不如商。"商人们一个个腰缠万贯，世人对他们刮目相看：追求利润，天经地义；发财致富，世人仰羡。商人们通过购买土地，成为贵族，出席议会，在政坛上也有了发言权。但这并不意味着他们控制了政权。于是，他们需要一种理论，来说明商业的极端重要性，争取政府对他们更有力的支持。

商业的繁荣兴旺，使"重商主义"风靡一时。重商主义者认为，金银是至高无上的，它代表真正的财富，国内贸易不能增加金银，所以应扩大贸易顺差，转从他国获取。如何取得贸易顺差？当然是奖出限入。一方面，对出口商予以补贴，降低出口产品的成本，使其在国际上更有竞争力；另一方面，对进口商品征收高关税，让进口商获利甚少，甚至无利可图，迫使他们放弃进口。

采取这些措施后，国家受益匪浅：日进斗金，不仅可维持王室的开支，改善民众的生活，更重要的是，这代表着更多的舰队、更广阔的殖民地、更大的市场、更丰厚的利润。在这个"良性循环"中，国库会日益殷实。

重商主义者构建的"蓝图"，果然让政府动了心。为争做世界霸主，政府不但接受了"重商主义"的政策，而且还以家长身份，参与世界贸易竞争，庇护本国工商业者的利益。17世纪，为扩大本国的航运市场，颁布了《航海条约》，规定某些国家的土产品只能卖给英国，并且，卖给欧洲的货物，只能由出口国或英国的船只运输。当时，原料出口国的运输能力微不足道，只有荷兰能和英国一争高低，条约的针对性，可谓"司马昭之心——路人皆知"。

对这种"霸权主义"行径，荷兰并没有"逆来顺受"，17世纪50年代，英荷打了四次战争，可都是英国取胜，荷兰最后只得就范。在"重商主义"的指引下，英帝国四处伸手，占领的殖民地越来越多，号称"日不落帝国"。

然而，当英国完成工业革命，从农业国变为工业国之后，功不可没的"重商主义"，却风光不再。工业革命前，英国是一个农业国，限制外国农产品进口、保护本国农业，符合大多数人的利益。从中世纪起，为了维护本国农民的利益，英国颁布了《谷物法》，该法规定：除非国内粮食稀缺、价格高昂，否则不得进口，通过高关税，阻挡外国农业与英国农业的竞争。

工业革命后，绝大多数英国人从事工商业，《谷物法》对他们并无好处。粮价高，生活费用就高，工人对工资的要求也高，工商业主面临"两难选择"：要么工人罢工，工厂不能运转；要么提高工资，自己的利润减少。英国工业在全球一马当先，产品丰富、竞争力强，迫切要求拓展海外市场，而长期实行保护贸易政策，不利于产品外销。

以废除《谷物法》为契机，工商业者要求实行自由贸易政策。但是在《谷物法》的兴废问题上，英国的两大政党各执一词。托利党（后来的保守党），代表土地贵族的利益，主张继续执行贸易保护政策；辉格党（后来的自由党），代表工商业者的利益，要求实行自由贸易政策。

经济形势的变化，呼唤新的政策，于是又对理论提出了创新要求。在此期间，有两位经济学家格外引人注目，他们就是亚当·斯密和大卫·李嘉图。斯密为支持自由贸易，提出了"绝对优势"理论。他说，人的本性是利己的，都希望用最小的投入获得最大的产出，让人们自由参与国际分工，让商品自由交易，会使国家利益最大化。

在斯密理论的基础上，李嘉图进一步提出了"比较优势"理论。他认为，每个国家都有自身优势，生产本国成本较低的优势产品，然后拿到国际市场出售，大家互通有无，贸易双方都能以较小的代价，获得各自的需要，可以达到"双赢"的效果。

随着国际分工理论渐渐深入人心，废除《谷物法》已是大势所趋。1839年，反《谷物法》同盟在曼彻斯特成立。不久，皮尔出任保守党内阁的首相，但他并不坚持贸易保护主义的政策，在任期间，多次降低关税。1846年，废除了《谷物法》，他解释说："在发明方面，在工作方面，在才能方面……所有方面，我们都站在世界的前面，我们还会怕竞争吗？"

皮尔首相上面所说的，确实是实情。英国的工业生产都占世界的一半。可历史却给他开了个玩笑，保守党不能容忍他的"背叛"，他的内阁被党内人士推翻，"前瞻性"使他结束了政治生命。但贸易自由化的潮流浩浩荡荡，三年后，贸易保护主义的另一条约——《航海条约》也被废除，英国逐渐成为自由贸易国家。

自由贸易政策展现出它的巨大功效。英国经济学家杰文斯曾在《煤的问题》一书中不无自豪地说："自由贸易，曾使地球上不少地区自动向我们进贡。北美洲与俄罗斯平原，是我们的麦田，南美洲有我们的放牛场，秘鲁赠送它的白银，黄金从加利福尼亚与澳大利亚流到伦敦，中国人替我们种茶，西班牙与法国是我们的葡萄园，地中海是我们的果园。"

自由贸易为法兰西奠基

中国古代有一个"合纵连横"的典故：战国后期，秦国实力日增，其他国家为保住江山，歃血为盟，联合抗秦，这就是所谓"合纵"。秦国则采取"连横"战略，与远方大国暂结友好条约，先进攻邻近小国，待时机成熟再向大国下手。古今中外，类似"合纵连横"谋略的例子很多。

19世纪，法兰西帝国两位皇帝，为称霸欧洲，采取了不同的军事战略，并辅之以相应的贸易政策。后者虽无刀光剑影，血流成河，却对法国乃至欧洲经济发展产生了不小的影响。

1799年11月9日，拿破仑·波拿巴靠武力夺取法国政权，随即四处出兵，试图征服整个欧洲。拿破仑的军队攻城略地，所向披靡，周边国家纷纷臣服。可英国却凭借强大的经济与军事实力，不甘示弱，对法兰西帝国虎视眈眈。卧榻之侧，岂容他人鼾睡？

降服不了英国，成了拿破仑大帝的心病。但他也明白，对付英国绝非易事。讲经济实力，人家工业革命领先70年，法兰西难以望其项背；若要动武，英吉利海峡是一道屏障，易守难攻。法国步兵虽神勇，但海军却远非英国对手。怎样才能完成霸业，一统欧洲呢？

拿破仑不愧为一代枭雄，很快有了一套不战而胜的谋略。拿破仑的战略计划，是建立欧洲大陆体系，对英国实行经济封锁。在军事上，对俄国等尚未屈服的国家择机出兵，把欧洲大陆纳入法国控制之下。同时，向法国的附属国、盟国施压，强迫它们断绝同英国的贸易往来。

从1806年到1810年，法兰西皇帝连下敕令，对不列颠诸岛实行全面封锁：法国及其盟国船只，不得运载英国及其殖民地商品；任何国家的商船，只要在英国港口停留过，便不准在欧洲大陆口岸抛锚；在法国的势力范围内，不许经营英国货，否则不但商品全部没收，还要严加惩罚。

法国还组建了10多万人的海关队伍，昼夜盘查，严防英国货物走私入境。拿破仑的贸易战可谓一箭双雕：英国工业发达，但粮食产量却不高。法国把贸易这条路堵死，就像掐住对方的脖子，时间一长，不怕对手不举手投降。而法国则可趁机推销自己的商品，缩小同英国工业的差距。贸易封锁政策最初确实奏效，法国企业主赚得盆满钵满，欢天喜地，而英国却工业凋敝，失业人数增加。

英国由于粮食紧缺，城市哄抢面包的事时有发生。但英国很快以牙还牙，采取了针锋相对的报复措施。英国宣布封锁欧洲大陆，派出军舰在海上巡逻，发现欧洲大陆国家的船只，一律捕获充公。于是，法国的情况也渐渐不妙，工厂原料告急，物价飞速上涨。

其实在此之前，贸易壁垒就已风行欧洲。由于英国最早进行工业革命，又有大量的殖民地提供原料，物美价廉的英国商品，很快占领了世界市场。其他国家工业化起步较晚，为了避免英国货的冲击，普遍提高关税，扶植、保护本国工业。

拿破仑的大陆封锁政策，将贸易保护推上了顶峰。但这项政策却好似强买强卖，霸道得很。各盟国只能进口既蹩脚、又昂贵的法国货，而出口法国的商品，也卖不上好价钱。这还不算，由于英国的反封锁，切断了与海外的联系，土货不出，外货不入，就连以前引进的英国机器，换个零部件都成了难题。

眼看耗下去不是办法，许多国家便暗地里与英国做起了生意。法兰西帝国的贸易政策，由于不得人心，只是靠武力才勉强维持了几年。1812年冬，拿破仑兵败莫斯科，盟国群起倒戈，对英国的封锁令也就成了废纸一张。

拿破仑折戟俄罗斯之后40年，他的侄子路易·拿破仑·波拿巴重振家业，建立法兰西第二帝国。这位被史学家称为拿破仑三世的皇帝,同样怀有称霸欧洲的野心。但时过境迁,此时的法国,实力已大不如前。环顾四周,英国威风不减当年,俄国睥睨群雄,德意志联邦统一指日可待,它们都在觊觎霸主之位。

识时务者为俊杰,拿破仑三世韬光养晦,推行了与叔父完全不同的战略:联英伐俄、钳制德国,待羽翼丰满,再与英国决一雌雄。新皇帝的军事计划确定后,便通过自由贸易,结好英国,恢复与周边国家的关系,在开放中发展自己。随着1853年法英联军兵犯俄国,拿破仑三世的贸易战略也开始同步实施。讨伐俄国,是要报40年前一箭之仇,帝国上下一致赞成;但敞开国门,让英国货自由进入,却遭到了众多非议。

大陆封锁政策破产后,法国一直实行高关税政策。对此,国内企业习以为常,觉得贸易保护必不可少,如果贸然与英国竞争,法国企业肯定占不到便宜。何况,欧洲多数国家不曾开放市场,法国当了出头鸟,它们不见得"跟风",长此以往,法国工业恐怕会退居人后。因此,拿破仑三世的自由贸易主张,除了酿酒业和丝织业外,其他自认为没有优势的行业,全都遭到竭力反对。

拿破仑三世主意已定,决意改革贸易保护陋习。他认为,英国之所以强盛,是它率先实行自由贸易,并且一以贯之。法国若再画地为牢,关门过日子,不但称霸欧洲遥不可期,最终还会使自己被动挨打。于是,不经议会同意,他就下令降低纺织品、煤、铁的关税,并于1860年签订了英法商约。根据约定,英法互相提供最惠国待遇,对英国的机械、船舶、钢铁、纺织品等,法国征收的关税不超过30%,英国对法国的化学品、家具、陶瓷等全部免税,条约有效期10年。

出乎法国工商界的意料,法英两国缔约不久,比利时、德意志关税同盟、意大利、瑞士、葡萄牙等国,便主动找上门来,与法国签订了互利商约。而随后几年法国经济的发展,更让当初的反对者始料不及。

1857—1866年,法国进出口贸易额,均比上一个10年增长了一倍,与30年前相比,翻了两番还要多。由贸易封锁转为自由贸易,法国不仅自己从中受益,还给欧洲经济带来了深刻变化。西欧各国纷纷拆除关税壁垒,从敌对走向合作,实现了贸易政策划时代的转变。依据自由贸易精神,进行平等谈判,成了现在实现国与国贸易关系正常化的主要方式。

值得指出的是,当年英法商约中的最惠国待遇条款,已成为普遍适用的原则,它不仅使一个完整的贸易条约网在欧洲迅速形成,而且在以后近一个半世纪中,极大地促进了国际多边贸易合作。时至今日,许多法国学者认为,是自由贸易奠定了现代法兰西的基础。

"欧洲病夫"脱胎换骨

20世纪20年代，意大利法西斯掌权，大搞独裁统治，闭关锁国，穷兵黩武，结果多行不义必自毙，二战中一败涂地，成了欧洲的破落户。有道是，苦海无边，回头是岸。战后意大利洗心革面，痛改前非，励精图治几十年，经济突飞猛进，昔日的"欧洲病夫"脱胎换骨，一跃成为西方经济强国之一。

意大利立国较晚，工业化起步迟，在近代欧洲属于二流国家。一战时虽是战胜国，但军费开支庞大，所得赔款入不敷出，本想发一笔战争财，却是竹篮打水一场空，当权者众叛亲离，狼狈下野。1922年10月，墨索里尼趁乱夺权，取缔反对党，解散议会，推行法西斯独裁统治。墨索里尼的治国之术，靠的是民族狂热，但以此发展经济，却是有百害而无一利，后患无穷。

为树立"民族自信心"，他提出不惜一切代价，维护里拉与英镑的比价，结果由于里拉币值高估，意大利出口锐减，工业大幅滑坡。为实现粮食自给，政府发动"小麦战役"，南方的葡萄园被强行改造成麦田，令意大利农产品竞争优势尽失。

对外贸易无利可图，政府干脆限制进口，撕毁贸易合同，关上了国门。20世纪30年代经济大危机后，意大利政府对经济干预变本加厉，实行物价、外汇管制，日用品凭证供应，号召国民勒紧裤带，扩军备战。墨索里尼大开经济倒车，把意大利推向了崩溃的边缘。

在二战中，意大利1/3的财富毁于战火，工业生产不足战前1/4，外汇和黄金储备消耗殆尽，财政巨额超支，物价狂涨几十倍，失业人员不计其数，山河破败，生灵涂炭，国运倾危。人民饱受战争之苦，渴望安居乐业，天下太平。1946年6月，意大利举行全民公决，废除君主制，建立议会共和制。

意大利新总理加斯贝利认为，只有打碎旧的经济体制，与发达国家融为一体，意大利才能摆脱困境，后来居上。加斯贝利上任后，取消了价格管制和实物配给制，放松外汇限制，出口贸易改由私人经营；实施了旨在增加民宅、减少失业的"范范尼计划"，推动建筑业优先发展；颁布了一系列土地法令，把61.8万公顷土地分给10.9万农户；成立了南方银行，加大了对南方农业的扶持。

1948年，意大利接受美国"马歇尔计划"，获得了14.7亿美元的援助，次年加入北约，与各成员国广泛开展经贸合作，到1950年，意大利经济已恢复到战前水平。

由封闭走向开放，为意大利经济安上了腾飞的翅膀。但在常人眼里，意大利资源匮乏，经济水平落后，对外贸易并无优势可言。然而，尺有所短，寸有所长，在对外开放中，意大利政府慧眼独具，把不利条件转化成了竞争优势。二战后，意大利引进国外先进技术，发展了一批新型产业。对粗老笨重的老工业家底，政府没有弃如敝屣，而是保持工业二重结构，让装备落后、效率低下的老企业发挥"余热"。

原来，法西斯政府为保证兵源，鼓励生育，造成人口过剩。战争结束后，襁褓中的婴儿已长成精壮劳力，没活干没饭吃，不仅造成人力资源浪费，还会影响社会稳定。于是，大批失业人员被安置到低效率企业，工人的收入只能处在一个较低的水平。这样，新型企业把工资略作提高，便可雇到优秀员工，支出这一块节省了，意大利的产品便能以价格优势，占领国外市场。

这种低工资的状况，使企业迅速实现自我积累，增加投资，改进技术装备，扩大生产规模。新型企业越做越大，吸纳的劳动力也越来越多，传统企业完成历史使命，一批又一批光荣退役。维持二重性经济结构，使意大利实现了低工资、高积累。1952—1960年，劳动生产率年均增长6.3%，而工资只增长了4.1%。与此相反，同期固定资本投资，年均增长9.3%。直到1970年，意大利平均工资还只有美国的1/3、西德的60%。

实行对外开放，是意大利政府审时度势，从国情出发作出的正确抉择。意大利资源贫乏，80%以上的能源、原材料依赖进口，发展工业先天不足，战后又长期实行低收入政策，国内市场狭小。只有扬长避短，发展外向型经济，把对外贸易做大做活，才能拉动经济快速增长。加斯贝利总理的对外开放政策，在后继者那里不断发扬光大。

1951年4月，意大利加入欧洲煤钢联营；1967年7月，意大利成为欧共体创始国；1992年2月，意大利又成为欧盟首批成员国。从对外开放中，意大利受益匪浅。1958—1968年，进出口总额增长了2.5倍，加入欧共体（欧盟）不到40年，外贸总额增长215倍。实行对外开放政策，使长期落后的意大利工业焕发出勃勃生机。

二战后初期，意大利市场还是外国货一统天下，到20世纪60年代，意大利生产电冰箱的一半、1/3的洗衣机销往海外，1951—1963年，汽车出口以每年15.4%的速度递增，化学工业出口年增长率14.2%，整个工业的生产率提高了84%。1936—1940年，意大利出口额占GDP的比重只有15%，1960年上升到26%，1981年达到53%。

为适应国际市场变化，意大利政府不断调整经济政策，增强对外竞争力。比如推行国家参与制，对关键行业、支柱产业、风险大的新兴领域，政府直接投资，采取国家控股、民间参股、混合经营的形式，组建大型企业集团，逐鹿世界市场，与国外同行一争高下；采取优惠政策，扶持中小企业发展，鼓励私营企业参与国际竞争。

20世纪70年代石油危机后，政府致力于经济结构调整，逐步向后工业化社会过渡,近30年来,第三产业蓬勃发展,特别是旅游业异军突起,成为国民经济中"最有活力的部门"。意大利的旅游外汇净收入,每年达70亿美元,成为仅次于美国的世界第二旅游大国。

半个多世纪的改革开放、和平发展,使意大利经济走出山重水复,步入良性循环。1951—1963年,意大利经济年均增长5.9%,13年间,工业产值年均递增9.1%,增速仅次于德国和日本,创造了举世瞩目的经济奇迹。1963—1973年,GDP年均增长4.9%,经济总量超过英国,睥睨欧洲;1976—1985年,GDP年增长率仍达3.1%,明显高于多数西方发达国家。

到20世纪末,昔日的"欧洲病夫"早已脱胎换骨,成为世界经济巨人。世界银行资料显示,1998年按人均国民生产总值计算,意大利在世界排名第25位,若算国民生产总值,则坐上了全球第6把交椅。

加拿大门户开放历程

1984年,保守党候选人马尔罗尼,当选为加拿大总理。按理说,保守党一般倾向于限制贸易自由。可马尔罗尼却与前几任总理不同,力主贸易自由,重提门户开放,这看似有些心血来潮,其实不然,此举是他经过深思熟虑后才作出的抉择。

20世纪70年代，石油价格上涨。中东的石油出口国眼见财源滚滚，乐得眉开眼笑；石油进口国，却因原料价格上升、经济萧条而一筹莫展。加拿大的石油公司，大多都在外资手里，开采出的石油，绝大部分运往国外。所以，加拿大虽有油源，但石油仍需进口，石油危机也不能幸免：几万个经营户破产、数百万人失业；通货膨胀、生产停滞。1980年，其国民生产总值仅增长0.1%，而消费价格指数却增长了10.5%。

为走出危机，时任总理特鲁多心生一计，把石油矿从美国人手里夺回来，变劣势为优势。不久，政府颁布"国家能源计划"，规定外国人要开采石油，得向政府提出申请，而对公司控股额小于50%的外资，则无申请权。如此高的要求，明摆着是要外资走人。外商也很识趣，一时间，数十亿美元撤离，加美关系恶化。外资的转移，对本已萧条的经济，无疑是雪上加霜。经济恶化又使加元贬值，本国投资者信心不足，资金纷纷转向国外。

该计划实施的效果，与其初衷大相径庭，1982年，石油价格回落，此计划也就无疾而终。一年后，世界经济开始复苏。各国都以积极的姿态，参与国际贸易。国际分工、全球经济一体化，已成为世界各国的共识。在这种潮流下，谁先参与区域合作，谁就是国际市场上最早的宠儿。

1984年，刚上台的马尔罗尼，吸取了特鲁多的失败教训，面对财政赤字和高失业率，提出扩大贸易、吸引外资、寻找新市场的新战略。这一构想，与当时人们主流的观念相距甚远。加拿大曾因外资比重过高，吃了不少亏：经济结构畸形、布局不合理，使自己处处受制于人，处于非常被动的地位；外贸依存度很大，国际市场一有风吹草动，到了国内就成了惊涛骇浪。

一朝被蛇咬，十年怕井绳。许多人担心，对外开放的政策，会不会引狼入室，重蹈过去的覆辙。马尔罗尼则认为，在世界贸易迅猛发展的时代，要想避免国外经济的影响，无异于痴人说梦。与其闭关锁国，损人不利己，倒不如以积极的姿态，与狼共舞，在国际竞争中增强实力。

为敞开国门，融入世界经济浪潮，马尔罗尼大力推进市场化运动，使本国经济环境更为宽松。一方面，他减少了国家干预，放宽了对运输、电信、金融、银行业的管制；另一方面，政府开展了私有化运动，从1984年到1990年，政府所辖的17万家企业、5000万加元的资产变为私有。同时，允许私人企业参加"星球大战"计划。

此举是加拿大一改闭关锁国的传统、积极参与世界贸易迈出的第一步。1985年，政府撤销了外资审查署，代之以加拿大投资部。名字不同了，职能当然得变：原先要限制外资进入，现在是制定更优惠的政策、改善投资环境，以吸引外商、留住外资。

筑巢引得凤凰来，优惠的政策使外资增长很快。1986年，加拿大获得净外资16亿加元，第二年，增加到48亿加元，1988年，净外资达605亿加元，短短两年间，增长了36倍。

与加拿大贸易关系最密切的，当数美国。1985年，加拿大开始启动美加贸易谈判。由于涉及方方面面的利益，贸易谈判进展很不顺利。经过23轮、历时16个月的艰苦努力，1987年10月，终于修得正果，美加政府达成协议。

该协议规定，降低或取消部分商品的关税，取消配额和农产品出口补贴，减少对能源进出口限制；制定了免税时间表，决定用10年的时间，分期分批免除双方的关税；对方的企业在本国能享受"国民待遇"；两国间的国境通行更为便利；美资进入加拿大金融业，会得到特殊关照。

协议虽已达成，但要正式实行还得经国会批准。1988年，马尔罗尼再次赢得大选，他是这样说服议员的：美加市场合起来值5亿加元，是当今世上最为富有的市场，加拿大的产品，尤其需要这样的市场。1989年1月1日，美加自由贸易协定开始生效，北美自由贸易区逐步形成。

事实上，加拿大人好了伤疤，但并没有忘了疼，过去外资给他们造成的伤害，依然记忆犹新。因此在门户大开的同时，他们牢牢把握住"管大放小"原则。修改后的《加拿大投资法》，允许外商独立办厂，凡500万加元以下的外资，进入加拿大无须政府审查，这样使外商有了较高的自由度。但对那些关系到国计民生、严重影响竞争的行业，政府却严防死守，各项细则以及严格的审查程序，就像是一道一道的防火墙。外商若想进入，往往会碰得一鼻子灰。就算在投资局能侥幸通过，也可能被政府以"严重妨碍公众利益"为由，予以否决。

当然，从总体上讲，马尔罗尼执政期间，政府管制更少，外贸更自由，经济形势也大为好转。从1984年到1988年，加拿大国民生产总值年均增长4.7%，这一速度超过了美国、日本、欧共体。1984年，财政赤字达201亿加元，到了1989年便减少到20亿加元。自由贸易政策，使企业家开阔了眼界、拓展了市场、提高了效率，在世界经济舞台上有了一席之地。经济结构也随之改善。

1963年，加拿大能源的出口比重为40%，到了20世纪80年代末，其比重下降为20%；制造业发展很快，服务业的比重大大提高，到80年代末为60%，原来畸形的经济结构，逐步得到矫正。

魁北克省原由法国控制，主要流行法语。在加拿大这个大家庭中，它就像个外地人，操着异地口音、有自己的生活习惯，显得很不合群，自己也感到很孤立，所以常常与联邦政府对着干。1963年，"魁北克解放阵线"成立，动不动就声称要脱离联邦，4年后，戴高乐发表了"魁北克自由万岁"的演说，更是火上浇油。魁北克的分离倾向，是历届总理都头疼的问题。

可是到了20世纪80年代，随着经济的迅速增长、加拿大国际地位迅速提高，魁北克省也已经作为加拿大的一员，参与到国际贸易中，法语加拿大人和英语加拿大人相互携手、并肩作战，他们之间日渐融洽。在这种形势下，闹独立的人，只会自讨没趣。1987年6月23日，魁北克议会通过协议，正式承认自己是加拿大的"孩子"。马尔罗尼的门户开放政策，不仅使经济飞速发展，而且政治难题也迎刃而解了。